DISCOURS ET ARCHIVE
Expérimentations en analyse du discours

PHILOSOPHIE ET LANGAGE

Jacques Guilhaumou, Denise Maldidier,
Régine Robin

discours et archive

Expérimentations en analyse du discours

MARDAGA

© 1994, Pierre Mardaga, éditeur
Rue Saint-Vincent 12 - 4020 Liège
D. 1994-0024-11

Avant-propos

Le présent ouvrage regroupe une série de travaux publiés entre 1976 et 1990. Il concrétise une collaboration exemplaire entre une linguiste et deux historiens dans le champ interdisciplinaire de l'analyse du discours. Cette rencontre ne s'est pas produite *ex nihilo*. Au début des années 70, l'analyse du discours demeurait un domaine encore peu connu; chacun des trois auteurs s'y était déjà investi selon des modalités propres. Denise Maldidier, linguiste à l'Université Paris X-Nanterre, avait soutenu une thèse en analyse du discours (1970), puis, avec Régine Robin, qui avait publié dès 1973 un ouvrage pionnier sur *Histoire et Linguistique*, elle avait rencontré des interrogations nouvelles et fécondes sur l'analyse du discours et l'histoire. Jacques Guilhaumou, après des études à Nanterre, avait consacré ses premiers travaux d'historien à l'analyse des discours révolutionnaires.

Cependant, après une période d'euphorie propice à des travaux de grande ampleur, les difficultés s'amoncelaient, des blocages apparaissaient : le temps de la réflexion sur la validité du dispositif était venu. En réponse à cette crise, Denise Maldidier et Jacques Guilhaumou choisirent d'explorer d'autres voies. Au départ de cette investigation, la complexité des enjeux et leur caractère implicite nécessitaient une *approche critique* des configurations alors existantes en analyse du discours.

Ainsi commence, puis s'amplifie un trajet dans l'historicité des discours. Le premier chapitre témoigne de la fécondité des *premières expérimentations* menées conjointement par Denise Maldidier et Régine

Robin. Les chapitres deux et trois en posent les limites, tout en ouvrant de nouvelles perspectives. C'est volontairement que nous les avons donnés à voir consécutivement, marquant ainsi d'emblée l'ampleur du changement opéré.

La conception du corpus en sort singulièrement modifiée. Il ne s'agit plus de confronter un corpus restreint à ses conditions de production. La présence désormais insistante de l'archive, sous la forme de configurations d'énoncés, introduit un nouveau dispositif autour des notions de trajet thématique, co-texte et moment de corpus. Mais ces notions se sont élaborées en travaillant dans des *expérimentations précises* et centrées principalement autour de la Révolution française, qui constituent le cœur du présent ouvrage.

Forts de l'expérience accumulée par les premières expérimentations, Jacques Guilhaumou et Denise Maldidier ont longuement tâtonné dans des domaines discursifs largement inexplorés où il est question tout à la fois de l'événement discursif, de la matérialité de la langue, du sujet d'énonciation en position de porte-parole, du sens en discours. Historiens et linguistes peuvent y trouver matière à réflexion, en particulier sur le délicat problème de la relation entre description discursive et interprétation historique. Nous laissons au lecteur le soin d'apprécier les solutions mises en œuvre, essentiellement problématiques dans la mesure où elles ne se posent pas comme modèles.

Au cours de ces recherches, il est apparu que l'analyse du discours elle-même avait une histoire à explorer. Cet ouvrage fournit, en fin de parcours, quelques éléments de réflexion sur l'émergence de l'analyse du discours en France à la fin des années 1960 et sur les grandes questions qui ont marqué son évolution.

Le dernier chapitre peut avoir valeur de conclusion provisoire. Il propose en effet une synthèse des expérimentations relatives à la Révolution française en mettant l'accent sur une nouvelle analyse de discours, discipline interprétative à part entière.

*
* *

Le premier chapitre de ce livre a été rédigé par Régine Robin et Denise Maldidier, les suivants par Jacques Guilhaumou et Denise Maldidier, à l'exception du chapitre 7 (Denise Maldidier). Ils ont tous fait l'objet d'une première publication.

Chapitre 1 : *Annales E.S.C.*, n° 3, mai-juin 1976.
Chapitre 2 : *Dialectiques*, n° 26, 1979.
Chapitre 3 : *Langages*, n° 81, 1986.
Chapitre 4 : *Matérialités discursives*, Presses Universitaires de Lille, 1981, I.S.B.N. 2-85939-279-7.
Chapitre 5 : *Linx*, n° 10, Centre de Recherches Linguistiques, Paris X, 1984.
Chapitre 6 : *Mots*, 16, 1986.
Chapitre 7 : Communication aux Rencontres «Linguistique et Matérialisme» de Rouen (octobre 1988), *Cahiers de Linguistique Sociale*, 1989.
Chapitre 8 : Communication au Colloque sur l'Histoire des théories de l'énonciation, *H.E.L.*, tome 8, fasc. 2, 1986.
Chapitre 9 : *La Quadrature du sens*, éd. Claudine Normand, P.U.F. 1990, I.S.B.N. 2-13042529-1.

Nous remercions tout particulièrement Francine Mazière pour l'aide qu'elle nous a apportée dans la mise au point de cet ouvrage.

Introduction
Denise Maldidier et l'analyse de discours : une place centrale dans le trajet des historiens

Denise Maldidier a disparu tragiquement le 28 août 1992. Ce livre, elle l'avait préparé avec Jacques Guilhaumou dans un programme d'histoire d'analyse de discours mis en œuvre au sein de l'URA « Histoire des théories linguistiques » (CNRS/Paris VII).

Ainsi cet ouvrage rend compte de l'importance de son travail et de la place qui fut la sienne dans les avancées et les conquêtes de l'analyse du discours. Nous avons travaillé avec Denise Maldidier pendant près de 25 ans. Elle publiait peu à titre personnel, se réservant au travail collectif. Hormis une thèse très neuve à l'époque (1970) sur le discours politique et la Guerre d'Algérie, non encore publiée, et son travail sur l'œuvre de Michel Pêcheux (1990), elle écrivait de concert avec d'autres chercheurs. La présentation récente de sa bibliographie, dans un recueil d'hommages (Éditions des Cendres, 1993), en témoigne. Elle était ainsi la cheville ouvrière de nombreux travaux, et plus particulièrement de ceux qui sont présentés ici.

Jacques Guilhaumou à Régine Robin : J'étais, au lendemain des événements de mai 1968, l'un de tes étudiants à Nanterre en licence d'histoire, au moment donc où tu fréquentais avec assiduité les linguistes, et Denise Maldidier tout particulièrement. En tant qu'historienne, pourquoi cette orientation privilégiée vers la linguistique ? Quelle conjoncture te poussait vers ce côté ?

Régine Robin : A l'époque, je terminais ma thèse de 3ᵉ cycle (1970) qui comportait une analyse discursive des cahiers de doléances du bailliage de Semur-en-Auxois, et j'étais à la recherche de nouveaux modes de lecture permettant de saisir une masse documentaire dans laquelle je discernais des récurrences, des variantes, des proximités, etc. C'était l'époque du structuralisme triomphant, de Lévi-Strauss à Roland Barthes, d'Althusser à Lacan, analysée récemment par François Dosse (1991). La linguistique était alors la «reine» des sciences humaines, la discipline-phare. Au-delà des phénomènes de mode, les linguistes, et surtout le groupe des linguistes de l'Université de Nanterre autour de Jean Dubois, me paraissaient les mieux placés pour me donner les moyens de dialoguer avec les historiens sur le terrain discursif.

L'histoire sociale de l'école des *Annales*, quasi-hégémonique à cette époque, forte de ses conquêtes des structures, de l'espace, du quantitatif, bref d'une nouvelle manière de faire l'histoire, ne se posait pas encore le problème de la textualisation propre qu'elle produisait, et plus encore de la dimension signifiante des textes qui lui servaient d'archives. Elle se mouvait dans la transparence du langage. Avant Paul Veyne (1971) et Michel de Certeau (1975), une jeune chercheuse, fut-elle normalienne, ne pouvait être entendue à ce sujet. L'histoire comme discipline n'avait pas encore rencontré Barthes, Foucault et le discours. Je voulais donc, par le recours à des procédures linguistiques, dire aux historiens qu'ils occultaient le problème du langage.

Faut-il rappeler que nous étions tous pris dans un combat politique et épistémologique dont l'enjeu était déjà l'interprétation de la Révolution française. Les approches linguistiques me semblaient sans doute à l'époque de nature à clarifier le débat. Non pas au sens, comme le laisse entendre Jean-Jacques Courtine (1991), où nous aurions déjà eu les réponses, les procédures «linguistiques» tel un lit de Procuste ne servant qu'à illustrer le déjà-là de nos réponses. Mais au sens où des méthodes rigoureuses nous permettaient de sortir du cercle vicieux des présupposés, des sous-entendus et de l'implicite à l'œuvre dans les débats concernant la Révolution française. C'était cela la conjoncture de la fin des années 60, au tournant de 68, quand, avec Denise Maldidier, nous avons décidé de travailler ensemble sur des corpus historiques. En outre, Denise Maldidier fut longtemps une militante communiste, et intervenait de façon active, souvent en tant que linguiste, dans le débat politique. Il faut le rappeler.

Régine Robin à Jacques Guilhaumou : Après mon départ au Canada à la fin des années 70, tu as travaillé à ton tour avec Denise. La conjoncture des années 80, qui a été la tienne, était bien différente. Le monde épistémologique était en pleine mutation, sans parler du monde tout court.

Jacques Guilhaumou : En effet, les lieux du débat étaient encore les mêmes, mais les termes en avaient changé. Il était toujours question de l'intervention du linguiste dans le débat politique, mais en pleine crise de l'identité communiste qui nous a heurtés de plein fouet dans nos convictions communes. J'ai un souvenir très vivace de cette époque où le dirigeant communiste de la Fédération de Paris, Henri Fiszbin, nous avait demandé d'analyser son discours pour comprendre les stratégies discursives à l'œuvre dans ses affrontements avec la direction du Parti communiste français, ce que nous avons essayé de faire (voir le chapitre 4).

Par ailleurs, dix ans après ton livre pionnier sur *Histoire et linguistique* (1973), dont j'ai suivi l'élaboration avec enthousiasme, après mon mémoire de maîtrise (1971) sur l'analyse du discours du *Père Duchesne* d'Hébert (partiellement publié par tes soins en 1974), le comportement des historiens se modifie. Ton obstination commence à porter ses fruits. Les historiens des mentalités et des représentations, en particulier Roger Chartier, Robert Mandrou, Michel Vovelle, mais aussi des historiens de la politique comme Antoine Prost, marquent leur intérêt pour les travaux sur le discours politique. Ils nous demandent, à Denise Maldidier et moi-même, de rédiger l'entrée «Langage» dans l'encyclopédie de *La nouvelle histoire* (1978). C'était notre premier travail en commun.

Mais il demeurait des résistances dont les conséquences institutionnelles n'étaient pas minces. En ce qui me concerne, c'est surtout au titre de «l'entrée» de l'analyse de discours dans les sciences du langage, et avec l'appui permanent de Maurice Tournier, alors directeur du laboratoire de lexicologie politique de l'ENS de Saint-Cloud, que j'ai pu obtenir un poste de chercheur au CNRS en linguistique.

Ma collaboration régulière et féconde avec Denise Maldidier était donc d'une importance décisive : elle devait me confirmer dans le bien-fondé d'une orientation interdisciplinaire, où prédomine le dialogue de l'historien avec le linguiste.

Me voilà donc historien immergé parmi les linguistes. Denise Maldidier n'avait de cesse de m'inciter à amplifier les perspectives ouvertes par une telle spécificité. D'un travail en commun à l'autre, et qui plus est au détour d'une de nos multiples discussions sur l'ouvrage de tel ou tel linguiste, nous avons pu délimiter les enjeux d'une histoire du discours.

Denise Maldidier devait m'entraîner encore plus loin; elle était toujours partie prenante dans l'aventure de l'analyse du discours. Autour de Michel Pêcheux, une réflexion sur «la sortie du structuralisme» se met en place. Du colloque *Matérialités discursives* (1981) aux débats de l'éphémère RCP «Analyse de discours et lectures d'archive» (1982-1983), l'analyse de discours se transforme radicalement. Mais la disparition brutale de Michel Pêcheux marque un temps d'arrêt dans cette évolution vers de nouveaux horizons épistémologiques. C'est pourquoi Denise Maldidier se penchera sur ce tournant décisif, centré autour de la forte personnalité de Michel Pêcheux, et en fera l'objet de son dernier grand travail (1990). On s'y reportera avec fruit.

La nouvelle conjoncture donnait une place centrale à la textualité. Elle nous orientait vers une démarche de plus en plus proche de l'archive. Ainsi, nous avions l'ambition, en relisant Michel Foucault mais aussi le linguiste Jean-Claude Milner, d'approfondir notre approche de la matérialité de la langue dans la discursivité de l'archive. Il s'agissait bien, en premier lieu, d'affiner notre appréhension de la matérialité du texte, du discours en y associant une réflexion originale sur l'archive. Nous nous expliquons dans cet ouvrage à maintes reprises, et à des époques différentes, sur une telle orientation. Dix ans après vos travaux pionniers, un peu kamikazes, nous avions enfin trouvé, certes de façon transverse, l'oreille des historiens.

Jacques Guilhaumou à Régine Robin : Tu as parlé, avec le moment inaugural de l'analyse de discours, d'approches linguistiques. De quoi s'agissait-il?

Régine Robin : Il faut rappeler d'une part que l'essentiel de notre ouvrage *Histoire et linguistique* (1973) est consacré précisément à cette question, et que d'autre part nous nous en expliquons plus largement, Denise Maldidier et moi-même, dans le premier chapitre de cet ouvrage.

A l'époque, il s'agissait d'une question très vive. Nous parlions beaucoup de méthodes, de rigueur méthodologique. Ainsi n'avions nous pas tout à fait chassé le démon du scientisme en nous. La méthode, cela consistait essentiellement à choisir, en tant qu'historien, des corpus déterminés sur lesquels on appliquait des procédures de description, empruntés à la linguistique structurale et/ou à la narratologie. Le «noyau dur» en était la méthode harrissienne, plus ou moins remaniée, réélaborée, — et dans ce remaniement Denise Maldidier a joué un rôle fondamental —, associée à d'autres procédures, le champ sémantique, l'analyse sémique, les études lexicales, informatiques ou non. Par la suite, notre dispositif méthodologique s'est enrichi au contact des lectures de

Roland Barthes, Emile Benveniste et Gérard Genette, avant même la grande époque de l'énonciation au milieu des années 70. Nous avions perçu tout l'intérêt qu'il y avait à cerner dans le discours la reprise du discours de l'autre, son rejet, son détournement, de même que l'intérêt qu'il y avait à saisir des stratégies argumentatives explicites dans le discours. Parallèlement, l'utilisation souple de catégories empruntées à la narratologie nous a permis d'affiner l'analyse de nos corpus politiques.

Notre bricolage au sens noble permit des avancées réelles, mais buta sur des obstacles, en particulier au niveau des modalités de choix des corpus. Les historiens étaient rebutés par le mélange d'une technicité, dont on ne pouvait contourner l'apprentissage, et d'une procédure restreinte en matière de sélection de corpus, basée sur un jugement de savoir totalement démarqué de l'historiographie. Ces difficultés bien réelles ne pouvaient justifier leur surdité à des résultats qui permettaient de décrire des stratégies discursives propres à préciser les enjeux de certains débats historiographiques, en particulier sur la nature des élites à la fin du XVIIIe siècle. Cependant, elles constituaient une incitation à reconfigurer le dispositif d'approche des faits discursifs autour de procédures de découverte.

Régine Robin à Jacques Guilhaumou : Où se fait la rupture et le redémarrage ? Quel est l'apport de Denise Maldidier au renouvellement de l'analyse de discours ?

Jacques Guilhaumou : La rupture ne se fait pas au niveau des méthodes, un outillage qui demeure toujours d'actualité pour les historiens, mais sur *le problème du corpus* introduit à plusieurs reprises par Denise Maldidier, avec ou sans ma collaboration, dans les débats de la RCP « Analyse de discours et lectures d'archive ». C'est pourquoi il en est si fréquemment question dans cet ouvrage. Je me contenterai ici de rappeler les grandes lignes de ce débat.

La problématique du corpus clos, qui avait été la nôtre au départ, présentait un défaut majeur : elle renvoyait, si j'ose dire, la majeure part de l'archive hors de l'analyse en corpus, à un extérieur appelé bien commodément les conditions de production du texte. Il revient à notre relecture de Foucault de nous avoir permis d'élargir notre démarche d'investigation à l'analyse des configurations d'énoncés attestés dans l'archive.

L'historien du discours procède actuellement d'un dispositif expérimental où s'associent étroitement un travail configurationnel sur les énoncés d'archive et des études ponctuelles de moments de corpus, sur la base d'un outillage méthodologique qui met en évidence, à l'aide de tableaux sémantiques, des éléments textuels en relation de substitution paradigmatique. Nos dernières discussions, pendant l'été 1992, avec Denise Maldidier m'ont permis de clarifier en partie, dans un article récent (1993), les enjeux d'un tel dispositif du côté de l'histoire.

La partie centrale de l'ouvrage, et les expérimentations qui s'y déploient, s'inscrivent dans cette perspective, tout en ne fournissant pas les éléments proprement dits de l'analyse configurationnelle, présentés par ailleurs dans des ouvrages d'histoire. A vrai dire, si un lien méthodologique demeure avec les études antérieures, ce qui diffère essentiellement, c'est d'abord la présence, en arrière-plan, de la description d'une configuration textuelle spécifique de l'événement historique, qui ouvre la possibilité de décrire, au sein même de l'historicité, un fonctionnement linguistique propre autour d'un invariant syntaxique.

L'accent est bien mis sur *la matérialité de la langue dans la discursivité de l'archive*, selon une formule de Michel Pêcheux. Ici apparaît clairement un point désormais incontournable des rapports entre l'histoire et la linguistique.

Denise Maldidier tenait beaucoup à cette reformulation des rapports entre les deux disciplines, rendue possible par un tel moment expérimental. A mon sens, elle s'orientait vers une approche des fonctionnements linguistiques inscrits dans une historicité, au plus près de certaines préoccupations actuelles des linguistes. Notre dernier travail en commun, publié parallèlement dans *Langages* (1994), en témoigne de façon éloquente. Mais la perspective ainsi ouverte demeure encore à l'état d'ébauche.

Cette nouvelle réflexion semble porteuse d'un divorce épistémologique. A ce propos, notre dernière discussion s'était aussi focalisée sur le thème de l'hétérogénéité. Et nous écrivions à ce sujet :

> «Nous observons actuellement une dissymétrie dans les intérêts, au départ partagés, de l'historien et du linguiste dans la discipline analyse de discours. Toujours plus proche de l'archive, l'historien associe au sein de configurations discursives des énoncés hétérogènes et doublement caractérisés :
> – ils sont tout d'abord attestés, ont valeur médiatrice entre l'analyse et la réflexion. L'historien y puise donc des éléments interprétatifs qui lui permettent de donner consistance aux configurations.
> – ils s'intègrent dans des séries événementielles qui procèdent d'une intrigue (Ricœur).
>
> J.Cl. Milner a souligné récemment (1989, p. 194-195) la différence radicale entre le travail discursif de l'historien et la perspective du linguiste : «La connexion historienne ne connaît aucune limite ni au degré de l'hétérogénéité des termes concrets, ni au nombre des termes connectés. On peut même avancer que la connexion historienne est jugée d'autant plus éclairante que les termes connectés sont plus hétérogènes l'un à l'autre. Que, par ailleurs, un point donné de la connexion soit connecté à un seul autre

point ou à une multiplicité de points, que ces points soient multiplement hétérogènes les uns relativement aux autres, voilà ce qu'on reconnaîtra aisément. On pourrait avancer que le terme d'intrigue, proposé par P. Veyne, résume adéquatement ces divers caractères formels : absence de dispositif, hétérogénéité et non-minimalité des connexions (...) Pour la linguistique, rien de tel, l'intrigue n'existe pas.»
Le linguiste part de la répétition, c'est-à-dire du jeu de la variance dans l'invariant. Pour autant, l'analyse de l'hétérogénéité ne lui est pas étrangère. Mais il s'agit d'un tout autre hétérogène. L'historien y associe les idées de rareté, de traversée des genres, de connexions maximales. Pour le linguiste, l'hétérogène renvoie au surgissement de l'Autre ou d'un autre discours dans l'énoncé d'un sujet et, au-delà, à l'impossibilité de décrire des niveaux linguistiques autonomes. Aux études globales que permet le modèle de «grammaire minimale» (J.Cl. Milner), dans la tradition du structuralisme, s'opposent désormais des études locales portant sur des fonctionnements linguistiques particuliers.»

Mais le constat d'une telle «rupture» du contrat initial entre l'historien et le linguiste ne marque pas la fin d'une «aventure théorique». Il est, par la réflexion entamée autour du problème de l'hétérogénéité discursive, le point de départ de nouvelles ouvertures.

Actuellement, la plus féconde est sans doute celle qui prend en compte une *histoire des événements linguistiques*, véritable matière langagière des idées linguistiques décrite dans la perspective de la linguistique comme «science normative» (Auroux, 1991).

Nous avons intégré l'URA «Histoire des théories linguistiques» (Paris VII), dirigée par Sylvain Auroux, en 1991 pour y mener à bien une réflexion sur l'histoire des événements linguistiques. Denise Maldidier venait également de rejoindre cette équipe de recherche, en tant que chercheur associé. Nous envisagions, avec elle et Francine Mazière, d'associer à de nouvelles approches des pratiques langagières *une interrogation spécifique sur l'histoire de l'analyse de discours*. Denise Maldidier multipliait les lectures en ce domaine avant sa disparition soudaine, tout en continuant à s'intéresser aux travaux les plus novateurs des linguistes proches de l'analyse de discours (voir en particulier la thèse de Jacqueline Authier soutenue en 1992).

Pour conclure, peut-on parler aujourd'hui d'un dépassement de l'analyse de discours?

Régine Robin : En ce qui concerne la première période, de 1969 à 1977, le bilan est contradictoire, complexe. Il ne faut pas hésiter à dire qu'en dehors de quelques «disciples», *vox clamavit in deserto*, tout du moins au niveau de l'institution historienne en tant que telle. Pourtant les grains que nous avons semés ne l'ont pas été en vain. D'une part l'idée de discours est massivement entrée sur la plupart des chantiers des historiens. Ironiquement parlant, nous sommes désormais menacés par le «tout discours». D'autre part, l'idée que les historiens travaillent sur la matière même du langage, explorant ainsi une dimension du réel qui jusqu'ici leur échappait, devient de plus en plus en plus évident. Le dernier ouvrage de Jacques Rancière sur *Les mots de l'histoire* (1992) en témoigne.

On peut manifestement entendre aujourd'hui ce que nous disions 20 ans auparavant, et qui se perdait, à l'époque, dans les sables. Je dirai en outre que la nécessité de tenir compte de la matérialité de la langue, sous quelque forme que ce soit, demeure un point incontournable de l'analyse de discours. Mais il me semble, — et c'était vraiment au cœur des préoccupations de Denise Maldidier —, que l'analyse de discours est aujourd'hui doublement menacée : soit qu'on appelle analyse de discours n'importe quelle attention portée au langage ou à l'analyse de contenu d'un texte, soit qu'on déclare que le chantier est clos, tout du moins au niveau du discours politique. Et je fais ici explicitement référence aux derniers articles, sur ce sujet, de Jean-Jacques Courtine. Qu'en penses-tu ?

Jacques Guilhaumou : Je suis moins inquiet que toi sur l'avenir de l'analyse de discours. D'abord je ne condamnerai pas sans appel le fait que de jeunes historiens toujours plus nombreux pratiquent les méthodes de l'analyse de discours dans les termes de l'analyse de contenu.

Une telle instrumentalisation de *l'analyse de discours du côté de l'histoire* prouve simplement un intérêt généralisé pour le discours au sein de la discipline historique. C'est un résultat non négligeable de notre combat intellectuel, avec Denise Maldidier, pendant plus de vingt ans!

Par ailleurs, l'analyse de discours tend à devenir une *discipline interprétative*, — nous en discutions souvent Denise Maldidier, Michel Pêcheux et moi-même —, et prend donc en compte la dimension réflexive des textes, la capacité interprétative des producteurs de sens. Sur son versant historique, elle se rapproche singulièrement d'autres disciplines interprétatives inscrites dans des domaines aussi divers que la sociologie, la science politique et la philosophie juridique et politique, et noue ainsi des alliances, d'un chantier d'archive à l'autre, qui étendent considérablement son champ d'action, et par là même consolident la crédibilité de ses résultats (Voir notre mise au point sur les historiens et le "tournant linguistique" (1993)).

Au risque bien sûr, mais qu'il nous faut assumer, de connaître un certain flottement par rapport à sa profession de foi matérialiste de départ. A vrai dire, l'autre versant, *l'analyse de discours du côté de la linguistique* s'interroge actuellement sur une approche aussi diversifiée que possible de la matérialité des fonctionnements linguistiques. En conséquence, un nouveau protocole d'accord est en cours d'élaboration entre l'historien du discours et le linguiste.

L'avenir de l'analyse de discours, de sa cohérence épistémologique, dépend, nous semble-t-il, de son insertion dans les sciences du langage, non dissociées de leur historicité. C'est pourquoi Denise Maldidier prenait tant à cœur sa critique des positions de Jean-Jacques Courtine.

Bien loin de ne voir dans l'analyse de discours qu'un artefact politique, Denise Maldidier avait entamé une réflexion sur l'histoire de l'analyse de discours, dont cet ouvrage rend compte dans ses derniers chapitres. Elle reprochait à Jean-Jacques Courtine de falsifier cette histoire, parce qu'elle pensait qu'une histoire épistémologiquement fondée de l'analyse de discours ne pouvait contourner sa propre archive. A ce titre, ses papiers de travail, désormais conservés à la BDIC de Nanterre, constituent un élément important de la mémoire archivistique d'une analyse de discours, longtemps liée au débat politique.

Il s'agissait donc bien pour Denise Maldidier de consolider le champ de l'analyse de discours en introduisant une dimension épistémologique et historique, accompagnant les expérimentations s'y effectuant. Ainsi l'ouverture maximale vers la textualité, propre au travail configurationnel sur l'énoncé d'archive, ne lui semblait pas totalement incontrôlée. Nous pouvons désormais en retirer des ressources interprétatives inédites, diversifiées tout en maintenant le rapport initial, aigu, de l'analyse de discours à la matière du langage et la matérialité de la langue. Aujourd'hui l'analyse de discours occupe un terrain plus vaste qu'autrefois, s'associe plus largement à d'autres démarches textuelles, aussi bien en France qu'à l'étranger, sans renoncer à sa spécificité épistémologique, elle-même en perpétuelle redéfinition.

Jacques Guilhaumou, Régine Robin :

Comme on le voit, au centre de toutes les phases de l'histoire de l'analyse de discours depuis 25 ans, de son élaboration, de ses remaniements, on trouve Denise Maldidier. L'histoire des sciences et l'histoire tout court ont souvent du mal à retenir les noms de ceux qui, ne souhaitant pas se mettre en avant, jouent cependant un rôle décisif dans telle découverte scientifique, telle formulation de l'événement, telle expérience historique. En rendant cet hommage à Denise Maldidier, en restituant sa place réelle dans l'histoire de l'analyse de discours, en menant à bien son entreprise de publication de travaux collectifs où sa part est fondamentale, nous ne voulons que pallier ce manque.

Chapitre 1
Du spectacle au meurtre de l'événement

REPORTAGES, COMMENTAIRES ET ÉDITORIAUX DE PRESSE À PROPOS DE CHARLÉTY (mai 1968)

« L'événement, c'est le merveilleux des sociétés démocratiques...[1]. »
« La réalité propose, l'imaginaire dispose...[2]. » Par ces formules bien frappées, P. Nora veut montrer à la fois l'importance décisive de l'information dans la vie actuelle et le statut idéologique de tout événement. Si l'affaire Dreyfus, comme il l'écrit dans le même article, « tient tout de la presse et lui a tout donné[3] », ne peut-on pas dire avec R. Barthes que le transistor a été pour les barricades étudiantes de mai 1968 « l'appendice corporel, la prothèse auditive, le nouvel organe science-fictionnel[4] » ? Et, loin d'être de purs « enregistreurs de la réalité », les mass media les termes « merveilleux », « imaginaire » en font foi — la subvertissent, la transfigurent en mythes, en un mot fonctionnent à l'idéologie. C'est ce fonctionnement même que nous voulons questionner à propos de l'événement « Charléty » en mai 1968.

Quatre grands quotidiens parisiens ont été la base de notre travail : *Le Figaro, L'Aurore, Combat, L'Humanité*[5]. L'écho de Charléty y figure à la fois dans les reportages, les commentaires et les éditoriaux des 28 et 29 mai 1968.

Les études de presse peuvent s'orienter vers l'analyse des mass media considérés en tant que tels, ou vers l'examen du fonctionnement global du journal : mise en page, place et nature des photographies, titres, distribution quantitative des articles, voire comptage statistique des mots, etc. D'autres encore s'attachent à des corpus découpés dans la presse en fonction de termes ou de syntagmes-clés, pris comme pivots de l'analyse. L'analyse de contenu est la procédure qui sert le plus souvent à la description interne du journal[6]. Certains chercheurs ont appliqué à des textes de presse une méthode d'analyse linguistique qui permet de mettre en évidence des paradigmes non lisibles à la surface du texte[7]. Dans les deux cas, — et malgré les différences importantes entre ces méthodes[8] —, sont manqués le discours lui-même et le fonctionnement idéologique des formes. « C'est une des possibilités de la sémiologie, dit R. Barthes, en tant que discipline ou discours sur le sens, que précisément elle donne des instruments d'analyse qui permettent de cerner *l'idéologie dans les formes*, c'est-à-dire là où on la cherche le moins en général. La portée idéologique des contenus, c'est une chose aperçue depuis très longtemps, mais le contenu idéologique des formes, c'est un peu si vous voulez, l'une des grandes possibilités de travail du siècle[9]. »

Dans cette perspective, la comparaison entre reportages, commentaires et éditoriaux, en tant que formes rhétoriques distinctes, permet d'aborder ce problème. Formes rhétoriques, c'est-à-dire ensembles des contraintes qui régissent la disposition, les stéréotypes, les figures, les mécanismes énonciatifs, etc.

Le reportage peut être caractérisé — avant toute analyse — comme un récit. On sait que depuis Propp jusqu'à Greimas et Lévi-Strauss les formes narratives ont été un objet d'étude privilégié. Ces analyses en général se ramènent à une matrice actancielle mettant en œuvre des acteurs aux attributs et aux rôles spécifiques. Très schématiquement, on peut appeler récit un énoncé qui relate un événement passé ou supposé tel en donnant l'illusion d'un déroulement chronologique ou, pour reprendre les termes d'O. Ducrot et T. Todorov, « un texte référentiel avec temporalité représentée[10] ». Le récit se caractérise par les relations entre les diverses séquences (découpées en fonction de la visée du chercheur) dont l'enchaînement produit un effet de déploiement temporel. Sur le plan énonciatif, c'est, comme Benveniste l'a montré naguère, le système des temps et des pronoms qui en constitue la marque propre.

Le modèle actantiel ne nous a pas paru opératoire à l'égard de notre objet centré sur la temporalité. C'est pourquoi aux analyses actancielles dont l'intérêt n'est plus à démontrer, nous préférons une approche qui permette d'étudier les correspondances, décalages, distorsions entre le récit et l'histoire, dans l'esprit de ce que font G. Genette à propos de textes littéraires et, à la suite de lui, J.-F. Lyotard sur une coupure de presse[11]. Cette démarche nous a paru plus propre à rendre compte d'une construction de l'événement à travers la rhétorique du reportage de presse.

L'éditorial et le commentaire relèvent quant à eux d'une même forme rhétorique dont ils ne sont que les variantes. Autre disposition : il ne s'agit plus d'un déploiement temporel, mais d'une structure argumentative à base de jugements et de raisonnements. Aux indices temporels qui ponctuaient le récit s'opposent des opérateurs logiques qui permettent la démonstration[12]. Aux formes énonciatives du récit s'oppose un autre système des temps et des pronoms. Si l'on peut s'attendre à ce que le récit fonctionne à la transparence, le discours argumenté, lui, implique l'intervention — sous les formes les plus variées — du sujet d'énonciation. Le métadiscours même doit relever d'autres lois : simple discours rapporté dans le reportage, il s'agit en quelque sorte ici d'un métadiscours au deuxième degré. Mais discours sur un discours, le commentaire et l'éditorial ne s'identifient pas à la glose, simple «répétition masquée[13]». Ils sont construction, élaboration, mise en ordre, voire mise en relation avec la conjoncture. Si le reportage constituait une première élaboration à partir du simple vécu-perçu, l'éditorial et le commentaire, par la réflexivité qu'ils mettent en œuvre, sont déjà des analyses.

Quel rapport ces constructions journalistiques entretiennent-elles? Quel fonctionnement idéologique induisent-elles? Autant de questions que l'importance de l'appareil hégémonique «information» oblige à se poser.

LE REPORTAGE

Notre objet propre implique une méthode spécifique. La mise au point que G. Genette effectue à propos du récit dans *Figure III* a inspiré en partie notre démarche, car elle permet la saisie du déroulement temporel de l'écriture de reportage et fournit un principe d'étude syntagmatique. Notre visée — le fonctionnement idéologique des formes — conduisait cependant à intégrer au modèle de Genette la prise en compte des modulations du récit en fonction de critères énonciatifs au sens large du terme.

Quelques rappels d'abord. La méthode de Genette repose sur la distinction fondamentale entre le récit et l'histoire. L'histoire, c'est ce qui est raconté, le contenu, le référent. Le temps de l'histoire est le temps chronologique de l'événement, le temps «réel». Ainsi Françoise Van Rossum-Guyon peut rétablir l'ordre chronologique des événements de *La modification* de M. Butor, de 1938 à 1955, faisant apparaître un ordre temporel que le roman précisément bouleverse. L'ordre chronologique rétabli est celui de l'histoire, l'ordre du roman celui du récit[14]. L'histoire, c'est encore ce que les Formalistes russes appellent la fable, lorsqu'ils désignent les éléments de contenu dans leur ordre causal et temporel, indépendamment de la façon dont ils se présentent dans l'œuvre. A l'histoire s'oppose le récit, comme à la fable, le sujet. En somme le récit est le discours tel qu'il se donne avec tous les bouleversements chronologiques possibles : rétrospections, anticipations, ruptures multiples de la linéarité temporelle, qui produisent un autre ordre : l'ordre fictionnel du récit. La comparaison entre ces deux domaines met à jour concordances et distorsions, avec tous les effets idéologiques qu'elles impliquent.

La trame chronologique réelle de l'événement Charléty n'est pas facile à établir en l'absence de procès-verbal ou d'enregistrement intégral. C'est en confrontant les différents reportages de notre corpus, en repérant les moments récurrents à propos desquels il y a, en gros, consensus qu'on a construit des séquences temporelles (H) qui jalonnent le déroulement temporel «réel» de la journée[15]. Quinze séquences nous semblent ponctuer l'événement (manifestation et meeting). On conviendra d'appeler H0 la formation et le départ du cortège aux environs de 17 h 30. Tout ce qui précède le début de la manifestation dans la journée du 27 mai constitue la séquence H-0, et des événements antérieurs au 27 mai relèvent de H-1. Les faits qui marquent le déroulement de la manifestation jusqu'à l'arrêt devant la S.N.E.C.M.A. appartiennent à H0. L'épisode S.N.E.C.M.A. constitue la séquence H1. C'est vers 18 h que les manifestants pénètrent massivement dans le stade et s'y installent. La séquence temporelle comprise entre 18 h et 19 h, début des discours, est H2. A partir du meeting, à chaque orateur correspond une séquence temporelle, puisque les discours se succèdent : J. Sauvageot : H3; le représentant de la C.F.D.T. : H4; Labi pour FO : H5; un représentant du Mouvement du 22 mars : H6; A. Barjonet; H7; L. Astre de la F.E.N. : H8; Geismar : H9; un syndicaliste de la C.G.T. : H10. Après le dernier orateur — entre 20 h 30 et 21 h — intervient l'épisode Mendès France bien connu. Il correspond à la séquence H11. Tout ce qui concerne la dispersion après 21 h appartient à H12. Des faits postérieurs à la dispersion constituent la séquence H13 et des événements se produisant encore plus tard dans la nuit seront mentionnés en H14.

Ces séquences temporelles «réelles» qui suivent l'ordre chronologique de la journée se distribuent dans le récit selon des modalités propres à chaque journal. La comparaison entre le récit et l'histoire nécessite en premier lieu la segmentation du texte en segments de récit (R).

Les critères de segmentation ont été choisis de façon à mettre à jour le déploiement temporel de l'écriture de reportage. Ce sont les indices temporels du type « à 19 h », « alors », « quelques minutes après », « puis », « enfin », etc. Ce sont surtout les changements de temps verbaux qui signalent des modulations de la temporalité. Il est fréquent — dans le reportage de presse qui se présente rarement sous la forme canonique du récit — de rencontrer un même temps verbal (passé composé et surtout présent) recouvrant des valeurs différentes. En fonction de notre visée, il paraissait nécessaire de caractériser les différents segments du récit, en précisant ce qui relève de la description, de la narration ou du jugement. C'est pourquoi nous avons opéré une segmentation, tenant compte des éléments de désambiguïsation contenus dans le texte : sèmes des verbes, aspects, indices énonciatifs, effets de la syntagmatisation, etc.

Fondés sur l'ensemble des critères temporels évoqués, les segments de récit (R) sont le plus souvent des phrases ou des unités de signification. Ils peuvent, dans certains cas, se réduire à des séquences d'éléments n'ayant pas un sens achevé. Par ailleurs, un même segment de récit peut, — au plan du contenu —, correspondre à une ou plusieurs actions. Inversement une action peut se trouver distribuée en plusieurs segments du récit. On voit par là que les segments de récit ne correspondent pas, au plan du contenu, à ce que Violette Morin appelle « des unités d'information[16] ». Leur fonction est bien de suivre les modulations du récit.

La structure générale de nos reportages comporte, dans un premier temps, le récit de la manifestation, de l'entrée et de l'installation dans le stade Charléty et, dans un second temps, le récit du meeting proprement dit. A la suite de G. Genette, nous distinguerons le récit d'événements et le récit de paroles.

Quatre types de segments constituent le récit d'événements : les segments narratifs, les segments descriptifs, les segments de scène dialoguée, les segments de jugement. La distinction entre narration et description semble bien établie dans la tradition littéraire « ...La narration, remarque G. Genette, s'attache à des actions ou des événements considérés comme purs procès, et par là même, elle met l'accent sur l'aspect temporel et dramatique du récit; la description au contraire, parce qu'elle s'attarde sur des objets et des êtres considérés dans leur simultanéité et qu'elle envisage les procès eux-mêmes comme des spectacles, semble suspendre le cours du temps et contribue à étaler le récit dans l'espace[17]. » En réalité, comme G. Genette l'indique dans le même article, la différence entre narration et description ne se laisse pas facilement saisir et peut même sembler aléatoire : « Si la description marque une frontière du récit, c'est bien une frontière intérieure et somme toute assez indécise... »

Ainsi en ce qui concerne l'événement Charléty dans la presse, le nombre des indices temporels qui ponctuent le récit de la journée pourrait donner à penser qu'il s'agit d'une trame narrative simple. En fait, par opposition aux actions qui ont pour actant la foule dans sa globalité et qui constituent directement la trame narrative, nombre d'actions propres à des individus ou des groupes dans la foule sont présentées dans le récit comme des «spectacles». Le procès se trouve ainsi spatialisé. Au niveau du discours, donc d'une syntagmatique, il paraît impossible d'établir des critères purement formels de description.

Les segments narratifs, au plan linguistique, peuvent se caractériser par l'emploi de temps du récit dénotant l'événement : passé simple, forme canonique de l'énonciation historique, passé composé pris alors dans l'opposition avec l'imparfait, présent selon deux modalités : présent historique ou présent journalistique du «comme si vous y étiez[18]». Il s'agit de verbes à traits «+ action», «-résultatif», pouvant comporter un aspect inchoatif, marquant souvent un changement dans la progression de l'action. Les temps verbaux peuvent se combiner avec la présence d'un indice temporel intégré à la phrase.

Ces critères ne suffisent cependant pas à caractériser comme narratifs certains segments de nos reportages. Des segments répondant aux critères que nous venons d'énumérer et qui pourraient de ce fait être considérés comme narratifs ont, dans la syntagmatique du récit, un fonctionnement descriptif. Deux exemples illustreront la complexité de ce fonctionnement. Dans *L'Aurore*, on trouve l'enchaînement suivant : «22 h 15 — Au Quartier Latin des forces de police assez importantes sont stationnées assez loin de la Sorbonne. Les voitures portant la croix rouge ou la cocarde Presse sont fouillées. Des membres de l'U.N.E.F. interviennent pour faire entrer à l'intérieur de la Sorbonne des groupes de manifestants...» La stricte application des critères mentionnés conduirait à identifier 2 segments :

R46 «Au Quartier Latin... Sorbonne».

R47 «Les voitures... de manifestants»

et à caractériser R46 comme segment descriptif et R47 comme segment narratif, le premier servant en quelque sorte d'embrayeur à la narration. Dans la syntagmatique générale du reportage de *L'Aurore* cependant, ces deux segments peuvent être considérés globalement comme descriptifs. Ils constituent un élément du cadre général du meeting de Charléty après la dispersion. Ils sont intégrés dans un ensemble descriptif qui veut évoquer l'atmosphère au Quartier Latin après la manifestation. Les actions sont ici données comme des «procès-spectacles». La peinture de l'atmosphère de la nuit du 27 mai répond d'ailleurs au tableau qui ouvre le reportage. Il s'agit d'un *effet littéraire* propre à *L'Aurore* sur lequel nous reviendrons.

Le second exemple sera pris dans *Le Figaro*. «Sur la piste en cendrée, laissée libre, les porteurs de banderoles continuent à défiler. Les représentants de Sud-Aviation, des P.T.T., de F.O. de l'Ile-de-France, surtout peut-être de la C.F.D.T. Renault, obtiennent un grand succès. Une jeune fille, portée sur les épaules de deux forts gaillards et brandissant un drapeau noir, celui des anarchistes, reçoit en revanche un accueil mitigé.» Un examen formel de ce passage entraînerait la segmentation et la caractérisation suivantes :

R18 «Sur la piste en cendrée... défiler.»

R19 «Les représentants de Sud-Aviation... accueil mitigé», le premier segment étant envisagé comme une description fonctionnelle embrayant sur la narration constituée par le second. Un examen plus approfondi oblige à considérer les deux segments comme descriptifs, le premier gardant sa fonction d'introduction, le second présentant l'action comme un «procès-spectacle». C'est le regard du journaliste qui balaie la piste du stade, en attendant le début du meeting. L'action ne concerne plus l'actant principal, la foule dans sa globalité, mais des individus et des groupes.

Certains segments a priori ambigus (notamment dans le récit de paroles sur lequel nous reviendrons) sont pris comme narratifs dans la mesure où ils représentent un jalon quasi-obligatoire dans la trame narrative. «La description ne fait certainement pas appel à la même «conscience linguistique» (de l'auteur ou du lecteur) que la narration en ce qui concerne son fonctionnement intérieur. On passe d'une *prévisibilité logique*, celle du récit où les notions de corrélation et de différence sont primordiales (une ouverture de porte appelle une fermeture de porte, un départ appelle un retour, un mandement appelle une acceptation ou un refus, une disjonction d'actants appelle une conjonction d'actants, etc.) à une prévisibilité lexicale[19]. Ainsi dans *L'Aurore* : «Le représentant de la CFDT, puis celui de FO. brodent sur le sujet et sont follement applaudis». Le segment «follement applaudis» serait susceptible d'une double interprétation : segment descriptif, ou segment narratif. Il est senti ici comme segment narratif, dans la mesure où la trame narrative dans le récit de paroles est constituée par la succession des discours et de la réaction de la foule.

Les mêmes difficultés, qui invalident ici une démarche purement formelle, se présentent pour caractériser les segments de description. Un repérage purement linguistique des segments descriptifs doit prendre en considération les temps verbaux : l'imparfait dans son rapport avec le passé simple ou le passé composé, le plus-que-parfait, le présent lorsque le temps de l'événement est lui-même le présent; les traits des verbes de ces segments : verbes d'état par opposition aux verbes d'action de la narration; les aspects : duratif ou accompli. La présence dans le reportage de nombreux verbes perceptifs, « on remarque », « on voit », « on entend », etc., constitue un indice formel supplémentaire. Comme pour les segments narratifs, ces critères ne peuvent suffire cependant à identifier de manière sûre les segments descriptifs. Nous avons vu à propos de la narration que certains segments mettant en scène des actions devaient, dans la syntagmatique générale du texte, être considérés comme descriptifs. Il s'agit des segments de « procès-spectacle » suivant deux modalités selon que le journaliste détaille un individu ou un groupe dans la foule, ou balaie du regard le boulevard, l'ensemble du stade ou de la piste pour relater des actions particulières marginales par rapport à la trame narrative[20]. Certains segments descriptifs par ailleurs se rapprochent de ce que nous appellerons plus loin, les segments de jugement. Ceux qui, tout en répondant aux critères énoncés plus haut, comportent des éléments de modalisation : « semble-t-il »; d'évaluation : « le service d'ordre contient *facilement*; de polémique : « on ne remarque *aucun* casque dans la foule ». Un premier cas d'ambiguïté tient à l'emploi dans le reportage de verbes d'action avec une valeur de verbes d'état. « En tête du cortège marche un homme... » (= se trouve, il y a). « Les calicots proclament... » (= on lit sur les calicots). Restent les cas où l'ambiguïté du segment tient à l'ambiguïté du temps utilisé, en l'occurrence le plus-que-parfait. Ainsi le début du reportage de *Combat* : « L'U.N.E.F. avait appelé à une manifestation de masse hier soir, ... Des mots d'ordre de calme avaient été diffusés;...s'étaient associées à ce meeting... » En désignant ce segment comme *l'arrière-plan* du récit, on lui conserve son statut ambigu du point de vue linguistique, tout en appréciant sa fonction comme descriptive dans la syntagmatique du texte.

Sans anticiper sur les résultats de l'analyse, il apparaît que les segments descriptifs se distribuent en descriptions d'atmosphère qui marquent une pause dans la trame narrative ou encadrent le récit de la journée; en descriptions-embrayeurs qui permettent de relancer la narration, ou d'introduire les procès-spectacles ; en descriptions modalisées proches du jugement.

Les segments de jugement peuvent être marqués par des ruptures de temps ; en général, passage au présent d'énonciation, associé à des formes variées de la présence du sujet d'énonciation : modalités telles que « on peut signaler » ou « il faut le dire clairement », adverbes, adjectifs ou verbes de jugement : « il est intéressant de noter », « curieusement », etc. Le jugement peut prendre la forme d'un énoncé prédicatif : « c'est un meeting champêtre », « rassemblement profondément divers en vérité ». Il peut en outre se caractériser par des ruptures logiques : « Au reste », « d'ailleurs », « à ce propos », etc. Il peut enfin comporter la mention de la source. Ainsi l'A.F.P. ou l'*Associated Press*. Ces jugements portent soit sur un segment contigu (descriptif ou narratif), soit sur l'ensemble des segments. Quelques-uns constituent des jugements universels, atemporels ; exemple dans *L'Humanité* : Europe n° 1, champion acrobatique de ce qu'on pourrait appeler « l'objectivité dirigée ».

A part, une scène dialoguée incluse dans le récit d'événements qui relève typiquement de ce que la tradition appelle la « Mimesis ». Il s'agit d'un dialogue entre le journaliste du *Figaro* et un ouvrier :

« A côté de moi, un solide quinquagénaire déclare :

— Ce matin, on a entendu Séguy à Boulogne. Cet après-midi, on est venu entendre les étudiants.

Je lui demande :

— Vous êtes venus nombreux ?

Réponse :

— Beaucoup de camarades de la CFDT sont là. Et beaucoup de jeunes de la CGT sont venus, eux aussi.

— Malgré les consignes de leur confédération ?

— Bien sûr, ils en ont marre d'être traités comme des gamins par les vieux crabes de la CGT. »

Le récit de paroles inclus dans le récit d'événements obéit à une autre logique fondée sur la succession des discours. Outre les segments narratifs qui désignent et caractérisent les orateurs, il est constitué par les segments qui rapportent les paroles des personnalités politiques parlant à la tribune. Les modalités du discours rapporté sont les suivantes. La *citation* marquée par des guillemets reproduit directement, d'une manière plus ou moins fidèle, les paroles prononcées par l'orateur. Le *discours indirect* introduit par le conjonctif «que» est un énoncé sur l'énoncé original qui induit un effet de distance. Le discours de l'orateur peut être *narrativisé* au sens où le journaliste n'en retient que le thème pour l'intégrer dans le fil de son récit : «il parla de la violence». Dernier degré enfin, seul l'acte de discours est mentionné, les paroles prises comme *pur événement du récit* avec ellipse totale du contenu : «on entendit Labi».

Cette élaboration permet la présentation sous forme de tableaux de l'ensemble des segments du récit (R) et de l'ensemble des séquences temporelles «réelles» (H). Si les segments du récit par définition se succèdent à partir d'un segment initial (RO) qui constitue pour tous les journaux le début du reportage, il n'en va pas de même des éléments de l'histoire, comme on l'a vu. La comparaison entre les deux univers doit permettre de distinguer les reportages à trame linéaire, et les journaux qui bouleversent l'ordre chronologique, différence qui désigne nécessairement des effets idéologiques. On lira immédiatement sur le tableau les ellipses de contenu, c'est-à-dire les lacunes dans l'ensemble des H. C'est là ce qui est habituellement le plus exploité, lorsque l'objet d'étude est constitué par les idées politiques des journaux. Le tableau livrera le nombre total de R pour chaque journal, et dans chaque reportage, la part respective du récit d'événements et du récit de paroles ; d'une manière plus précise, pour chaque H le nombre de R correspondants, manifestation de la richesse ou de la pauvreté de l'information. La répartition des R/H peut être l'indice d'un fonctionnement spécifique du journal. Le tableau livrera encore le nombre global de segments de jugement, de narration, de description dans le récit d'événements, et de citation, de discours indirect, narrativisé ou de simple mention d'acte de discours dans le récit de paroles. Cette comparaison aboutira à classer les journaux en fonction de la dominance de tel ou tel type de segment de récit. Toute une partie de l'efficace idéologique renvoie à cette dominance. Le tableau par ailleurs, en mentionnant le nombre de lignes que chaque segment occupe dans le journal, permet d'affiner les premiers résultats. Il livrera enfin la relation syntagmatique des différents segments ; exemples : narration entre deux jugements, ou description entre deux jugements, ou encore narration encadrée par deux descriptions. Comme on le verra, c'est cette mise en rapport qui porte l'essentiel du fonctionnement idéologique. Le tableau serait incomplet s'il ne portait pas la trace de l'écriture même du journaliste : illusion de direct où le journaliste mime le transistor, récit plus traditionnel qui se donne comme étant écrit a posteriori, ou encore reportage qui fait intervenir le moment même de la rédaction.

TABLEAU N° 1
LE FIGARO : «Enthousiasme mais discipline au meeting sur la pelouse...»

Segment du récit	N°	Nature du segment	Élément de contenu	N°
		RÉCIT D'ÉVÉNEMENTS		
sans doute le paisible stade Charléty où ... de Paris	R0	description	fonction habituelle du stade Charléty	Hx
n'a jamais connu pareille animation	R1	jugement	jugement sur le caractère d'inhabituelle animation du stade	HO-12
dès 17 h plusieurs milliers de personnes ... manifestants	R2	arrière-plan	manifestants déjà dans le stade avant la formation du cortège	H-O
à 18 h 15 une courte rumeur ... ils sont là	R3	narration	formation et départ du cortège	HO
en tête du cortège coude à coude ... rouge	R4	gros plan descriptif	personnalités dans le cortège	HO
le cortège s'immobilise quelques minutes ... éclate	R5	narration	épisode SNECMA	H1
un fleuve humain efficacement ... se déverse alors à l'intérieur du stade	R6	narration	entrée et installation dans le stade	H2
les tribunes, les virages ... millions de personnes	R7	description	le stade est rempli	H2
tout cela se passe dans la bonne humeur ... champêtre	R8	jugement	jugement sur l'atmosphère dans le stade	H2
on ne remarque ... motocyclistes	R9	description polémique	pas de tenues de combat dans le stade	H2/HE
la délégation de l'ORTF ... piste	R10	procès-spectacle	épisode délégation de l'ORTF	H2
c'est pour elle un véritable triomphe	R11	jugement	jugement sur le succès de la délégation de l'ORTF	H2
de nombreux calicots proclament ... travailleurs»	R12	description	les calicots dans le stade	H2
cette solidarité est effective sur le stade Charléty	R13	jugement	jugement sur la solidarité dans le stade	H2
à côté de moi ... vieux crabes de la CGT	R14	scène dialoguée	scène entre le journaliste et un militant de la CGT	H2/HE
et plusieurs jeunes ouvriers nous confirmeront ... reçues	R15	narration	anticipation sur la confirmation de l'appartenance de jeunes ouvriers à la CGT	H + ?
le stade ne cesse de se remplir ...	R16	description embrayeur	la foule continue à entrer dans le stade	H2
le service d'ordre ... terrain	R17	procès-spectacle	importance numérique de la foule et rôle du service d'ordre	H2
à 19 h le flot commence à se tarir ... à l'entrée	R18	description	la foule enfin toute entrée dans le stade	H2

il aura coulé pendant près de 45 minutes ... sans interruption	R19	jugement	rétrospective sur la durée de l'installation de la foule dans le stade	HO-H2
sur la piste en cendrée ... défiler	R20	description embrayeur	le défilé continue sur la piste du stade	H2
les représentants de Sud-Aviation ... mitigé	R21	procès-spectacle	défilé de certains groupes, épisode de la belle blonde	H2
et puis des slogans ... populaires	R22	description embrayeur	les slogans dans le stade	H2
le stade entier ... «Séguy démission»	R23	procès-spectacle	réaction aux slogans	H2

RÉCIT DE PAROLES

à 19 h 10 on entend la voix de J. Sauvageot, Secrétaire général de l'UNEF	R24	narration	désignation et caractérisation de l'orateur : J. Sauvageot	H3
il commence par indiquer que ... incidents	R25	discours indirect	paroles de J. Sauvageot sur la violence	H3
«non pas, dit-il ... population»	R26	citation	discours de J. Sauvageot sur la violence	H3
puis J. Sauvageot explique ... manifestation	R27	discours narrativisé	portée de la manifestation	H3
«nous considérons ... les écoutera.»	R28	citation	discours de Sauvageot invitant les centrales syndicales à définir leur tactique	H3
et J. Sauvageot passe le micro au représentant de la CFDT ... déclare	R29	narration	Sauvageot passe le micro à l'orateur suivant : le représentant de la CFDT	H4
«tout au long ... entreprises»	R30	citation	discours du représentant de la CFDT sur la convergence des revendications étudiants-ouvriers	H4
puis le micro est tendu ... FO	R31	narration	désignation et caractérisation de l'orateur suivant : le représentant de FO	H5
qui souligne le caractère de plus en plus révolutionnaire du mouvement	R32	discours narrativisé	Labi dit que le mouvement est de plus en plus révolutionnaire	H5
«Les travailleurs ... conquérir»	R33	citation	discours de Labi : dénonciation des négociations de Grenelle	H5
après un orateur du mouvement du 22 mars qui déclare	R34	narration	désignation et caractérisation de l'orateur suivant : 22 Mars	H6
«les divisions ... barricades»	R35	citation	discours du représentant du 22 Mars sur l'unité des combattants	H6
la parole est donnée à M. Barjonet	R36	narration	désignation de l'orateur suivant : Barjonet	H7

Segment du récit	N°	Nature du segment	Élément de contenu	N°
celui-ci très applaudi ... CGT	R37	discours narrativisé	explication de sa démission et description à valeur de jugement	H7
«La première ... gaulliste»	R38	citation	discours de Barjonet sur les raisons de sa démission de la CGT et solidarité à Charléty	H7
M. Alain Geismar qui vient d'abandonner ses fonctions ... enseignement supérieur	R39	narration de rétrospection	récente démission de Geismar de son poste au SNESUP	H-1
a été ensuite longuement applaudi lorsqu'il a affirmé	R40	narration	l'accueil fait à Geismar	H9
«le mouvement ... on le combat»	R41	citation	discours de Geismar contre les négociations de Grenelle	H9
enfin M. Louis Astre parlant au nom de la FEN ... déclare	R42	narration	présentation du nouvel orateur L. Astre	H8
«nous ne voulons pas ... l'économie»	R43	citation	discours de L. Astre sur les finalités de l'Université	H8
le meeting se poursuit avec l'intervention d'un syndicaliste de la CGT	R44	narration	présentation du dernier orateur : un syndicaliste de la CGT	H10
«je ne comprends pas très bien ... nos objectifs»	R45	citation	discours d'un syndicaliste de la CGT sur la nécessité de militer au sein de la CGT	H10

RÉCIT D'ÉVÉNEMENTS

20 h 30 le meeting est fini	R46	description	fin du meeting	H12
la foule qui sort du stade éclate ... dans le calme	R47	narration	dispersion de la foule	H12
une partie du public avait quitté les gradins avant la fin des discours	R48	arrière-plan rétrospectif	le public a déjà en partie quitté le stade	H9

TABLEAU N° 2
L'AURORE : «Une jolie blonde en pantalon rouge»

Segment du récit	N°	Nature du segment	Élément de contenu	N°

RÉCIT D'ÉVÉNEMENTS

16 h 40 - au Quartier Latin ... en vue	R0	description embrayeur	atmosphère au Quartier Latin avant la manifestation	H-0
c'est à peine si ... Gobelins	R1	procès-spectacle	atmosphère au Quartier Latin avant la manifestation	H-0
où doit commencer la manifestation	R2	narration	anticipation sur le début de la manifestation	H0

le boul'mich ... est tranquille	R3	description embrayeur	atmosphère au Quartier Latin avant la manifestation	H-O
les ouvriers de la voirie ... entrer	R4	procès-spectacle	atmosphère au Quartier Latin avant la manifestation	H-O
17 h 30 - le cortège s'ébranle en direction du stade Charléty	R5	narration	début de la manifestation	HO
toujours aucune force ... ouvriers	R6	description modalisée	absence de police visible	HO
18 h - le défilé s'étend ... «Séguy démission.»	R7	description	composition et longueur du cortège	HO
des badauds applaudissent le cortège	R8	procès-spectacle	actions le long du cortège	HO
nos reporters nous signalent que les téléphones ... le long du parcours	R9	jugement	évaluation du cortège	HO
18 h 05 - Bd Kellermann on estime le nombre de manifestants ... 30 000	R10	jugement	les téléphones coupés le long du parcours selon les reporters	HO/HE
à côté de J. Sauvageot ... CGT	R11	description gros-plan	épisode de l'homme à la carte de la CGT	HO
à ce propos ... manifestation	R12	jugement	présence massive des ouvriers selon Associated Press	HO/HE
le service d'ordre ... facilement	R13	procès-spectacle évalué	aisance du service d'ordre	HO
tout à l'heure, il est intervenu ... slogan	R14	narration	intervention du service d'ordre	H'O/ HE
au 70 du bd Kellermann ... par les manifestants	R15	narration	épisode SNECMA	H1
18 h 30 - le stade Charléty qui ne contient que 15 000 personnes	R16	jugement	évaluation de la contenance du stade	H2
s'emplit peu à peu d'une foule de manifestants ... éloignées	R17	description	le stade pendant l'installation, la police invisible	H2
les orateurs vont bientôt prendre la parole, annonce-t-on	R18	narration	anticipation sur le début du meeting	H3/HE
en attendant des porteurs de pancartes ... la foule	R19	procès-spectacle	épisode porteurs de pancartes et jolie blonde	H2
19 h - beaucoup de manifestants n'ont pas pu pénétrer dans le stade Charléty	R20	jugement	évaluation du nombre des manifestants	H2
A l'intérieur les orateurs se succèdent	R21	narration	succession des deux premiers orateurs	H3-H4
Jacques Sauvageot ... violence»	R22	citation	discours de Sauvageot sur la violence	H3

puis un membre du bureau ... CFDT	R23	mention de l'acte de discours	discours du représentant de la CFDT	H4
tout est calme ... demander	R24	description	atmosphère du stade pendant les deux premiers discours	H3-H4
comment va s'effectuer la dispersion de cette marée humaine	R25	narration	anticipation du moment de la dispersion	H12
qui grossit de minute en minute	R26	description	importance de la foule dans le stade	H3-H4
19 h 15 - les orateurs se succèdent au micro	R27	narration	succession d'orateurs	H4-H5
thème commun ... étudiants	R28	jugement métadiscursif	jugement du journaliste sur les discours CFDT et FO	H4-H5
le représentant de la CFDT	R29	discours narrativisé	discours CFDT	H4
puis celui de FO brodent sur le sujet	R30	discours narrativisé	discours FO	H5
et sont follement applaudis	R31	narration	la foule applaudit les discours CFDT et FO	H4-H5
20 h - c'est le tour de M. Barjonet ... de parler	R32	narration	présentation de Barjonet	H7
«il n'y a ... socialiste»	R33	citation	discours de Barjonet sur la nécessité de se débarrasser de la «chienlit» et de faire la révolution	H7
puis l'orateur ... affirme-t-il	R34	discours narrativisé	discours de Barjonet sur Séguy	H7
«l'attitude ... inqualifiable»	R35	citation	discours de Barjonet sur l'attitude de Séguy	H7
Alain Geismar	R36	mention de l'acte de discours	discours de Geismar	H9
un représentant du 22 Mars	R37	mention de l'acte de discours	discours du représentant du 22 Mars	H6
des autres représentant des organisations ... la parole	R38	mention de l'acte de discours	discours d'autres organisations	H8 ou H10
l'atmosphère est très détendue ... vigilant	R39	description	atmosphère du stade pendant les discours	H3-H8
c'est la fin du meeting	R40	jugement	jugement d'inquiétude	H12
lorsque les manifestants se répandront dans les rues	R41	narration	anticipant sur le moment	H12
que les incidents peuvent éclater ...	R42	jugement	de la dispersion	H12
20 h 30 - les manifestants commencent à quitter le stade par petits groupes	R43	narration	début de la dispersion	H11

Segment du récit	N°	Nature du segment	Élément de contenu	N°
leur plus grand souci semble être pour l'instant de chercher des moyens de transport	R44	description modalisée	état d'âme des manifestants au moment de la dispersion	H11/ HE
ils se dirigent vers la place d'Italie	R45	narration	début de la dispersion	H11
21 h - le dernier carré de manifestants ... parole	R46	narration	épisode Mendès France	H11
«c'est un meeting ... parole»	R47	citation de Mendès France	discours de Mendès France	H11
22 h - le service d'ordre de l'UNEF ... petits groupes, il n'y a pas le moindre incident	R48	procès-spectacle	le service d'ordre au moment de la dispersion	H12
22 h 15 - au Quartier Latin ... Sorbonne	R49	description embrayeur	le Quartier Latin après la dispersion	H13
les voitures ... manifestants	R50	procès-spectacle	le Quartier Latin après la dispersion	H13
qui, revenus au stade ... proximité	R51	description	petits groupes au Quartier Latin après la dispersion	H13
le mot d'ordre ... Sorbonne	R52	description	atmosphère au Quartier Latin après la dispersion	H13
mais elles n'auront ... à intervenir ce soir	R53	jugement	anticipation sur d'éventuelles violences au Quartier Latin après la dispersion	H14

TABLEAU N° 3
COMBAT : «Le mouvement étudiant a montré sa force»

Segment du récit	N°	Nature du segment	Élément de contenu	N°
RÉCIT D'ÉVÉNEMENTS				
l'UNEF avait appelé ... fin du meeting	R0	arrière-plan de rappel	événements antérieurs à la manifestation	H-1
qui devait avoir lieu à Charléty ... défilé	R1	narration	événements antérieurs à la manifestation	H-1/ H12
s'étaient associées ... FGDS)	R2	arrière-plan	événements antérieurs à la manifestation	H-1
le mouvement du 27 Mars	R3	arrière-plan	événements antérieurs à la manifestation	H-1
17 h 30 - à l'appel de l'UNEF un cortège qui groupe plus de 10 000 personnes	R4	description	évaluation du cortège au début de la manifestation	HO
et qui s'est formé ... Port-Royal	R5	narration	formation du cortège avant le début de la manifestation	H-O

s'est mis en mouvement à 17 h 30 vers le stade Charléty	R6	narration	début de la manifestation	H0
dans ce cortège ... leurs banderoles	R7	description	composition du cortège	H0
19 h 15 - il était plus de 19 h lorsque J. Sauvageot ... Charléty	R8	jugement	l'affluence retarde jusqu'à 19 h le début du meeting	H3
en effet ... groupes	R9	arrière-plan	installation par vagues dans le stade	H2
les tribunes ... alors submergées	R10	description	résultat de l'installation	H2
ce sont ... stade	R11	jugement	évaluation de la foule dans le stade	H2/HE

RÉCIT DE PAROLES

«ce n'est pas ... arme»	R12	citation	Sauvageot parle de la violence	H3
a déclaré notamment au cours ... vice-président de l'UNEF	R13	narration	incise qui permet de caractériser Sauvageot	H3
«mais (a-t-il ajouté) ... ligne politique	R14	citation	Sauvageot parle de la nécessité de définir une stratégie	H3
de son côté le représentant de la CFDT a déclaré	R15	narration	désignation de l'orateur suivant	H4
«notre camarade ... pays»	R16	citation	discours du représentant de la CFDT : lutte commune étudiants/ouvriers	H4
devait ensuite prendre la parole M. Labi représentant de FO	R17	narration	désignation de l'orateur suivant	H5
«ce que nous voulons ... économique»	R18	citation	discours de Labi sur les revendications ouvrières	H5
un «militant de base» du 22 Mars ... assistance	R19	narration	désignation de l'orateur suivant	H6
«les divisions qu'on essaie de créer ... travailleurs»	R20	citation	discours du militant du 22 Mars sur la nécessité de s'organiser	H6
Chaleureusement applaudi ... du mouvement en cours	R21	discours narrativisé	résumé du discours de Barjonet contre la cécité de Séguy quant au caractère révolutionnaire du mouvement, comportant caractérisation de l'orateur et description à valeur de jugement	H7
«pour moi ... révolution socialiste»	R22	citation	discours de Barjonet sur la Révolution	H7

après M. Barjonet ... foule	R23	narration	désignation de l'orateur suivant : Astre	H8
il a souligné qu'il importe ... établir	R24	discours indirect	discours du représentant de la FEN sur la nécessité de continuer le combat	H8
«une authentique ... générales»	R25	citation	discours du représentant de la FEN sur la démocratie socialiste	H8
puis ce devait être le tour d'A. Geismar ex-secrétaire du SNESUP	R26	narration	désignation et caractérisation de l'orateur suivant : Geismar	H9
qui expliqua ... éviter	R27	discours narrativisé	Geismar dit pourquoi il a démissionné de son poste	H9
«toute ambiguïté ... révolution»	R28	citation	discours de Geismar sur la nécessité de faire la révolution	H9
RÉCIT D'ÉVÉNEMENTS				
M.P. Mendès France ... parole	R29	narration	épisode Mendès France lors des derniers moments du meeting	H11
«nous sommes ici ... parler»	R30	citation	discours de Mendès France	H11
21 h - le meeting est terminé	R31	description embrayeur	fin du meeting	H11
conformément aux mots d'ordre ... direction	R32	narration	dispersion	H12
ainsi les responsables ... troupes	R33	jugement	force du mouvement étudiant	HO-H12

TABLEAU N° 4
L'HUMANITÉ : «Le meeting de Charléty»

Segment du récit	N°	Nature du segment	Élément de contenu	N°
RÉCIT D'ÉVÉNEMENTS				
le meeting organisé par l'UNEF en fin d'après-midi ... des «non-violents»	R0	jugement	évaluation et caractérisation du meeting	HO-H12
que précédait un portrait de M. Luther King	R1	description	caractère composite des banderoles	HO-H12
rassemblement profondément divers en vérité tant par ses participants que par les motifs	R2	jugement	hétérogénéité des participants	HO-H12
qui les avaient amenés là	R3	arrière-plan du meeting	diversité des motivations des participants	H-1

il y avait ... ouvriers	R4	description	composition surtout étudiante de la foule	HO-12
ceux-ci infiniment moins nombreux cependant	R5	jugement	contestation du rapport étudiants/ouvriers donné par Europe 1	HO-12
il faut le dire clairement	R6	jugement incise		HE
que n'a cessé de le répéter Europe 1	R7	jugement		HO-12
champion acrobatique ... dirigée»	R8	jugement	caractérisation d'Europe 1	HX
parmi la foule arrivant en cortège ... participation ouvrière	R9	description	au départ de la manifestation, état d'esprit des manifestants	HO
à la hauteur de la SNECMA-Kellermann en grève ... calmement	R10	narration	au début de la manifestation les participants s'arrêtent devant la SNECMA	H1
que leur place était dans l'usine et qu'ils entendaient y rester	R11	discours indirect	les ouvriers répondent aux étudiants devant la SNECMA	H1
on peut signaler d'ailleurs	R12	jugement	la solidarité étudiants/ouvriers vue par les ouvriers	HE
que sur le fronton ... solidaires»	R13	description		H1
parmi les slogans dominants ... démission»	R14	description	cris hostiles à De Gaulle et à Séguy avant le début du meeting	HO-H2
au reste, la CGT semblait devoir ... manifestation	R15	jugement	la CGT cible de la manifestation	HO-H2
où apparaissent ça et là ... FO et de la CFDT	R16	description	présence de banderolles FO et CFDT	HO-H2
il est intéressant à ce propos de rappeler	R17	jugement	différence de traitement pendant le meeting entre la CGT et les autres centrales qui ont toutes participé aux accords de Grenelle	HE
que FO et la CFDT participaient aux mêmes négociations que la CGT ... conditions	R18	arrière-plan du meeting		H-1
et qu'il peut paraître assez singulier	R19	jugement		HE
que la hargne des vociférateurs les ait si généreusement épargnés	R20	jugement		HO-H2

RÉCIT DE PAROLES

c'est J. Sauvageot qui ... à 19 h	R21	narration	Sauvageot parle	H3
il parla surtout de la violence et n'en refusa pas la possibilité	R22	discours narrativisé	discours de Sauvageot sur la violence	H3
on entendit ensuite Labi ... chimiques	R23	mention de l'acte de discours	ellipse sur le contenu du discours de Labi	H5

des représentants de la FEN	R24	mention de l'acte de discours	ellipse sur le contenu du discours du représentant de la CFDT	H8
de la CFDT	R25	mention de l'acte de discours	ellipse sur le contenu du discours du représentant de la CFDT	H4
et Alain Geismar ... ex-secrétaire du SNESUP	R26	mention de l'acte de parole	caractérisation de Geismar	H9
qui expliqua pour quelles raisons il avait quitté son poste	R27	discours narrativisé	discours de Geismar qui explique sa démission du SNESUP	H9
«il ne faut pas se limiter ... on le combat»	R28	citation	discours de Geismar sur la nécessité de combattre le patronat au lieu de négocier	H9
ce fut enfin le tour d'André Barjonet CGT	R29	mention de l'acte de parole	Barjonet parle, caractérisation de l'orateur	H7
dont la démission a fait beaucoup de tintamarre ces jours-ci	R30	jugement	jugement sur l'écho rencontré par la démission de Barjonet	H-1
Barjonet se lança dans une diatribe violemment anti-CGT l'accusant de trahison et de capitulation	R31	discours narrativisé	discours anti-CGT de Barjonet	H7

RÉCIT D'ÉVÉNEMENTS

parmi les personnalités politiques ... PSU	R32	description	Rocard et Mendès France écoutent le discours de Barjonet	H7
auquel A. Barjonet vient d'adhérer de façon assez spectaculaire	R33	jugement	récente adhésion de Barjonet au PSU	H-1
à 21 h le meeting se terminait	R34	narration	fin du meeting	H12
dès 20 h 30 le public était parsemé	R35	description	les derniers moments du meeting	H11
avant la dispersion ... déclaré	R36	narration	épisode Mendès France lors des derniers moments du meeting	H11
«prendre la parole dans un meeting syndicaliste»	R37	citation de Mendès France	discours de Mendès France	H11
la foule ... bien des cœurs	R38	description	état d'esprit des manifestants à la fin du meeting	H12

TABLEAU N° 5

	L'Aurore	Le Figaro	Combat	L'Humanité
Nombre total de R	53	48	33	38
Nombre de R dans le récit d'événements	36	27	17	28
R dans le récit de paroles	17	21	16	10
Anticipations	7	1	1	-
Rétrospections	1	3	2	5
Lacunes	1	3	4	5
R/H-1	-	1	3	4
R/H-O	5	1	1	-
R/HO	11	2	3	1
R/H1	1	1	-	3
R/H2	4	16	3	1
R/HO-H2	-	1	-	4
R/H3	2	5	3	2
R/H4	1	2	2	1
R/H5	1	3	2	1
R/H6	1	2	2	-
R/H7	3	3	2	3
R/H8	1	2	3	1
R/9	3	2	3	3
R/10	1	2	-	-
R/H11	5	-	2	3
R/H12	4	2	2	1
R/HO-H12	-	1	1	6
R/H13	4	-	-	-
R/H14	1	-	-	-
R/HX	-	1	-	1
R/HE	-	-	-	4
R/H-HE	5	2	1	-
R/narration dans le récit d'événements	9	5	5	3
R/jugement	9	5	3	13
R/arrière-plan de rappel	-	-	1	3
R/procès-spectacle gros plan scène	8	6	-	-
R/autres descriptions	12	9	10	5
R/citation	3	9	8	1
R/discours indirect	-	1	1	-
R/discours narrativisé	3	3	2	3
R/simple mention de discours	4		-	5

Les tableaux montrent à l'évidence qu'aucun reportage n'est linéaire. Si le récit de *L'Humanité* ne comporte aucun segment d'anticipation, il en compte 5 de rétrospection brisant l'ordre chronologique «réel»; 7 anticipations dans *L'Aurore*; 3 rétrospections dans *Le Figaro*; 2 rétrospections enfin dans *Combat*. Tous les reportages, en revanche, sont lacunaires et dans chaque journal, l'oubli, comme nous le verrons, n'est pas innocent. Le nombre total de R varie de 33 à 53 (33 : *Combat*, 38 : *L'Humanité*, 48 : *Le Figaro*, 53 : *L'Aurore*). Ce qui ne renseigne pas, répétons-le, sur la longueur de l'article (le reportage de *Combat* est plus long que celui de *L'Aurore*), ni sur la richesse de l'information, mais concerne les modulations et les articulations du récit. Pour ce qui concerne la proportion des segments du récit de paroles par rapport à l'ensemble, on voit nettement que *Combat* et *Le Figaro* ont un comportement similaire : grosso modo autant de R portant sur le récit de paroles que de R portant sur le récit d'événements. A l'opposé, *L'Aurore* et *L'Humanité* font une part nettement moins grande au récit de paroles : aux environs du quart de la totalité des segments. Dans l'examen du rapport R/H en ce qui concerne le récit d'événements, un certain nombre de faits marquants spécifient les journaux : 6 écarts singularisent *L'Aurore*. Son récit comporte 4 R sur H-0 c'est-à-dire sur ce qui précède immédiatement la manifestation. 11 R sur H0, formation et déploiement du cortège, 5 R sur H11, épisode Mendès France durant lequel *L'Aurore* fait commencer la dispersion, 4 R sur H12, le moment de la dispersion, 4 R sur H13 après la manifestation, 1 R en H14 dans la nuit. Un seul écart pour *Le Figaro*, mais d'importance : 16 R sur le H2 c'est-à-dire sur l'entrée, l'installation et l'atmosphère dans le stade avant les discours. Un seul écart également dans *Combat* : 3 R pour H-1 qui rappelle des événements de la veille ou de l'avant-veille. *L'Humanité* s'écarte plus nettement de la norme : 2 R pour H-1, 3 R pour H1 qui concerne l'épisode devant la S.N.E.C.M.A. que *L'Humanité* exploite à fond : plusieurs R portent sur un ensemble de segments de H : 4 R sur H0-H2 c'est-à-dire sur l'ensemble de la manifestation avant le début des discours : 6 R traversent la totalité de la journée, manifestation et meeting (H0-H12). Le rapport R/H dans le récit de paroles distribue les principaux orateurs de la façon suivante. Pour *L'Aurore*, seul Barjonet a droit à plus de deux mentions : dans *Le Figaro*, J. Sauvageot (5 R en H3), Labi pour F.O. (3 R en H5) et Barjonet (3 R en H7), sont les orateurs les plus représentés. Quant à *L'Humanité*, elle met en avant Barjonet (3 R en H7) et Geismar (3 R en H9). *Combat* enfin met sur le même plan Sauvageot, Barjonet et le représentant de la F.E.N. (3R chacun en H3, H7 et H8).

Le classement numérique des segments selon leur nature dans le récit d'événements appelle quelques remarques. *L'Humanité* se spécifie par la présence de 4 R impliquant le temps de l'écriture (HE). Autre caractéristique : le nombre élevé des segments de jugement (13 R). Ce classement numérique institue un clivage entre *L'Aurore* et *Le Figaro* d'une part, et les deux autres journaux. En effet, seuls *L'Aurore* et *Le Figaro* comportent des types de description que nous avons appelés «procès-spectacles». Si l'on tient compte pour *Le Figaro* de la scène dialoguée, et si l'on ajoute pour les deux journaux les gros-plans descriptifs qui ont la même fonction, on obtient 8 R dans *L'Aurore* et 6 R dans *Le Figaro*. Par là-même, *L'Aurore* et *Le Figaro* semblent avoir une même conception du reportage. Nous y reviendrons. *L'Aurore* cependant se distingue du *Figaro* par la présence de 5 segments qui donnent l'illusion que le journaliste rédige son article au moment même où l'événement se déroule. Quant à *Combat*, aucune spécificité ne le caractérise. Il ne se rapproche pas de *L'Humanité*, dans la mesure où il comporte fort peu de segments de jugement (3R); il ne s'identifie pas non plus à *L'Aurore* et au *Figaro*, puisqu'il n'a aucun segment de «procès-spectacle».

Le classement numérique des segments selon leur nature, dans le récit de paroles, crée un nouveau clivage déjà visible au niveau de la proportion entre les segments du récit de paroles et l'ensemble. *Le Figaro* se rapproche ici de *Combat* (9 citations dans *Le Figaro*, 8 citations dans *Combat*). A l'opposé, *L'Aurore* et *L'Humanité* sont les seuls à se contenter, pour certains orateurs, de la simple mention de l'acte de discours. Les clivages décelés peuvent être confirmés et précisés par l'examen du nombre de lignes occupées par chaque type de segment dans les journaux, ramené en pourcentages pour tenir compte de l'inégale longueur des reportages.

TABLEAU N° 6

	Aurore	*Figaro*	*Combat*	*Humanité*
Narrations	12	8	6	11
Procès-spectacles	20	24	0	0
Autres descriptions	13	14	11	28
Jugements	10	4,5	7	26
Arrière-plans de rappel	0	0	8	2
Récits de paroles	26	46	62	23

(chiffres exprimés en pourcentages)

Ce tableau fait apparaître trois types de fonctionnement journalistique : *L'Aurore* et *Le Figaro*, par l'importance quantitative des procès-spectacles et la faiblesse relative des jugements, font des reportages colorés, donnant chair à l'événement, ne se contentent pas de la simple trame narrative. A noter cependant une grande différence au niveau de la place donnée au récit de paroles. A l'opposé, *L'Humanité*, par le poids des jugements encadre fortement son récit. La forte proportion des descriptions (28 %) ne doit pas faire illusion. Sur le plan syntagmatique, la description est liée au jugement. Si *Combat*, comme *L'Humanité*, mais pour des raisons sans doute antithétiques, refuse la couleur et l'atmosphère, il se singularise par l'importance démesurée accordée au récit de paroles (62 % du total et 8 citations).

« Procès-verbal » dans *Combat*, « réalité-preuve » dans *L'Humanité*, « effet de réel » et « effet d'objectivité » dans *Le Figaro* et *L'Aurore*, il s'agit bien de trois modalités de cette construction journalistique qu'est le reportage.

L'Aurore et le Figaro : le vécu-perçu

L'Aurore et *Le Figaro* font un reportage au présent, ponctué de nombreux indices temporels qui jalonnent les moments-clés de l'événement. Loin de se borner à la relation des temps forts de la journée, tous deux, comme on l'a vu, sont les seuls à se complaire dans les aspects marginaux, spectaculaires, pittoresques, voire inutiles à la logique strictement narrative. De là, ces nombreux procès-spectacles, ces gros plans descriptifs, la scène dialoguée du *Figaro* qui donnent son épaisseur concrète au reportage et qui rendent compte du vécu-perçu du journaliste. Au niveau syntagmatique, les procès-spectacles sont généralement introduits par des embrayeurs de description qui marquent une pause dans le récit, permettant au regard du journaliste de balayer le champ du cortège ou du stade et de s'attarder sur tel ou tel individu ou groupe étranger à l'actant principal : les badauds ; ou partie de celui-ci : le service d'ordre, les personnalités politiques en tête de cortège, l'homme à la carte de la C.G.T. les porteurs de banderoles sur la piste avant les discours. Ainsi dans *Le Figaro*, le segment R20 : « Sur la piste en cendrée laissée libre, les porteurs de banderoles continuent à défiler », embraye sur un segment de « procès-spectacle » qui évoque le tour de piste de certains groupes et braque le projecteur sur une jeune fille qui brandit un drapeau noir. Même fonctionnement en ce qui concerne le segment R16, « Le stade ne cesse de se remplir », lequel permet au journaliste de s'attacher plus particulièrement aux efforts du service d'ordre pour empêcher tout incident pendant l'installation de la foule. Dans *L'Aurore*, le segment R8, « Des badauds applaudissent », montre l'intérêt du journaliste pour les à-côtés de la manifestation. Le spectacle des porteurs de banderoles (R19) a également retenu l'attention du journaliste qui fait de la jeune fille brandissant un drapeau noir du *Figaro*, « une jolie blonde en pantalon rouge portant un drapeau noir». Autre exemple de fonctionnement identique à celui du *Figaro*, le rapport entre les segments R49 et R50, le premier servant d'embrayeur au second en nous ramenant au Quartier Latin. Ces procès-spectacles créent une véritable «illusion référentielle[21]». Ils parlent d'eux-mêmes. Pas besoin d'énonciateur pour les assumer. Le journaliste n'est ici qu'une caméra qui enregistre le «réel». «...Dans l'histoire «objective», le «réel» n'est jamais qu'un signifié informulé, abrité derrière la toute-puissance apparente du référent. Cette situation définit ce que l'on pourrait appeler *l'effet de réel*. L'élimination du signifié hors du discours «objectif», en laissant s'affronter apparemment le «réel» et son expression, ne manque pas de produire un nouveau sens, tant il est vrai une fois de plus que dans un système, toute carence d'élément est elle-même signifiante. Ce nouveau sens — extensif à tout le discours historique et qui en définit finalement la pertinence — c'est le réel lui-même transformé subrepticement en signifié honteux : le discours historique ne suit pas le réel, il ne fait que le signifier, ne cessant de répéter *c'est arrivé*, sans que cette assertion puisse être jamais autre chose que l'envers signifié de toute la narration historique[22].» *L'Aurore* et *Le Figaro*, par le recours systématique à «l'illusion référentielle», sont à l'aise dans la structure du reportage de presse. Leur construction s'élabore au niveau même du vécu-perçu. S'agit-il, comme les journalistes l'intériorisent vraisemblablement, d'une déontologie qui leur laisse à penser qu'ils rendent compte ainsi du «réel», ou de ce que l'épistémologie appelle une pratique empiriste ?

Si «l'effet de réel» traverse la totalité des reportages du *Figaro* et *L'Aurore* fondés sur le vécu-perçu, il se distribue avec d'autres opérateurs idéologiques selon des modalités qui différencient ces deux journaux.

Le Figaro : un journal «objectif»

Différence la plus évidente : l'importance du récit de paroles et en particulier la place donnée aux citations. Autre différence, la lacune sur l'épisode Mendès France, renvoyé il est vrai à un autre reportage. Si «l'effet de réel» caractérise l'illusion que la réalité parle d'elle-même, qu'il suffit de la décrire, ne convient-il pas d'appeler *effet d'objectivité* un autre fonctionnement, celui où la réalité est mise en rapport avec une forme d'intervention du sujet d'énonciation : le jugement? En ce sens, la «réalité» sert de garantie au bien-fondé du jugement. Ce fonctionnement est massif dans la syntagmatique du *Figaro*. Ainsi la consécution des segments R8 et R9 : «Tout cela se passe dans la bonne humeur. Ce n'est pas une manifestation de combat, mais presque un meeting champêtre. On ne remarque dans la foule aucun casque...»; des segments R10 et R11 : «La délégation de l'O.R.T.F.... est acclamée à son arrivée sur la piste. C'est pour elle un véritable triomphe.» Ainsi l'enchaînement des segments R12, R13, R14, R15 «De nombreux calicots proclament «Solidarité des étudiants et des travailleurs». Cette solidarité est effective au stade Charléty. A côté de moi un solide quinquagénaire déclare... Et plusieurs jeunes ouvriers nous confirmeront...» A noter que *L'Aurore* n'ignore pas complètement ce recours. R11 et R12 : «A côté de Jacques Sauvageot... marche un homme qui tient d'une main un drapeau rouge et de l'autre, bien en évidence, sa carte de la C.G.T. A ce propos l'agence *Associated Press* vient d'indiquer que des dizaines de milliers d'ouvriers participent à la manifestation.» Dans tous ces cas le jugement tire son évidence de son rapport à la description, qu'il la précède ou qu'il la suive. En somme ce que je vois fonde ce que je pense. C'est cela «l'objectivité».

Mais la singularité du *Figaro* par rapport à *L'Aurore* tient surtout à la connivence, voire à la reconnaissance, au sens qu'Althusser donne à ce terme, entre le journaliste et les participants à la manifestation d'une part, entre le journaliste et ses lecteurs d'autre part[23]. Connivence qu'on peut appeler *effet d'identification*. Dans le récit d'événements, l'identification est produite par un lexique connoté de façon méliorative[24], dans les segments de jugement surtout :

R6 «... un fleuve humain *efficacement* canalisé...»

«Tout cela se passe dans la *bonne humeur*[25]»

R8 «Ce n'est pas une manifestation de combat, mais presque un *meeting champêtre*[26]»

R13 «Cette solidarité est *effective* au stade Charléty.»

La connivence est encore portée par le lyrisme. Ainsi l'emploi de l'adjectif antéposé à valeur affective dans «La *pauvre* pelouse est submergée...». Ainsi les figures rhétoriques traditionnelles : métaphore, accumulation et gradation. Deux images (R6) : «Un fleuve humain... se déverse alors»; (R18) et (R19) : «A 19 h.... le flot commence à se tarir à l'entrée. Il aura coulé pendant...» Des phrases dans lesquelles l'accumulation des verbes jointe à la gradation et au rythme crée l'impression lyrique : ainsi R3 : «A 18 h 15, une courte rumeur se fait entendre en direction de la place d'Italie, s'enfle, roule sur le boulevard Kellermann. Ils arrivent. Ils sont là[27].» On a remarqué dans ce reportage (il est vrai que *Le Figaro* en consacre un premier à la manifestation) la place faite à l'entrée, l'installation, l'atmosphère dans le stade (16 R/H2). C'est la part du spectacle, le moment du lyrisme, la fusion du «réel» et de l'imaginaire, en un mot le moment de l'identification.

La connivence joue également dans le récit de paroles. Avant de donner une citation du discours de Labi, le journaliste écrit (R31-R32) : «Puis le micro est tendu à un représentant des industries chimiques de F.O. qui souligne le caractère de plus en plus révolutionnaire du mouvement». La présupposition dans le discours rapporté implique l'évidence de l'énoncé : «le mouvement a un caractère de plus en plus révolutionnaire». De ce fait l'absence de marque linguistique de distance du type «selon lui», à «ses yeux», etc. induit un effet d'adhésion de la part du journaliste à l'assertion de Labi. Identification vraisemblablement inconsciente qui contraint le lecteur du *Figaro* à partager le même système d'évidences. Par là même le perçu-vécu de l'événement circule des orateurs jusqu'aux lecteurs. Présentant A. Barjonet, le même journaliste écrit (R37) : «Celui-ci, très applaudi, explique les raisons de sa démission de l'organe directeur de la C.G.T.». Ce qui constitue ici la connivence, c'est que l'auteur du reportage rend compte d'un épisode incontestable, mais qu'il laisse la réalité parler d'elle-même sans éprouver la nécessité de marquer linguistiquement son rapport avec elle. Comme dans le fonctionnement de la présupposition, l'absence de marque de distance et l'effet de consécution impliquent la prise en charge du discours; en l'occurrence c'est le discours de Barjonet qui est par là-même assumé.

Qu'est-ce donc qu'un reportage «objectif»? C'est un récit où la réalité restituée dans sa richesse et sa variété parle d'elle-même, où les rares jugements sont fondés puisqu'ils sont corroborés par la perception, et où l'identification — quand il y a identification — loin de se produire au niveau de jugements explicites, s'insinue dans des mécanismes intériorisés qui échappent peut-être au journaliste, à plus forte raison à ses lecteurs.

L'Aurore : un suspense mimé

Si *L'Aurore* comme *Le Figaro* donne la première place au vécu-perçu, elle se caractérise néanmoins par un fonctionnement propre. Une seule lacune : les événements antérieurs à la journée du 27; inversement un luxe de détails sur la dispersion et la nuit qui suit la manifestation. Le moment du meeting ne retient pas longuement l'attention du journaliste qui mentionne en une formule globale plusieurs orateurs (R38) ou qui résume «le thème commun» à plusieurs discours (R28). A cet égard, la faible part du récit de paroles dans le reportage rappelle, comme on l'a vu, celle de *L'Humanité*. *L'Aurore* conçoit son reportage à la manière d'une nouvelle, encadrant le récit proprement dit de tableaux «vraisemblablisants» qui restituent l'atmosphère : le fond sur lequel va se dérouler la manifestation, ce qui demeure encore d'elle longtemps après la dispersion. De là les 4 R portant sur H-O : (RO) «16 h 40. Au Quartier Latin, tout est calme. Pas un uniforme de C.R.S. ou de gendarme mobile en vue» (R1) : «C'est à peine si, sur le pont Saint-Michel, quelques agents en calots, procèdent à de discrètes vérifications d'identité...» (R3 et R4) : «Le Boul'Mich est tranquille, les ouvriers de la voirie goudronnent la chaussée récemment réparée. Devant la Sorbonne le service d'ordre de l'U.N.E.F. filtre les gens qui veulent entrer.» De là encore, les R portant sur H13 et H14 qui évoquent le Quartier Latin dans la nuit du 27. Ce procédé d'encadrement du récit propre à *L'Aurore* induit un effet littéraire d'où, paradoxalement, est exclue toute possibilité d'identification. Si le journaliste du *Figaro* n'a pas résisté à l'enthousiasme, celui de *L'Aurore* n'a pas succombé au charme de «la jolie blonde en pantalon rouge» du titre de l'article.

Nouvelle «littéraire», mais aussi reportage radiophonique. C'est ainsi que le présent est un véritable présent d'énonciation contemporain de l'événement. Il s'associe à des indices linguistiques mimant la simultanéité : R9 «*Nos* reporters *nous signalent*»; R12 «...L'agence *Associated Press vient* d'indiquer...»; R14 «*tout à l'heure* il est intervenu»; R18 «les orateurs *vont bientôt* prendre la parole»; R44 «le plus grand souci semble être *pour l'instant*...» Jouent en ce sens les multiples repères temporels hors-phrase qui balisent le récit de façon fictive : 16 h 40; 17 h 30; 18 h; 18 h 05; 18 h 30; 19 h; 19 h 15; 20 h; 20 h 30; 21 h; 22 h; 22 h 15; 23 h. Un procédé parallèle est utilisé par *Le Figaro* lorsque le journaliste dialogue avec un ouvrier, participant à l'action dont il sera le narrateur, devenant par là même, comme le dit en substance R. Barthes, protagoniste de l'énoncé et tout à la fois protagoniste de l'énonciation[28]. Ecriture journalistique du «comme si vous y étiez», *effet de direct* propre au reportage de presse. «L'effet de direct» se combine pour le renforcer à «l'effet de réel», massif dans *L'Aurore*, qui accumule les verbes perceptifs, introducteurs de description, les gros plans descriptifs, les procès-spectacles, surtout à propos du cortège (11 R/HO).

«Nouvelle littéraire», reportage radiophonique, mais surtout «feuilleton» à suspense. Cinq anticipations — rappelons-le — parcourent le récit de *L'Aurore*. Trois d'entre elles concernent d'éventuels incidents au moment où la manifestation viendra à se terminer. Sur le plan syntagmatique, les segments d'anticipation précèdent ou suivent des descriptions d'atmosphère :

R24 et R25 : «Tout est calme, *mais* on commence à se demander comment va s'effectuer la dispersion...»

R39, R40, R42 : «L'atmosphère est très détendue, *mais* devant les entrées du stade Charléty, le service d'ordre des étudiants reste vigilant : c'est à la fin du meeting, lorsque les manifestants se répandront dans les rues, que les incidents peuvent éclater.»

R52, R53 : «...Les cafés sont ouverts sur le boulevard Saint-Michel. Il y a beaucoup de monde, mais l'atmosphère est à la détente. Des ambulances sont groupées autour de la Sorbonne, *mais* elles n'auront pas, semble-t-il, à intervenir ce soir...»

Les segments de description qui sont en relation avec les anticipations, ont une structure identique. Une première séquence linguistique porte sur le calme, la détente. La conjonction «mais» permet de lui opposer une autre séquence qui, en annulant partiellement l'assertion première, embraye sur une anticipation d'inquiétude. La répétition de ce procédé, jointe à l'importance de «l'effet de direct» dans le journal, mime le suspense puisque jusqu'au dernier moment on n'est pas censé savoir qu'il n'y a pas eu d'incidents. En somme *L'Aurore* déplace l'intérêt du politique (récit de paroles négligé) au fait divers (titre sur la jolie blonde et prévisibilité d'incidents), déplacement dont on voit à l'évidence la portée mystificatrice.

Pour *Le Figaro* et *L'Aurore*, «l'effet de réel» est coessentiel à la rhétorique du reportage. Le journaliste laisse parler faits et décors, enregistre en quelque sorte la «réalité» de l'événement. Illusion qu'il serait inutile de dénoncer si toute l'écriture de reportage ne reposait précisément sur elle[29]. Mais «l'effet de réel» joue différemment dans les deux journaux. Combiné à «l'effet d'objectivité» dans *Le Figaro*, il permet à ce dernier de parfaire son image de marque comme grand journal d'informations et ce fait est particulièrement net en ce qui concerne l'événement Charléty : combiné à «l'effet de direct» et au suspense dans *L'Aurore*, il permet au politique de se dissimuler derrière le spectaculaire.

Combat : «l'effet de réel» déplacé du décor aux discours

«A la limite, un texte réaliste serait composé : a) de paroles enregistrées au magnétophone et retranscrites (mais la retranscription est déjà information supplémentaire, différente parce que différée, hermétique et gauchie) : b) d'effets de motivation divers (motivation articulatoire, auditive — onomatopées-visuelle — effets calligrammatiques ou diagrammatiques)[30].» Le reportage de *Combat* à certains égards pourrait être considéré comme un procès-verbal du meeting. Il enregistre en effet les discours des orateurs, donnant de longues citations pour chacun d'eux. Si le journal néglige la couleur et l'atmosphère de l'événement — contrairement au *Figaro* et à *L'Aurore* — il laisse la réalité parler d'elle-même en ce qui concerne les discours politiques, les restituant en quelque sorte dans leur déroulement chronologique «réel». On est tout près ici de ce que G. Genette appelle «l'effet de scène». «L'effet de réel», qui dans *L'Aurore* et dans *Le Figaro* était centré sur le spectacle, est ici déplacé sur les paroles. Les orateurs qui se succèdent à la tribune prononcent des discours qui, dans une large mesure, corroborent la ligne politique du journal en mai 1968. De ce fait, il suffit de donner la parole aux orateurs. Mais, comme l'indique Ph. Hamon, le simple enregistrement est illusoire. Chacun sait que le journaliste ne peut pas reproduire intégralement ce qui a été dit, qu'il fait le tri des paroles. Plus que ces aspects bien connus, ce sont les processus implicites qui nous paraissent significatifs. Ainsi le fonctionnement de la présupposition dans le discours rapporté dans un énoncé qui rappelle celui du *Figaro* : (R21). «...M. Barjonet... a reproché... à la direction confédérale de la C.G.T. et plus particulièrement à son Secrétaire général. M. Séguy, de n'avoir pas voulu voir le caractère révolutionnaire du mouvement en cours.» Comme on l'a vu à propos du *Figaro*, l'absence de marque linguistique de distance incline à penser que le journaliste partage le présupposé de Barjonet : «le mouvement en cours a un caractère révolutionnaire». Mais il y a plus. Dans le même segment l'orateur est caractérisé : «Chaleureusement applaudi. M. Barjonet démissionnaire de la C.G.T. a reproché...» Un rapport de causalité s'établit ici entre les deux syntagmes «chaleureusement applaudi» et «démissionnaire de la C.G.T.» du simple fait de leur rapprochement syntagmatique. C'est par des processus implicites de ce genre, détails en apparence anodins, que passe en réalité la connivence établie entre le journaliste et l'événement qu'il relate, et ce, parfois même à son insu.

La concession faite à la rhétorique du reportage se lit dans le récit d'événements à l'existence d'une trame narrative ponctuée d'indices temporels et de descriptions dont certaines garantissent la validité des jugements (rares au demeurant), par ce que nous avons appelé «l'effet d'objectivité».

Cette concession est compensée cependant par l'encadrement du récit. A l'évocation de l'atmosphère au Quartier Latin qui ouvrait le reportage de *L'Aurore*, *Combat* substitue des arrière-plans de rappel qui situent la manifestation dans son paysage politique (R0, R2, R3). «L'U.N.E.F. avait appelé à une manifestation de masse hier soir... des mots d'ordre de calme avaient été diffusés... s'étaient associées à ce meeting les organisations suivantes : la F.E.N., la C.F.D.T., certaines Fédérations F.O., les Comités d'Action Lycéens, le club des Jacobins, le C.E.D.E.P. (club socialiste de la F.G.D.S.)... Le Mouvement du 22 Mars, quoiqu'y participant, n'appelait pas ses adhérents à y participer.» Au tableau peignant le Quartier Latin après le meeting qui terminait l'article de *L'Aurore*, *Combat* préfère un jugement politique global sur la signification de la manifestation (R33) : «Ainsi les responsables étudiants sont parvenus à montrer simultanément leur force, leur foi révolutionnaire, et l'emprise qu'ils avaient sur leurs troupes». Politiques sans doute les oublis de *Combat*, en particulier, l'oubli de l'épisode S.N.E.C.M.A. mentionné par tous les autres journaux. Politique enfin comme on l'a vu la place assignée au récit de paroles.

Curieusement, la part faite à l'enthousiasme, au fantasme, à l'imaginaire se réfugie dans d'autres articles de *Combat* relatifs à Charléty (chronique de Jean-Claude Kerbourch du 29 mai, billet de Max Déjour, article de Pierre Kyria intitulé «La grande joie») et plus paradoxalement encore dans le commentaire politique de Claude Glaymann «Charléty ou la démocratie permanente» du même jour. C'est que pour *Combat*, la couleur et l'atmosphère ne sont pas, comme pour *Le Figaro* et *L'Aurore*, un simple spectacle à décrire. L'enthousiasme, le fantasme, l'imaginaire sont une dimension du politique lui-même.

L'Humanité : le reportage-refoulement

L'Humanité occupe une place à part dans le système des journaux que nous analysons : l'événement lui est d'emblée défavorable. La conjoncture l'installe a priori dans une position polémique, l'obligation de rendre compte d'une manifestation essentiellement dirigée contre le P.C.F. et la C.G.T. Néanmoins il y a le 28 un article sur le meeting de Charléty. Véritable reportage puisqu'il maintient en apparence la fiction du récit par l'emploi canonique du passé simple associé à des indices temporels. Simple concession au poids de l'appareil journalistique et à ses règles d'écriture, concession largement annulée par d'autres procédés, comme nous le verrons plus loin. Comme dans *Le Figaro*, la syntagmatique du texte laisse apparaître une mise en relation de la description et du jugement :

R4, R5, R6, R7 : «Il y avait là une forte majorité d'étudiants, mais aussi des enseignants, de jeunes ouvriers — ceux-ci infiniment moins nombreux cependant, il faut le dire clairement, que n'a cessé de le répéter Europe n° 1...»

R14, R15 : «Parmi les slogans dominants, on notait surtout «de Gaulle, démission» mais aussi des clameurs hostiles aux négociations syndicales et des cris de «Séguy, démission». Au reste la C.G.T. semblait devoir être la cible favorite de la manifestation...»

Ici encore la description fonde le jugement, elle est la garantie de «l'objectivité» du jugement, et en ce sens, les «effets d'objectivité» dans *L'Humanité* s'inscrivent bien dans la rhétorique du reportage, mais celle-ci est totalement subvertie. Le récit de paroles en premier lieu est réduit à la portion congrue. Une seule citation, le célèbre «On ne négocie pas avec le patronat, on le combat» de Geismar (R28). Les représentants de la C.F.D.T., de F.O. et de la F.E.N. n'ont droit qu'à la mention de l'acte de discours. Il y a ellipse totale sur le contenu de leurs paroles, occultation qui renvoie vraisemblablement à la conjoncture particulière du moment. Ellipse encore sur des maillons de la trame narrative : on ne voit pas le cortège se former; on ne voit pas non plus la foule entrer et s'installer dans le stade. C'est par le biais de descriptions liées à des jugements que ces moments (H0 et H2) sont évoqués. En revanche, l'épisode de la S.N.E.C.M.A. qui met en avant la classe ouvrière est narré largement. En second lieu les «effets d'objectivité» de *L'Humanité* ne sont pas assimilables à ceux du *Figaro* parce qu'ils jouent, dans certains cas, à l'intérieur de longues séquences qui échappent à la rhétorique du reportage, par leur structure argumentative et qui relèvent du commentaire. La scène de la S.N.E.C.M.A. est encadrée par deux descriptions, l'une rendant compte de l'état d'esprit des étudiants, l'autre décrivant les banderoles ouvrières au fronton de l'usine (R9, R10, R11, R12, R13) : «Parmi la foule arrivant en cortège, passant par l'avenue d'Italie et le boulevard Kellermann, on sentait à l'évidence un grand désir de voir devenir un peu plus substantielle la participation ouvrière. A la hauteur de la S.N.E.C.M.A.-Kellermann en grève, des cris fusèrent et des tracts furent distribués, conviant les travailleurs à se joindre aux manifestants. Les membres du piquet de grève répondirent très calmement que leur place était dans leur usine et qu'ils entendaient y rester. On peut signaler, d'ailleurs, que sur le fronton de l'entreprise, un immense calicot portait en lettres géantes : "Ouvriers, étudiants solidaires!"».

Si l'on appelle A le segment descriptif initial (R9); B le segment narratif (R10); C le segment de discours indirect (R11); D les segments de jugement et de description (R12, R13), la logique de l'argumentation de ce paragraphe nécessite la mise au jour de la proposition implicite qui gouverne le raisonnement.

A' : *la véritable solidarité entre étudiants et ouvriers oblige à ne pas se rendre à Charléty.*

A partir de là les segments B et C de l'épisode S.N.E.C.M.A. entrent dans un rapport logique avec A' de la forme :

B = -A' (les étudiants qui tentent d'entraîner les ouvriers à Charléty ne sont pas vraiment solidaires).

C = A' (les ouvriers qui refusent d'aller à Charléty sont vraiment solidaires).

Les segments A et D entrent, eux aussi, dans un rapport logique avec A' de la forme :

A = -A' (les étudiants, bien qu'ils aient le désir de la solidarité avec les ouvriers, ne sont pas vraiment solidaires).

D = A' (les banderoles des ouvriers sont le symbole de la véritable solidarité).

On voit par là que la narration et la description sont gouvernées par l'analyse de la conjoncture représentée par le segment A'. A l'empirisme de «l'objectivité» du *Figaro* donnant l'illusion que le perçu fonde le jugement, *L'Humanité* oppose explicitement la prééminence de l'analyse.

Les segments R14 et R15 où l'on a analysé plus haut un «effet d'objectivité» s'intègrent eux aussi dans un ensemble argumentatif (de R14 à R20). Si l'on appelle A le segment de jugement R15 (la CGT, cible favorite de la manifestation) : B le segment descriptif R16 (présence de la C.F.D.T. et de F.O. à Charléty); C le segment de rétrospection R18 (présence des trois centrales aux négociations de Grenelle) : D les segments de jugements R19, R20, (F.O. et C.F.D.T. épargnées paradoxalement à Charléty), là encore, la logique de l'argumentation ne peut se comprendre sans la restitution d'une proposition implicite fondamentale :

A' : *Charléty est une manifestation de division.*

En effet, on peut à partir de là poser les équivalences suivantes :

C = -A' (les négociations de Grenelle voyaient les syndicats unis contre le patronat).

A = A' (attaquer la C.G.T. est une marque de division).

B = A' (être présent dans une manifestation où l'on attaque la C.G.T. est une marque de division).

D = A' (traiter différemment la C.F.D.T., F.O. d'une part et la C.G.T. d'autre part est une marque de division).

On retrouve ici un fonctionnement comparable à celui qu'on a décrit plus haut, on est déjà dans le commentaire.

Les treize jugements qui encadrent le récit font encore de l'article un quasi-commentaire. Jugements globaux qui balaient l'ensemble des séquences temporelles, jugements qui mettent en évidence l'acte d'écriture (les segments intitulés HE dans les tableaux du type «il faut le dire clairement», «on peut signaler d'ailleurs», «il peut paraître singulier», «il est intéressant à ce propos de rappeler»), jugement atemporel à propos d'*Europe I* : «champion acrobatique de ce qu'on pourrait appeler "l'objectivité dirigée"». Jugements dont le poids et la masse constituent la spécificité de *L'Humanité*. L'absence «d'effet de réel» dans ce journal en est le strict corollaire.

Le lexique péjoré enfin, par la polémique politique qu'il porte, achève de donner au reportage de *L'Humanité* sur Charléty, une allure de commentaire. Si *Europe I* est qualifié de «champion acrobatique...», ce qui était «chaleureux applaudissements» dans les autres journaux devient «la hargne des vociférateurs», le discours de Barjonet «une diatribe violemment anti C.G.T.». La démission de ce dernier a fait «beaucoup de tintamarre ces jours-ci». On comprend aisément qu'un tel vocabulaire empêche toute identification. Il en va de même dans la fin de l'article pour «l'ordre régnait» et «les émeutes de vendredi» qui connotent l'inquiétude[31]. Refoulement, contre-courant, brisure du fantasme des autres qui est un effet de la lutte des classes dans cette conjoncture et qui vise à compenser par sa sécheresse le déluge lyrique de la plupart des media au moment de Charléty.

COMMENTAIRE ET ÉDITORIAL

Deux commentaires sur Charléty, le 28 mai : ceux de *L'Aurore* et du *Figaro*; deux commentaires encore le lendemain dans *Combat* et *Le Figaro*. Tous sont signés, tous se trouvent en pages intérieures des journaux : ce sont, le 28 mai, ceux de B. Morot pour *L'Aurore* et de S. Bromberger pour *Le Figaro*; le 29 mai, ceux de Cl. Glaymann pour *Combat* et de J. Griot pour *Le Figaro*. Il nous a paru nécessaire d'envisager séparément les articles du 28 rédigés dans la nuit qui a suivi le meeting, et les articles du 29, élaborés un jour plus tard, du moins en ce qui concerne les commentaires, encore très centrés sur l'événement.

Deux éditoriaux dans notre corpus à propos de Charléty : l'éditorial de P. Tesson du 28 mai et celui de R. Andrieu du 29 mai. Nous n'avons pas retenu les éditoriaux dans lesquels la mention de Charléty est insignifiante, comme celui d'A. Guérin dans *L'Aurore* le 28 mai. Par ailleurs nous avons écarté les éditoriaux où ne figure aucune allusion à Charléty (celui d'Alain Guérin du 29, de R. Andrieu du 28 et les deux articles de fond du *Figaro* des 28 et 29, signés Th. Maulnier et J. Fourastié qui ne constituent pas des éditoriaux). Mais le décalage d'un jour entre l'éditorial de Ph. Tesson et celui de R. Andrieu ne nous a pas paru invalider la comparaison, dans la mesure où tous deux sont davantage centrés sur la conjoncture, comme nous le verrons.

Bien que le commentaire et l'éditorial se différencient du reportage — métadiscours d'un côté, récit de l'autre — ils constituent deux variantes de la même forme rhétorique. Ce fait essentiel imposait une approche séparée.

La méthode utilisée pour l'étude des commentaires et des éditoriaux peut être présentée succinctement de la façon suivante. L'intérêt porté à la syntagmatique du texte oblige ici encore à un découpage. Recherche des modulations du récit, tel est le principe qui préside à la segmentation du reportage. Recherche des modulations de l'argumentation, tel est le principe du découpage des commentaires et éditoriaux. Nous avons considéré comme indices de ces modulations, les connecteurs qui apparaissent dans la trame du texte (car, mais, en effet, donc, etc.) ou des syntagmes qui jouent un rôle équivalent (à ce titre, en cela, de ce point de vue). Il va de soi que nous avons pris en compte tous les éléments rhétoriques qui marquent explicitement les articulations du texte (introducteur de thèse, d'argument, divisio, etc.). Indices encore, les changements de temps : passage du passé composé au présent ou inversement, passage de l'imparfait au présent, passage du présent au futur, etc. La modalité spécifique du performatif au sens large du terme a été également prise comme démarcateur de segment. Certains signes typographiques jouent ce rôle : en particulier, les deux points, l'alinéa, la marque du paragraphe. Dans quelques cas, nous avons segmenté malgré l'absence des démarcateurs évoqués ci-dessus. C'est que les valeurs des temps, du présent en particulier, étaient différentes (ex. un présent définitoire suivi d'un présent de narration) et que la désambiguïsation était donnée par le contexte. Modulations de l'argumentation, les segments obtenus peuvent être une phrase, un groupe de phrases ou un membre de phrase constituant le plus souvent une proposition.

Les commentaires et les éditoriaux sont jalonnés par six types de segments qui se distribuent du particulier au général en fonction de ce que nous pourrions appeler un «coefficient de réflexivité» ou de métadiscours, si l'on prend ce terme dans une acception large.

Au degré zéro, l'*exemple* : il s'agit d'un segment de narration, de description ou de discours rapporté qui, inséré dans un raisonnement, vient illustrer un jugement contigu. Ainsi dans *Combat* le segment : «des curieux grimpent-ils aux poteaux, la foule leur enjoint de n'en rien faire, etc.» qui sert d'exemple à l'énoncé précédent : «Ici la démocratie est poursuivie à chaque geste, àchaque démarche».

A un premier degré de réflexivité, l'*illustration descriptive-symbolique* (I.D.S.) qui renvoie à un signifié implicite. Les segments ainsi définis ne sont pas sans évoquer cette forme d'histoire métaphorique, lyrique et symbolique dont parle R. Barthes à propos de Michelet[32]. Dans *Combat* par exemple sous la forme d'une figure : «Que l'on est désormais loin des traditions de la gauche républicaine avec ses lambris radicaux, ses fauteuils socialistes et ses gilets respectueux ; tout comme on est loin du mausolée de Lénine où tout marche au pas, sans vie interne!»

D'un autre type de réflexivité, les *illustrations métadiscursives* (I.M.) se présentent essentiellement comme des jugements ayant trait au passé proche ou lointain. Sous la plume de J. Griot on lit : «La réunion de Charléty a groupé, du point de vue politique, des éléments très divers et qu'une analyse établie en fonction des critères «classiques» aurait pu, en d'autres temps, qualifier de difficilement juxtaposables». On voit que ce jugement est porté à la fois par le passé composé, le lexique de l'analyse et les guillemets de connivence.

Les *analyses métadiscursives* (A.M.) sont des jugements ou assertions du journaliste. Ces jugements méritent le nom d'analyse, puisque l'emploi du présent ou du futur de prévision joint à un lexique métadiscursif leur confère une valeur généralisante qui, comme nous le verrons, fait sortir l'argumentation du strict cadre de l'événement. Ainsi dans le même article J. Griot écrit : «...L'élément déterminant de cette crise grave est le clivage qui s'est opéré ou qui s'est révélé brusquement entre générations».

Les *énoncés généraux* (E.G.) sont du type proverbe, maxime, définition à valeur a-temporelle, comme cet énoncé de *Combat* : «Là où il n'y a pas de présence policière, il n'y a pas de provocation. C'est sans appel.»

Les *énoncés performatifs* enfin (E.P.), d'une nature très particulière, sont ceux qui opèrent le passage de l'analyse à la nécessité de l'action.

«Il convient simplement de les (idées politiques...) rapprocher, etc.» sous la plume de C. Glaymann dans *Combat*.

Ces six types de segments se hiérarchisent dans les articles en fonction d'une thèse posée le plus souvent explicitement et reprise parfois dans la «divisio» qui annonce les arguments. A ce titre le texte se présente comme une démonstration. Les segments d'arguments sont ceux qui gouvernent un ensemble de segments subordonnés. Nous nommerons ces derniers «preuves» en donnant à ce terme un sens plus large que celui qu'il revêt dans la rhétorique traditionnelle[33]. La façon dont les segments se combinent constitue l'argumentation spécifique de chaque article. C'est ce que nos tableaux rhétoriques veulent mettre en évidence.

L'événement au centre

Tous les commentaires ont une structure commune, en ce sens qu'ils démontrent une ou plusieurs thèses à l'aide d'arguments et de preuves.

Tous développent des types de raisonnements codifiés par la rhétorique; ainsi le raisonnement a fortiori qui termine l'article de J. Griot et qui peut se ramener à une sorte d'enthymème comportant les propositions suivantes :

– Mitterrand s'est effacé devant Mendès France qui n'avait pourtant que 40 000 personnes derrière lui.

– *Or*, il est probable que W. Rochet en aurait lui 400 000.

– *Donc* Mitterrand s'effacerait probablement devant W. Rochet.

Enthymème parce que la conclusion dans le discours de J. Griot reste implicite. Au lecteur de conclure dès lors sur le rôle d'apprentis-sorciers joué par les protagonistes de Charléty.

Autre raisonnement a fortiori, explicite celui-là, à la fin de l'éditorial de R. Andrieu :

– Une véritable politique de progrès social est impensable sans les communistes.

– *Or* certains veulent cette véritable politique de progrès-social contre les communistes.

– *Donc* ceux qui raisonnent ainsi appartiennent à la confrérie des humoristes acrobates.

Chaîne syllogistique complexe encore, où se trouvent intriqués deux syllogismes, dans la dernière partie de l'éditorial de Ph. Tesson :

- La situation est révolutionnaire (implicite).
- *Or* les partis traditionnels vont opposer une réponse traditionnelle.
- *Donc* ce sera pure perte.
- Le mouvement révolutionnaire va très vite.
- *Or*, les partis sont déjà dépassés.
- *Donc* une combinaison politique de leur part ne tiendra pas longtemps.

L'appareil rhétorique qui annonce et souligne les articulations du commentaire est le plus souvent considérable (jusqu'à près de 50 % du total de l'article du *Figaro*). On se trouve ici dans le cadre de la rhétorique traditionnelle; le modèle prégnant est bien celui de la dissertation. Comme si, parlant d'un événement autrement que dans la forme du récit, le journaliste ne pouvait pas faire autrement que d'utiliser ces règles d'écriture apprises au lycée et parfaitement intériorisées. C'est dans ce code en tous cas que se présentent tous les commentaires sur Charléty. S'agit-il d'une simple coïncidence? Ou ne peut-on pas penser avec R. Barthes que «... La rhétorique donne accès à ce qu'il faut bien appeler une sur-civilisation, celle de l'Occident, historique et géographique : elle a été la seule pratique... à travers laquelle notre société a reconnu le langage, sa souveraineté..., qui était aussi, socialement, une «seigneurialité». Le classement qu'elle lui a imposé est le seul trait vraiment commun d'ensembles historiques successifs et divers, comme s'il existait, supérieure aux idéologies de contenu et aux déterminations directes de l'histoire, une idéologie de la forme, comme si — principe pressenti par Durkheim et Mauss, affirmé par Lévi-Strauss — il existait pour chaque société une *identité taxinomique*, une socio-logique, au nom de quoi il est possible de définir une autre histoire, une autre socialité, sans défaire celles qui sont reconnues à d'autres niveaux[34]. » Autre trait des commentaires, comme le souligne le tableau n° 8, la prévalence des segments où figurent les temps du passé : passé composé, imparfait le plus souvent, ou présent fonctionnant dans le texte comme équivalent de l'imparfait de description. Les temps du passé peuvent intervenir dans des segments de nature variée : exemples, illustrations descriptives-symboliques (I.D.S.), illustrations métadiscursives (I.M.), autant de types de preuves qui impliquent des effets idéologiques variés, comme nous le verrons plus loin. Corollairement les segments d'analyse métadiscursive (A.M.) et d'énoncés généraux (E.G.) au présent ou au futur sont moins représentés. Si les temps du passé, dans les commentaires, réfèrent à Charléty et à ses entours, si par leur structure rhétorique, les commentaires brisent avec la forme du récit, ils n'en sont pas moins cependant, encore proches du perçu-vécu, pris dans l'événement.

La nature des preuves oppose les commentaires du 28 mai et ceux du 29 mai. Le tableau n° 8 établit le pourcentage en nombre de lignes, de chaque type de segment pour chaque article. Il montre, pour les articles du 28, une dominance au niveau des exemples (57,1 % du total des lignes dans *L'Aurore*, 40 % dans *Le Figaro*). Par là même, ces deux commentaires se différencient nettement des articles du 29. A la vérité, seul l'article de Bromberger fonctionne absolument à l'exemple : des éléments du spectacle ou du récit de paroles, encore très proches de l'événement, viennent illustrer un jugement généralisant. Le processus rappelle ce que dans le reportage nous avons appelé «l'effet d'objectivité». Le vécu-perçu sert de garantie au bien-fondé du jugement. Dans l'article de B. Morot les éléments du spectacle sont autrement distribués. Il s'agit de tableaux de descriptions, non pas insérés dans la trame argumentative, mais qui précèdent l'énoncé de la thèse. C'est pourquoi nous parlerons ici d'*analyse à «chapeau» descriptif* par opposition à l'*analyse exemplifiée* de S. Bromberger. Si dans les deux cas la structure argumentative interdit de parler de récit, les exemples (narratifs, descriptifs, ou de discours rapporté) attestent que l'événement est encore à l'horizon.

Le jour de recul qui sépare les commentaires du 29 mai de ceux du 28 se manifeste par un changement de dominance, sans que pour autant il s'agisse nécessairement d'un progrès dans l'abstraction. En effet, alors que les segments d'illustration métadiscursive (I.M.) l'emportent chez J. Griot, ce sont les illustrations descriptives symboliques (I.D.S.) qui dominent chez Cl. Glaymann. L'article du *Figaro* se caractérise — si l'on met à part ceux qui soulignent la progression du raisonnement — par trois types de segments : des exemples (19 %), des illustrations métadiscursives (48 %) et des analyses métadiscursives (33 %). Les deux exemples sont d'un type particulier puisqu'il s'agit de résumés de discours tenus par les dirigeants étudiants avant l'épisode de Charléty, autrement dit de discours rapportés au deuxième et troisième degré. La très forte proportion des I.M. montre que l'essentiel de l'argumentation est constitué par des jugements portés sur le passé, en particulier sur l'événement Charléty. La forte proportion des A.M. cependant indique que dans la syntagmatique du texte s'articulent sur les premiers des éléments de réflexion du journaliste plus détachés du passé. Dans tous les cas, le lexique rompt avec le vécu; c'est celui de la réflexivité. Ainsi abondent des termes comme : critères, composantes, éléments, analyse, crise, clivage, méthode, etc. Il s'agit bien avec l'article de J. Griot d'une *analyse conceptualisante*, qui pour autant n'est pas neutre. En témoigne l'utilisation plus ou moins complaisante, plus ou moins assumée du vocabulaire politique ambiant de l'époque : «aspiration commune», «révolution», «jouer le jeu», «entrer dans la compétition électorale», «pactiser avec des alliés», «minorité agissante», «les ferments», «révolutionnaires». En témoigne encore le fonctionnement de la présupposition, par exemple dans «...critères *dont* tout démontre depuis trois semaines et jusqu'à ce jour... qu'ils sont dépassés», où le journaliste semble partager à l'évidence les valeurs de l'événement qu'il commente.

C'est un autre discours que celui de Cl. Glaymann dans *Combat*. Les I.D.S. qui atteignent 41 % du total se combinent avec 20 % d'I.M., 18 % d'A.M., 10 % d'E.G. et 6 % d'E.P. Il s'agit en fait d'un double discours, puisqu'à une première partie presque entièrement constituée d'I.D.S., succède une analyse politique abstraite, dans laquelle s'inscrivent les énoncés performatifs propres aux militants. Mais c'est la dominance des I.D.S. qui donne sa marque au discours de Glaymann. Les I.D.S., rappelons-le, sont des descriptions qui renvoient par leurs réseaux connotatifs, par le vocabulaire métaphorique, par le jeu de l'analogie à un signifié implicite. Ces descriptions se caractérisent en outre par leur lyrisme : figures de gradation, de répétition, de comparaison, etc. Ainsi : «Pour la première fois, le groupe, le vaste groupe, bâti de ses sous-groupes variés et hétérogènes, se retrouvait et se regardait. Chacun pouvait mesurer la force de tous, chacun détenait enfin la liberté de dévisager son voisin, voisin à l'analyse distincte associé au combat commun.» Le vocabulaire vient renforcer encore l'impression de lyrisme par les connotations qu'il produit. Pour ne citer qu'un exemple : «Jusqu'ici le mouvement s'était accompli dans les ténèbres des nuits de barricade, dans l'odeur des gaz lacrymogènes; aujourd'hui la foule pouvait exalter sa sensation profonde de vie, de volonté de lutte». Un tel lyrisme contraint le lecteur à partager la même ferveur et par là même à partager les mêmes valeurs, voire les mêmes idées. C'est ce qu'à propos du reportage du *Figaro* — on s'en souvient — nous avons appelé «l'effet d'identification».

Ce dernier est encore redoublé par les multiples présuppositions marquant la connivence entre le journaliste et l'événement dans la seconde partie de l'article, qui relève pourtant du modèle conceptualisant. Ainsi : «la recherche politique *dont témoigne Charléty*», «la coexistence *démocratique* de groupes très divers», ainsi encore «poursuivre le mouvement *révolutionnaire*». C'est le mythe que *Combat* avait voulu exclure de son reportage. C'est lui précisément qui donne sa texture au commentaire. Loin de se réduire aux exemples narrativo-descriptifs du *Figaro*, les descriptions de *Combat* sont toujours évaluées. Elles constituent à elles seules, en raison de leur place dans la syntagmatique du texte, les équivalents d'une analyse. Quel en est donc le signifié sous-jacent? Il s'agit de tout ce qui peut connoter la symbolique révolutionnaire : créativité, spontanéité et responsabilité, participation à la fête, plaisir. Le discours de

J. Griot se déroulait presque exclusivement au niveau de la dénotation, celui de Cl. Glaymann est le discours de *l'analyse* métaphorique. Quatre commentaires donc. Quatre analyses aux effets idéologiques distincts sur lesquels nous reviendrons.

Spectacle dans le reportage, l'événement envahissait tout. Il était encore massivement présent dans sa ponctualité le 28. Avant de s'évanouir et de n'être plus qu'un signe[35] dans les éditoriaux, l'événement laisse des traces que les articles du 29 tentent de saisir. Le langage du commentaire dans ses modulations est celui de l'événement. Le langage de l'éditorial sera celui de la conjoncture.

L'événement décentré

Les éditoriaux, tout en se rattachant à la même structure rhétorique que les commentaires, structure argumentative comme nous l'avons vu, s'en distinguent par des traits spécifiques que le tableau n° 9 met en valeur. A la prévalence des temps du passé qui marquait les commentaires s'oppose la dominance des temps du présent, ou du futur[36]. Les segments d'illustration métadiscursive n'occupent que 26 % du total de l'article de R. Andrieu contre 57,5 % pour les segments d'analyse métadiscursive (A.M.) ajoutés aux énoncés généraux (E.G.). Si l'on ajoute encore les segments d'énoncés performatifs (E.P.), le total atteint 74 %. Il en va de même dans l'éditorial de Ph. Tesson où le pourcentage de 65,4 % représente la somme des A.M. (56 %) et des performatifs (9,4 %). Une telle différence entre les commentaires et les éditoriaux, qui sont cependant tous deux des discours réflexifs par opposition aux reportages, signale une différence fondamentale de la *forme rhétorique*, même si les formes du raisonnement ici encore, sont celles de la rhétorique classique. Il reste qu'au simple plan formel, les deux éditoriaux ne se ressemblent pas. Si les deux articles comportent de nombreux segments d'analyse métadiscursive où le journaliste donne un jugement ou une assertion, les E.G., nombreux chez R. Andrieu, n'apparaissent pas dans l'article de Ph. Tesson. Rappelons qu'il s'agit d'énoncés du type maxime, proverbe ou définition. Ainsi : «Mieux vaut tard que jamais»; ainsi : «La classe ouvrière a une longue expérience des luttes. Elle sait ce qu'elle veut»; ainsi encore : «Sans doute la classe ouvrière représente-t-elle la force révolutionnaire décisive, mais le rôle des intellectuels est d'une importance considérable dans le combat engagé pour une société humaine, pour un monde fraternel». On remarquera que ce dernier énoncé est modalisé par l'opposition sans doute/mais, élément d'une stratégie discursive qui n'enlève rien au caractère définitoire de l'assertion. Autre différence, la fonction des énoncés performatifs dans la chaîne argumentative. Dans les deux cas, on trouve le performatif attendu qui est la marque du discours militant. L'article de Ph. Tesson s'achève par cette suite de performatifs : «Ce sont ces courants qui, quoiqu'on veuille, l'emporteront... Mais avant de vaincre, ils doivent se grossir et s'ordonner. Il faut qu'un homme sage, fût-il un homme du passé, vienne aider à cette tâche en assurant en même temps la transition nécessaire.» De même à la fin de l'article de R. Andrieu : «Les travailleurs veilleront à ce que le puissant mouvement actuel débouche sur autre chose que l'impuissance anarchisante, le retour aux combinaisons du passé ou le sacre d'un nouveau monarque». Dans *L'Humanité* cependant, certains performatifs sont des maillons, des pivots dans la démonstration. C'est le cas de l'énoncé : «Il est indispensable que le mouvement des universitaires opère la jonction avec celui des ouvriers», énoncé qui conclut la thèse précédente et joue le rôle d'argument pour la suite de la démonstration.

Le fonctionnement syntagmatique même oppose les deux éditoriaux. Alors que chez Ph. Tesson le mouvement de la démonstration va en général des illustrations métadiscursives (I.M.) aux analyses métadiscursives (A.M.), ce qui peut rappeler à un certain niveau les «effets d'objectivité» du reportage, celui-ci va souvent chez R. Andrieu des E.G. aux A.M. : comme dans cette suite de segments : «Sans doute la classe ouvrière... mais le rôle des intellectuels... De ce point de vue l'entreprise qui consiste de la part de certains à tenter d'opposer le mouvement des étudiants à la classe ouvrière et de lui imprimer une orientation anticommuniste est lourde de périls...»

Le vocabulaire, les présuppositions et les figures rhétoriques opposent encore les deux éditoriaux. Tout chez Ph. Tesson tend à l'identification. Le vocabulaire d'abord, qui se distribue en valeurs positives ou négatives ; positives du côté des étudiants et des ouvriers présents à Charléty : «réveil de la France», «fermentation», «semence de cette révolution», «foi révolutionnaire»,etc. ; négatives du côté des partis traditionnels, des centrales syndicales, et du Parti communiste : «léthargie de la France», «instinct de conservation», «schémas et classifications», etc. Les présuppositions, en particulier au niveau des relatives, induisent un effet d'identification par le processus déjà étudié à propos du reportage : «... S'est exprimé... le refus d'une étroite soumission à des lois syndicales et politiques traditionnelles *qui contribuent à enfermer le monde ouvrier dans un ghetto sans espoir*», et encore : «Il faut y lire le rejet d'un système *dont le compromis est la règle essentielle*». Les valeurs communes aux participants de Charléty et à Ph. Tesson sont données comme des évidences ce qui oblige le lecteur de *Combat* à les partager.

L'effet d'identification joue également chez R. Andrieu au niveau des présuppositions : «...l'entreprise *qui consiste de la part de certains à tenter d'opposer le mouvement des étudiants à la classe ouvrière...*», «...la principale organisation syndicale — celle *qui joue le rôle décisif dans l'organisation des luttes ouvrières actuelles*»; «un autre journal [*Combat*], *qui a été depuis quelques semaines dans le peloton de tête de l'anticommunisme et de la phrase révolutionnaire*[37]». Les relatives ici font passer comme évidentes les valeurs du journaliste. Le lexique et les figures quant à eux portent la polémique et l'ironie quasi absentes de l'éditorial de Ph. Tesson. L'ironie utilise divers procédés : l'antiphrase : «*Le Monde*, comme chacun sait, ne rêve que du grand chambardement»; le proverbe «mieux vaut tard que jamais» venant après l'évocation du discours de Sauvageot qui reconnaît que certains genres de violence font le jeu du gouvernement; la reformulation du discours rapporté : «...l'intervention d'un transfuge de la C.G.T. attaquant la grande centrale syndicale parce qu'elle n'a pas encore déclenché la Révolution». Le vocabulaire est très marqué; ainsi dans les formules : «*Le Monde* qui s'extasie», «les délices du *Figaro*», «un transfuge de la C.G.T.», «la confrérie des acrobates humoristes», «l'homme providentiel». Répondent à ce vocabulaire de rejet «l'immense mouvement populaire», «cette force disciplinée», «la grande centrale syndicale», etc.

Si dans les éditoriaux dominent le présent et le futur, c'est qu'au niveau du référent, on n'est plus à Charléty. L'événement est ici mis en relation avec autre chose que lui-même : le mouvement de Mai dans son ensemble, le rapport des forces, l'éventail des partis, etc. Il n'est plus que le symptôme d'une tentative de troisième force pour l'un, d'une situation révolutionnaire pour l'autre. En un mot il perd son individualité et sa singularité. Il est fondu dans la conjoncture. Si l'on convient de définir la conjoncture, «le moment actuel», c'est-à-dire le rapport des forces, en fonction de la hiérarchie des contradictions surdéterminées à un moment donné dans une formation sociale, on en distinguera trois aspects : la conjoncture au sens global, par exemple mai 1968 dans son ensemble; la conjoncture dans ses divers moments, par exemple, la période autour de Charléty caractérisée soit comme l'émergence d'une réponse possible à une situation révolutionnaire (analyse de Ph. Tesson), soit comme la recherche de tentatives de troisième force (analyse R. Andrieu); la conjoncture enfin est ponctuée d'événements singuliers : tel Charléty[38].

Les *effets de conjoncture* qui se manifestent dans les deux éditoriaux renvoient à un condensé de ces trois niveaux de la conjoncture selon la position politique des journaux. Dans *L'Humanité*, le refoulement du reportage, la sous-évaluation du nombre des participants[39], l'absence de commentaire peuvent déjà être considérés comme des effets de la conjoncture. En ce qui concerne l'éditorial, les procédés d'ironie, la polémique incisive, pour ne pas parler du contenu qui porte à l'évidence la marque de la conjoncture, induisent des effets de rejet. Ce qui souligne le refus du journal d'entrer dans la fantasmatique de l'événement. Dans *Combat*, qui dans le reportage et le commentaire donnait beaucoup d'importance au récit de paroles et aux descriptions métaphoriques, l'effet de conjoncture propre à l'éditorial se lit à certains effets d'identification et surtout à la présence de performatifs, preuves de l'adhésion, mieux de l'identification du journal à l'événement.

La forme rhétorique de l'éditorial se caractérise — rappelons-le — par la dominance des énoncés de jugement ou d'assertion au présent ou au futur de prévision (A.M. et E.G.), et par la perte de l'événement. Si l'effet de conjoncture joue systématiquement par les processus de rejet ou d'adhésion, la spécificité de l'éditorial communiste, en ce qui concerne notre corpus, se réfère essentiellement chez R. Andrieu à l'emploi et au rôle des énoncés performatifs, et à la relation des analyses métadiscursives aux énoncés généraux. Didactisme et incitation à l'action qui dans l'organe du Parti communiste français ne sont pas propres, croyons-nous, à une conjoncture donnée. Quant à *Combat*, il paraît difficile de distinguer absolument ce qui relève pour lui d'une conjoncture favorable et d'une spécificité éditoriale, en l'absence d'une comparaison avec le fonctionnement du même journal dans une conjoncture défavorable.

Ainsi en nous plaçant au niveau strictement formel et sans préjuger des processus sémantiques en rapport avec l'idéologie et l'inter-discours[40], nous voyons que dans l'appareil presse, la formation rhétorique qu'est l'éditorial met en jeu des effets de conjoncture qui renvoient à une stratégie discursive, et des idiolectes qui relèvent des formations discursives en relation avec les positions idéologiques de chaque journal.

L'événement «Charléty» dans la presse se déploie dans deux formes rhétoriques : le reportage, en tant que récit, le commentaire et l'éditorial, variantes d'une forme rhétorique argumentative. Reportage, commentaire, éditorial constituent des mises en ordre, des constructions, des types particuliers de rationalisations : *chrono-logique* de l'événement dans le reportage, *taxo-logique* de l'événement dans le commentaire, *sémio-logique* de l'événement dans l'éditorial.

Le reportage se veut, comme nous l'avons vu, un film de l'événement ou une «résurrection» du passé immédiat. Par la prégnance du vécu-perçu, le reportage est essentiellement une illusion de reconstitution du déroulement temporel. D'où la combinaison possible de quatre opérateurs idéologiques «l'effet de réel» dans les descriptions, «l'effet d'objectivité» dans le rapport description/jugement, narration/jugement, «l'effet d'identification» dans le lyrisme (lexique, figures, présupposition), «l'effet de direct» dans un certain emploi du présent. Quatre variantes de la chrono-logique de l'événement Charléty se distinguent en fonction de la hiérarchie des opérateurs idéologiques (qu'elles combinent). Reportage «objectif» dans *Le Figaro*, reportage à suspense dans *L'Aurore*, procès-verbal des discours dans *Combat*, reportage-refoulement et quasi-commentaire dans *L'Humanité*. Par la forme du récit, par la dominance du vécu-perçu, par l'impossibilité de sortir de l'événement, le reportage relève à tous égards de l'*illusion empiriste*.

La forme rhétorique du commentaire, discours argumenté, impose une autre capture de l'événement, un autre agencement, une *taxo-logique*, étrangère à l'ordre temporel. Ces rationalisations se différencient selon la nature des preuves que leur argumentation combine. Les commentaires du 28 mai, ceux de B. Morot et de S. Bromberger, par le recours aux tableaux et aux exemples, sont encore très proches du vécu-perçu. Ce sont des *rationalisations perceptives* : en ce sens, il s'agit de la même illusion empiriste que celle du reportage, mais dans un autre cadre formel. A un autre niveau, le commentaire de Cl. Glaymann dont les descriptions connotées et symboliques sont les équivalents métaphoriques d'une analyse de l'événement, joue sur l'identification à des valeurs culturelles intériorisées et à des stéréotypes de groupes qui redoublent le vécu de l'événement. Processus idéologique de *reconnaissance/contre-reconnaissance* qui, au-delà de la structure argumentative, atteint l'imaginaire. Rationalisation métaphorique que celle de Cl. Glaymann, rationalisation conceptualisante au contraire que celle de J. Griot. Dans ce dernier commentaire, l'analyse passe par l'abstraction de jugements métadiscursifs sur Charléty. Généralisation, théorisation à partir de l'événement d'une part, à partir de constatations, de postulats de l'honnête homme. A l'illusion empiriste du reportage, J. Griot substitue l'*abstraction empiriste* du commentaire.

Avec l'éditorial, l'événement se trouve en quelque sorte «phagocyté» selon l'heureuse expression d'E. Le Roy Ladurie; la construction ne porte plus sur l'événement, mais sur sa signification : elle est une *sémiologique*. En effet, dans l'éditorial, l'événement n'est plus au centre de l'argumentation, il n'y figure plus que par allusion ou comme rappel tenu; absent/présent, il n'est plus que signe. La construction de l'éditorial par là même l'oppose aux autres formes rhétoriques nécessairement prises dans l'empirisme.

C'est que la pratique discursive journalistique se produit dans le cadre d'un appareil[41]. Le désir dit : « je ne voudrais pas avoir à entrer moi-même dans cet ordre hasardeux du discours ; je ne voudrais pas avoir affaire à lui dans ce qu'il a de tranchant et de décisif. Je voudrais qu'il soit tout autour de moi comme une transparence calme, profonde, indéfiniment ouverte, où les autres répondraient à mon attente et d'où les vérités, une à une se lèveraient ; je n'aurais qu'à me laisser porter en lui et par lui, comme une épave heureuse. » Et l'institution répond : « Tu n'as pas à craindre de commencer : nous sommes tous là pour te montrer que le discours est dans l'ordre des lois ; qu'on veille depuis longtemps sur son apparition ; qu'une place lui a été faite, qui l'honore mais le désarme ; et que s'il lui arrive d'avoir quelque pouvoir, c'est bien de nous, et de nous seulement qu'il le tient[42] ». L'appareil journalistique centré sur le factuel, le ponctuel, l'événement secrète en effet l'empirisme. Par la périodicité qui oblige, en particulier en ce qui concerne les quotidiens, à courir après l'événement, le fugitif, l'inessentiel. Par la concurrence des journaux entre eux, et entre les journaux et les autres mass media, qui conduit à privilégier le spectaculaire, le coloré, l'extraordinaire. Par le poids de l'idéologie de l'information dans la société libérale qui commande la diversité et surtout l'exhaustivité des nouvelles dans le cadre garanti par le prestige du « c'est arrivé ». Francis Conte rappelle que pour Lénine, « rien n'était plus nuisible que de remplir les journaux de la relation des événements du jour, car on faisait immédiatement place au « sensationnel ». (Qu)'au lieu de sacrifier au goût du simple peuple et de retenir son attention par une série de faits bruts, il fallait l'amener à réfléchir sur la *signification profonde* des événements grâce à une élaboration préalable...[43]. » Ne peut-on pas penser que, par ces remarques, Lénine travaillait objectivement à la transformation de l'appareil presse après la Révolution d'Octobre ?

Dans l'appareil « presse », l'éditorial, on l'a vu, apparaît — du moins dans notre corpus — comme la seule forme rhétorique qui permette de rendre compte de la signification de l'événement, qui permette en outre par là même d'échapper à l'empirisme. Événement situé, mais perdu. Peut-on imaginer dans le cadre de cet appareil, soit au niveau de la réélaboration des formes rhétoriques existantes, soit au niveau de nouvelles formes rhétoriques, une écriture qui situerait l'événement dans une analyse non empiriste de la conjoncture sans pour autant le laisser s'évanouir ? M. Paillet, s'interrogeant sur la saisie de l'événement dans la presse déplore que la consistance du discours journalistique fasse perdre à l'événement ce qu'il avait de singulier, d'inépuisable, pour l'intégrer et le figer. « A côté d'un journalisme qui se veut mise en ordre et y emploie tous les procédés que nous avons décrits... *on pourrait rêver d'une autre forme de compte rendu éloigné le plus possible de tout sens, de tout ordre, de toute prégnance culturelle, de toute intentionnalité...* Rêve qui hante les arts, les littérateurs et les philosophes songeurs. Émergence brute et organisation informationnelle, voilà donc deux termes logiques, mais non réels, qui bornent aux deux pôles le champ du journalisme...[44]»

Il est impossible pour nous de souscrire à de tels propos qui abandonnent ce que le marxisme appelle l'objet réel et toute possibilité de se l'approprier, et qui, par là même, se situent dans la problématique empirio-criticiste actuellement déferlante. Cette sorte de réduction phénoménologique interdit la saisie scientifique de l'événementialité. En nous interrogeant sur la possibilité d'un discours journalistique qui, centré sur la signification de l'événement, n'en évacuerait pas pour autant la matérialité et dont l'analyse ne se réduirait pas à une pure argumentation conceptuelle, nous pensons que le marxisme ne saurait se confondre ni avec le scientisme, ni avec un plat rationalisme. Ne pas se contenter d'une argumentation conceptuelle, c'est prendre en compte l'imaginaire dans lequel les participants d'un événement le vivent. Marx en pose le principe lorsque dans *Le 18 Brumaire de Louis Bonaparte*, il montre quel rôle décisif a joué le mythe romain[45] pour les révolutionnaires de 1789. Certes à propos des révolutions sociales à venir, il écrivait : « La révolution sociale du XIXᵉ siècle ne peut pas tirer sa poésie du passé, mais seulement de l'avenir. Elle ne peut commencer avec elle-même avant d'avoir liquidé complètement toute superstition à l'égard du passé. Les révolutions antérieures avaient besoin de réminiscences historiques pour se dissimuler à elles-mêmes leur propre contenu. La révolution du XIXᵉ siècle doit laisser les morts enterrer leurs morts pour réaliser son propre objet. Autrefois la phrase débordait le contenu, maintenant, c'est le contenu qui déborde la phrase[46]. » N'était-ce pas cependant sous-estimer la force des mythes dans le déroulement historique, y compris lorsqu'ils fonctionnent dans des idéologies en prise sur une analyse scientifique des rapports sociaux ? C'est ainsi qu'à la mythique de Charléty, qui a fait couler beaucoup d'encre depuis 1968 et qui dans notre corpus affleure dans l'article de Cl. Glaymann[47], s'oppose la mythique de la classe ouvrière. Mythiques de classe qui renvoient à des valeurs, à des épisodes historiques chargés d'affect et à des références culturelles toujours mobilisables. Certaines images, certains symboles par ailleurs peuvent être partagés par des groupes divers : ils se chargent alors de connotations différentes, voire opposées. Le drapeau rouge et l'Internationale de Charléty ne se confondent pas avec le drapeau rouge et l'Internationale de la manifestation de la C.G.T. deux jours après Charléty[48].

Notre analyse centrée sur l'idéologie des formes conduit à une attitude critique à l'égard des formes rhétoriques de presse que nous avons étudiées à travers notre corpus. Subversion des formes rhétoriques de l'appareil presse? Dans ce lieu du politique, enjeu d'une lutte de classes quotidienne, il est peut-être possible d'imaginer une pratique journalistique, qui dans le reportage, romprait avec le récit et l'illusion de reconstitution, qui dans le commentaire et dans l'éditorial, engagerait une problématique scientifique ne faisant pas l'économie de la force des mythes, en quelque sorte celle d'un Michelet marxiste sorti du récit, de son propre fantasme de résurrection du passé. Dans l'appareil journalistique tel qu'il est à l'heure actuelle? *That is another question.*

ANNEXES

TABLEAU N° 7
B. MOROT : *L'Aurore*, 28 mai

N° de séquence	Séquence	Thèse ou arguments	Preuves	Contenu	Référent	Éléments de lexique	Figures	Modalités
1	aux alentours de minuit ... par ailleurs		exemple	le calme au Quartier Latin après le meeting	après Charléty	calme régner		
2	Malgré l'autorisation officielle ... paix civile»		exemple	raisons de craindre des incidents	juste avant Charléty	autorisation officielle de la Préfecture. mise en garde inquiétante on craignait inquiétude		sans doute
3	Deux faits expliquent ... pas réalisés	thèse et annonce des arguments		annonce de l'explication de l'absence d'incidents	Charléty	expliquer deux faits certaines prévisions pessimistes		
4	1) les forces de l'ordre ... discrètes	argument		absence des forces de l'ordre	Charléty	forces de l'ordre discrètes		
5	ce qui a largement ... manifestation		IM	absence des forces de l'ordre	Charléty	contribuer à détendre l'atmosphère		
6	2) le service d'ordre de l'UNEF ... efficacité	argument		efficacité du service d'ordre	Charléty	service d'ordre de l'UNEF organisations ouvrières extraordinaire efficacité		
7	n'hésitant pas à «tuer dans l'œuf» ... mouvement		IM	efficacité du service d'ordre	Charléty	tuer dans l'œuf troubles étouffer, incidents brassards rouges canaliser le mouvement	image	
8	Quant au meeting du stade Charléty ... «parti révolutionnaire» sans équivalent actuellement	thèse		création d'un parti révolutionnaire à l'ordre du jour	Charléty	dirigeants étudiants syndicalistes «politiser» base d'un parti «révolutionnaire»		

N° de séquence	Séquence	Thèse ou arguments	Preuves	Contenu	Référent	Eléments de lexique	Figures	Modalités
9	la présence de M. Mendès France ... de la société elle-même		IM	Présence de Mendès France symbole de la politisation du mouvement	Charléty	hommes politiques s'associer au mouvement tendance à la contestation structure sociale		a encore accentué
10	on peut même se demander si ... leur pensée profonde		AM	jugements sur les propos tenus à Charléty	Charléty	l'ambiance les propos dépasser leur pensée profonde		on peut même se demander
11	il faut encore signaler la participation ... à la CGT et à FO		AM	présence d'ouvriers des grandes centrales syndicales	Charléty	participation massive ouvriers CFDT CGT FO		il faut encore signaler

TABLEAU N° 8

	B. Morot	S. Bromberger	J. Griot	Cl. Glayman
nombre total de signes ou de colonnes dans chaque article	34	37,5	108	68,5
pourcentage occupé par les segments d'exemples en nombre de lignes	57,1	40	19	6
pourcentage occupé par les segments IDS	-	5,7	-	41
pourcentage occupé par les segments IM	32	25	48	20
pourcentage occupé par les segments AM	14,2	18,5	33	18
pourcentage occupé par les segments EG	-	7	-	10
pourcentage occupé par les segments EP	-	-	-	6
AM + EG (%)	14,2	25,6	33	28
le poids du passé (%)	89,2	71,4	67	67

TABLEAU N° 9

	Ph. Tesson	R. Andrieu
pourcentage des segments d'exemples (en nombre de lignes ou de colonnes)	-	-
pourcentage des segments d'IDS	-	-
pourcentage des segments d'IM	33,6	26
pourcentage des segments d'AM	56	38
pourcentage des segments EG	-	19,5
pourcentage des segments EP	9,4	16,3
AM + EG (%)	56	57,5

NOTES

[1] P. Nora, «L'événement monstre», dans *Communications*, n° 18, p. 165. Repris en 1974 dans *Faire de l'Histoire*. Les références renvoient à l'article de *Communications*.
[2] P. Nora, *ibid.*, p. 165.
[3] *Ibid.*, p. 163.
[4] R. Barthes, «L'écriture de l'événement», dans *Communications*, n° 12. Repris dans *Le bruissement de la langue* (1984).
[5] L'étude systématique porte sur ces quatre quotidiens, mais nous ne nous interdisons pas d'avoir recours à d'autres journaux à titre d'illustration.
[6] V. Morin (1969) expose, à propos de la venue de Khrouchtchev en France, les principes méthodologiques de l'analyse de contenu. Voir également l'ouvrage collectif de M. Demonet *et alii* (1975), plus particulièrement le chapitre intitulé «Le discours et son contenu», p. 28-41.
[7] La méthode harrissienne a été appliquée à des corpus de presse notamment par J.B. Marcellesi (1971); D. Maldidier(1970); J. Guilhaumou (1975a).
[8] Pour la différence entre analyse d'énoncés et analyse de contenu, voir R. Robin (1973a) et P. Achard (1989).
[9] R. Barthes, «Structuralisme et sémiologie : entretien avec P. Daix», *Les Lettres françaises*, 31 juillet 1968, p. 13, souligné par nous.
[10] O. Ducrot et T. Todorov (1972), p. 378.
[11] G. Genette, «Discours du récit : essai de méthode», dans *Figure III* (1972); J.-F. Lyotard (1973), «Petite économie libidinale d'un dispositif narratif : la Régie Renault raconte le meurtre de Pierre Overney».
[12] Voir le n° 20 de *Communications* intitulé «Le sociologique et le linguistique», en particulier l'article de G. Vignaux, «Le discours argumenté écrit», ainsi que O. Ducrot (1973); J.B. Grize (1971).
[13] M. Foucault écrit au sujet du commentaire : «Le commentaire conjure le hasard du discours en lui faisant la part : il permet bien de dire autre chose que le texte même, mais à condition que ce soit ce texte même qui soit dit et en quelque sorte accompli. La multiplicité ouverte, l'aléa sont transférés, par le principe du commentaire, de ce qui risquerait d'être dit, sur le nombre, la forme, le masque, la circonstance de la répétition. Le nouveau n'est pas dans ce qui est dit mais dans l'événement de son retour» (1971, p. 27-28).
[14] F. Van Rossum-Guyon (1970).
[15] C'est en fonction des journaux de notre corpus que le nombre des séquences temporelles «réelles» H a été établi. On remarquera qu'aucun des journaux de notre corpus ne mentionne le deuxième discours de J. Sauvageot avant la dispersion.
[16] V. Morin (1969, p. 26-27), «Cette unité ne désigne pas le sens d'un signe (signifiant + signifié) puisqu'il est linguistiquement impossible de considérer l'un sans l'autre. Elle désigne le niveau de l'information où les éléments dénotants et connotants des signes qui la transmettent perdent leur sens; elle est un «type» d'information. Le même sujet peut être commun à plusieurs systèmes de prédicats : lorsque la foule est «dense et agite des drapeaux» devant Khrouchtchev dans un journal et «éparse et silencieuse» dans un autre, à la même heure et au même endroit; les deux informations pour distinctes qu'elles soient dans leurs prédicats, relèvent d'un même sujet que nous pouvons désigner par le terme «accueil parisien». Cette appellation constitue l'unité commune aux deux informations.»
[17] G. Genette, «Frontières du récit», dans *Communications n° 8*, 1966, p. 158.
[18] On remarquera que la distinction introduite par Harald Weinrich (1973), entre ce qu'il appelle «temps du monde raconté» (passé simple, imparfait, plus-que-parfait, condition-

nels), et «temps du monde commenté» (présent, passé composé, futurs) n'est pas opératoire en ce qui concerne notre corpus.

[19] P. Hamon, «Qu'est-ce qu'une description», dans *Poétique*, n° 12, p. 474.

[20] On pourrait assimiler ces «procès-spectacles» à des montages de plans plus ou moins anecdotiques.

[21] R. Barthes, «L'effet de réel», dans *Communications*, n° 11, p. 88. Repris dans *Le bruissement de la langue* (1984).

[22] R. Barthes, «Le discours de l'histoire», dans *Informations sur les sciences sociales*, 1967, vol. n° 4, p. 74, souligné par l'auteur. Repris dans *Le bruissement de la langue* (1984).

[23] Il peut paraître paradoxal de la part du *Figaro* qu'une telle reconnaissance ait lieu à l'égard d'une manifestation au plus fort des événements de Mai 68. On rappellera pour mémoire qu'un des aspects de Charléty peut être interprété comme dirigé contre le P.C.F. et la C.G.T., ce qui n'est pas pour déplaire au *Figaro*. Par ailleurs, comme on le verra plus loin, le commentaire rompt la connivence.

[24] Un seul exemple de lexique mélioré fonctionnant en sens inverse : (R15) «la grande centrale» désignant la C.G.T.

[25] *Le Figaro* consacre un second article à la formation du cortège se rendant à Charléty, où la connivence est tout aussi grande. On y lit par exemple : «c'est dans un calme absolu, dans une atmosphère révolutionnaire plutôt bon enfant qu'a commencé le grand défilé».

[26] «Le meeting champêtre» du *Figaro* fait écho au «déjeuner sur l'herbe» du *Monde*, ce qui n'est pas sans évoquer le célèbre tableau de Manet. *Le Monde* par là renchérit sur la connivence.

[27] L'impression lyrique la plus parfaite est fournie par le reportage du *Monde* signé par J. Lacouture, «Puis surgissent, flottent, bondissent les drapeaux noirs. Aux acclamations se mêlent des huées. Étendards et cheveux aux vents, les «anars» galopent sur la cendrée où Jazy battait naguère quelques records du monde. Filles juchées sur les épaules des garçons, agitant leurs bannières nocturnes, ils ont l'air de cavaliers venus des steppes.» On remarquera que nous ne faisons allusion aux figures qu'en fonction de notre objet qui ne se ramène pas à une taxinomie des procédés rhétoriques. «Ici s'épanouit l'antonomase et l'on voit croître à l'ombre des figures «non-tropes» le précieux polyptote et la rare hypotypose. On ne s'étonne pas qu'au détour d'une allée l'organisateur de la visite de ce parc à la française rencontre en Fontanier, un conservateur de la lignée de Linné ! Que ce jardin soit, en outre, un jardin des racines grecques et latines ajoute au plaisir un parfum d'érudition qui a l'avantage d'écarter le clochard.» P. Kuentz, «L'enjeu des rhétoriques», dans *Frontières de la rhétorique*, *Littérature*, n° 18, p. 4.

[28] R. Barthes, «Le discours de l'histoire», *op. cit.*, p. 69.

[29] Il va de soi que nous ne voulons pas dire par là que les journalistes ne connaissent pas les processus complexes engagés dans la perception. Voir à ce sujet le livre de M. Paillet (1974). La forme du reportage cependant, malgré les jugements qu'ils y insèrent, les oblige à faire comme s'ils enregistraient le réel.

[30] P. Hamon, «Qu'est-ce qu'une description», dans *Poétique*, n° 12, p. 485.

[31] Il faut souligner que la subversion du reportage dans *L'Humanité* n'a pas de valeur générale. Rappelons que nous nous trouvons ici dans un cas particulier, celui où l'événement relaté est défavorable à la ligne politique du journal. Il en va autrement dans le cas contraire. A titre d'exemple, ce reportage de la manifestation du 26 juin 1975 par Maïté Auger :
«A l'appel de la C.G.T., de la C.F.D.T., de la F.E.N., du Parti communiste, du Parti socialiste et du P.S.U., plus de cent mille personnes ont manifesté hier à Paris contre les agressions anti-ouvrières, la répression des grèves, pour la défense des libertés.
A 16 h 30, place de la Nation, les tambours résonnent déjà. Drapeaux rouges hissés,

banderoles déployées, c'est la mêlée des couleurs. Rouge et or de la C.G.T., rouge des Jeunesses communistes. Sur fond blanc, violet, ocre, bleu, un mot revient sans cesse : LIBERTÉS. Le cortège se donne des allures d'arc-en-ciel.
Des vagues et des vagues d'hommes, de femmes, de jeunes gens surgissent du métro. Il fait chaud. Robes longues des filles, mille et un jeans, garçons torse nu, postiers en uniforme.
La manifestation est encore informe. Le groupe des grévistes de Grandin, la robe très longue et très rouge cherche sa banderole. Toutes très bronzées elles disent : «monter la garde dans notre usine, forcément on prend le soleil».
Chant, tambours, slogans. Les jeunes communistes regroupés autour d'un orchestre improvisé lancent «La jeune garde». On entend encore : «Licenciements? Non! Chômage? Non! Répression? Non! Liberté, garantie d'emploi? Oui! Oui! Oui!»
Des hommes-sandwichs fendent les groupes annonçant partout le gala de solidarité aux grévistes du *Parisien libéré*. A grand renfort de tambourins, les travailleurs des Câbles de Clichy rassemblent la foule autour d'eux. «Ni C.R.S., ni provocation, négociations!» Des bandeaux rouges ceignent les fronts. Ici, les pieds, les reins, tout le corps scandent les slogans.
«Les Câbles peuvent payer», et derrière eux retentit : «Chausson peut payer». Et un cri unit les deux groupes : «Français, immigrés, même patron, même combat».
A 17h 30, un frémissement rue du Faubourg-Saint-Antoine. C'est le démarrage. En tête la banderole commune : «Halte à l'escalade de la répression, à la violence, aux attentats fascistes et racistes».
Sur un rang viennent les représentants des partis et des syndicats : Georges Séguy pour la C.G.T., Edmond Maire pour la C.F.D.T., M. Astre pour la F.E.N., Paul Laurent et Claude Poperen pour le Parti communiste, Gilles Martinet et Dominique Taddei pour le Parti socialiste.
Derrière la délégation du Congrès de la C.G.T. qui proclame «39ᵉ Congrès» viennent des travailleurs du Livre; grévistes du *Parisien Libéré*, délégation des grands journaux parisiens : *L'Humanité, Le Monde, France-Soir* et les imprimeries du labeur. Ici pas de pause entre chaque slogan : l'un prolonge l'autre : «Libertés syndicales», «Milices fascistes hors des usines», «Amaury et ses chiens n'auront pas *Le Parisien*».
Des trottoirs, de la manifestation même montent des applaudissements; ce sont les syndicats C.G.T. et C.F.D.T. de la police qui se mettent en place. Ils lancent «La police au service des travailleurs!» Des rues adjacentes, des délégations arrivent encore, toutes professions mêlées : «Union des Assurances de Paris», «Syndicat national des instituteurs des Hauts-de-Seine», «P.C.F. La Défense». Il y a encore les sections du Parti communiste de Bobigny, Malakoff, Plessis-Robinson, Vanves, Montreuil, etc. Les Renault scandent : «Réintégration des licenciés». Du coup les Chausson reprennent : «Ce qu'il nous faut ce sont les salaires Renault», et encore «Renault a gagné. Chausson, les Câbles vaincront».
Sifflets, pipeaux, tam-tams, accompagnent les voix. Des barils de plastique font usage de grosse caisse. En pure perte, certains s'égosillent dans les micros des mégaphones. Inutile. Les communaux de Châtillon réclament : «Libertés politiques à l'entreprise». Une clameur arrive : «Union, action. Programme commun», et la phrase court sur la manifestation. L'Internationale lui succède.
Des visages ruissellent. Les trottoirs se vident : le cortège draine, entraîne passants ou curieux sur son passage.
Voici les groupes des banques : B.N.P., Crédit Lyonnais et celui des aéroports : Orly-Nord, Orly-Sud, Roissy. Chez Citroën et Simca-Chrysler sans se lasser on crie, on chante, on affirme sur tous les tons : «Il est pourri le régime à Giscard» et aussi «Unité d'action contre la répression».
Cartables en main des collégiens arrivent. Le temps de coller un badge sur la chemise, le

jean ou la serviette et les voilà qui s'époumonent : « On viendra à bout d'Haby ! » Les groupes de la solidarité parcourent le cortège : « Soutien aux travailleurs du Livre, soutien aux Grandin, aux Chausson ». Derrière le P.S.U. arrivent encore des groupes de la Jeunesse ouvrière chrétienne, la fédération du Parti communiste du Val-de-Marne.
A 18 h 15, place de la Bastille, parviennent les premiers groupes. Les derniers s'ébranlent tout juste à la Nation. »

[32] R. Barthes, « Le discours de l'histoire... », *op. cit.*, p. 72.

[33] On donnera aux termes « démonstrations », « thèse », « arguments », « preuves » un sens qui s'écarte quelque peu de celui qu'ils ont dans la rhétorique traditionnelle.

[34] R. Barthes, « L'ancienne rhétorique », dans *Communications*, n° 16, p. 174-175. Souligné par l'auteur.

[35] Voir A. Casanova et F. Hincker (1974) « Introductions » : « ...L'événement est le reflet, le signe, l'indicateur, le symptôme du fonctionnement d'un mode de production ; il peut être l'indicateur, le reflet, le signe, le symptôme des éléments nouveaux nés du fonctionnement de la structure et des luttes de classes qui en résultent. Il est aussi actif, producteur de structures nouvelles... », p. 26.

[36] Mis à part les performatifs, on retrouve les mêmes dominances dans l'éditorial de *L'Aurore* du 28 mai 1968 : « Le pouvoir imperturbable », signé par A. Guérin.

[37] Dans toutes les citations précédentes, les relatives sont soulignées par nous.

[38] Bien entendu toutes les analyses ne sont pas à nos yeux équivalentes, elles n'ont pas toutes un caractère scientifique. Ce n'est pas l'analyse formelle qui peut les départager de ce point de vue. On note par là, comme on l'a vu dans les passages méthodologiques de notre article, les limites du formalisme.

[39] Dans notre corpus l'évaluation des participants est la suivante : *L'Humanité* : 20 000 ; *Le Figaro* : 30 000 ; *L'Aurore* : 35 000 ; *Combat* : 50 000 ; à noter que *Paris-Jour* en compte jusqu'à 65 000.

[40] M. Pêcheux (1975) : « L'interdiscours est... perpétuellement le lieu d'un « travail » de reconfiguration dans lequel une formation discursive se trouve, en fonction des intérêts idéologiques qu'elle représente, amenée à absorber des éléments *préconstruits* produits en dehors d'elle, en les reliant métonymiquement à ses propres éléments par des *effets-transverses* qui les incorporent dans l'évidence d'un nouveau sens où ils se trouvent « accueillis » et fondés (sur un nouveau sol d'évidences qui les absorbe) par ce que nous avons appelé un « retour du savoir dans la pensée » : bref, un « travail » d'unification de la pensée, où des subordinations se réalisent en s'effaçant dans l'*extension* synonymique de la paraphrase-reformulation » (p. 247).

[41] L. Althusser (1970), désigne par le concept d'Appareils idéologiques d'Etat des institutions ou éléments d'institutions (pensées hors de la problématique du fonctionnalisme) qui, par opposition aux appareils répressifs, fonctionnent essentiellement à l'idéologie. Nul doute que dans la société libérale actuelle, l'appareil presse est décisif, non seulement en ce qui concerne son infrastructure économique mais aussi pour le rôle qu'il joue dans la reproduction idéologique des rapports sociaux. Enjeu d'une lutte de classes farouche, comme notre corpus en témoigne.

[42] M. Foucault (1971, p. 9).

[43] Cité par Francis Conte, « La presse soviétique et le premier débarquement américain sur la lune », dans *La presse et l'événement*, Mouton, 1973, p. 120.

[44] M. Paillet (1974). Voir la critique de ce livre faite par A. Guedj dans *La Nouvelle Critique*, février 1975, p. 78, 79, 80.

[45] Nous parlons de mythes en désignant par là des éléments de formations idéologiques. « Les idéologies ne sont pas de pures illusions (l'erreur), mais des corps de représentations existant dans des institutions et des pratiques : elles figurent dans la superstructure et sont fondées dans la lutte de classes », Louis Althusser (1974, p. 114).

[46] Karl Marx, *Le 18 Brumaire de L. Bonaparte*, Éditions Sociales, p. 18.

[47] Les illustrations descriptives-symboliques dominent, rappelons-le, dans le commentaire de Cl. Glaymann. Ces segments d'argumentation ou types de preuves ne sont pas sans rappeler certaines descriptions ou jugements étudiés dans les reportages et qui, par leur caractère évalué ou lyrique, induisent des effets de reconnaissance/contre-reconnaissance qui touchent à l'imaginaire. En les distinguant, nous marquons qu'ils fonctionnent dans des discours différents : récit d'une part, argumentation d'autre part. De ce fait leurs effets idéologiques ne peuvent pas se confondre puisque preuves dans le commentaire, ils constituent l'équivalent d'une analyse et que dans le reportage, ils manifestent l'adhésion du journaliste à l'événement ou son rejet.

[48] On peut voir dans le jeu-sondage I.F.O.P. publié par *Le Point* (n° 147, 14 juillet 1975) une tentative de prise en compte du fonctionnement des mythes dans la politique. Ce jeu, fondé sur les règles du «portrait chinois» consistait à demander aux français «sondés» à quels couleurs, arbres, fleurs, animaux, jeux, héros, personnages, détectives, automobiles, femmes, membres de la famille, métiers pouvaient s'identifier les six hommes politiques suivants : Giscard d'Estaing, Chirac, Poniatowski, Jean-Jacques Servan-Schreiber, Mitterrand, Marchais. Il faut cependant noter que l'interprétation des réponses est particulièrement délicate, dans la mesure où certaines des questions posées mettent en œuvre elles-mêmes une mythique de classe qui ne peut correspondre à l'ensemble de l'échantillon.

Chapitre 2
Courte critique
pour une longue histoire

L'ANALYSE DU DISCOURS
OU LES (MAL) LEURRES DE L'ANALOGIE

Avril 68 : à quelques jours des événements de mai, au Colloque de Lexicologie politique de Saint Cloud, un avènement qui provisoirement pouvait passer inaperçu : celui du discours dans le champ de la linguistique. Pour une majorité de «curieux de vocabulaire politique», J. Dubois (1969), dans son intervention finale, jouait sans nul doute les terroristes; pour nous qui débarquions tout juste sur le continent linguistique à la recherche de la scientificité, une perspective s'ouvrait[1]. Nous tenions avec le «Discourse analysis» de Harris, que Dubois faisait alors connaître au public français[2], un outil linguistique; il devenait possible d'analyser le discours «sans lui imposer d'autres grilles que celles que donne la *grammaire*[3]».

Une nouvelle discipline, l'*analyse du discours* devait dès lors se constituer. Elle s'assignait un champ à la limite de la Linguistique et de l'Histoire. Cela n'allait pas sans résistances : linguistes, historiens et sociologues refusaient de lui céder du terrain[4].

Dix ans après on pourrait écrire l'histoire d'une lutte permanente contre «les ennemis de l'extérieur», mais dire aussi les affrontements, les polémiques à *l'intérieur*, entre praticiens de l'analyse du discours. On pourrait faire un bilan largement positif de tout ce qui a été produit dans ce domaine. Ni cette histoire, ni ce bilan ne nous retiendront ici[5].

Nous nous posons une autre question, d'urgence immédiate : où va aujourd'hui l'analyse du discours? Nos grands historiens restent toujours sceptiques[6]. L'irruption de la pragmatique dans la linguistique fait retour dans l'analyse du discours, débordement récent qui tend à estomper les limites de champs difficilement gagnés[7]. Notre travail se veut une tentative de clarification.

LA DÉMARCHE INAUGURALE

Dès l'origine, l'analyse du discours s'est voulue une discipline rigoureuse et a emprunté son modèle de scientificité à la linguistique distributionnelle américaine : analyse formelle, exhaustivité, systématicité, et corollairement, refus de l'intuition, du recours au sens et au savoir extralinguistique. Ces principes sont généralement communs aux chercheurs que nous situons quant à nous dans le champ de l'analyse du discours, qu'ils aient ou non recours à la méthode harrissienne.

Après des années de pratique, il apparaît que cette «scientificité» a une contrepartie : elle devient source de difficultés. Comme si la démarche elle-même induisait des blocages. Une hypothèse explicative : cette démarche ne mime-t-elle pas le modèle linguistique[8]?

Nous pouvons le vérifier à propos de la constitution du corpus[9] et de l'approche du fait discursif.

Le corpus

**LES MOMENTS D'UNE OPÉRATION INITIALE :
LA CONSTITUTION DU CORPUS[10]**
On puise dans ce que J. Dubois appelait «l'universel du discours», c'est-à-dire dans la «totalité des énoncés d'une époque, d'un locuteur, d'un groupe social». Découpage arbitraire à partir d'intérêts, de thèmes, de savoir. Dans un second temps, dans le «genre» ainsi promu objet d'analyse, on procède à une réduction : on ne retiendra finalement que l'ensemble des phrases contenant tel ou tel mot-pivot. C'est la dernière phase qui produit réellement le corpus : l'application des règles d'équivalence grammaticale proposées par Harris permet d'obtenir un ensemble de phrases transformées, la série des prédicats des mots-pivots.

Tout comme le corpus du grammairien, le corpus en analyse du discours résulte d'une «opération d'extraction» qui coupe des énoncés de leurs conditions de production[11]. Tout comme le corpus du premier est un échantillon de la langue, le corpus en analyse du discours est censé représenter le discours. On reproduit ainsi en analyse du discours les difficultés de la constitution du corpus en langue. Personne n'est dupe. Tout repose en définitive sur un pari de représentativité. Les phrases collectées sont un échantillon de la langue; les énoncés sélectionnés sont un échantillon du discours. En langue, la collecte est soumise à un jugement de grammaticalité qui permet d'écarter les ratés de la parole. En discours, l'affaire est plus grave : la sélection repose bel et bien sur des a priori, ce que nous conviendrons d'appeler des *jugements de savoir*[12]. De plus elle oublie l'enchaînement réel du discours pour y substituer son propre ordre; elle crée les régularités requises pour toute analyse distributionnelle. Le corpus n'est qu'un système d'énoncés produit par la démarche elle-même.

Dans «Polémique idéologique et affrontement discursif en 1776 : les grands édits de Turgot et les remontrances du Parlement de Paris[13]*», le corpus est reproduit intégralement : il ne s'agit nullement d'un texte suivi, mais d'une liste de phrases avec en position de sujet grammatical les mots-pivots* liberté, règlement. *Des phrases réécrites (selon des règles d'équivalence grammaticale) à partir des édits de Turgot et des remontrances du Parlement de Paris en 1776. Il est impossible d'ignorer que la sélection de ces termes repose sur un savoir historique. On suppose d'évidence que c'est autour de* liberté, règlement *que se joue l'affrontement noblesse-bourgeoisie dans un événement singulier : la tentative réformatrice de Turgot.*

La systématicité qui résulte de la constitution du corpus a pu longtemps paraître positive; elle garantissait la validité de comparaisons entre énoncés «homogènes dans le temps et dans l'espace», c'est-à-dire pris dans ce qu'on appelait alors une «même situation de communication». Elle permettait de balayer de vastes ensembles de textes.

Le temps est venu de s'interroger sur un tel modèle de cohérence. Il semblait justifié par les résultats. On ne peut cependant aujourd'hui s'empêcher de voir dans ces résultats des constructions «grammaticales». De quel droit les a-t-on prises pour des faits discursifs?

L'approche du fait discursif

Pour Harris la confusion langue-discours allait de soi, puisque le discours n'était jamais qu'un «énoncé long» ou «suivi». L'application à l'au-delà de la phrase de procédures de la linguistique descriptive était donc légitime[14]. Paradoxalement les analyses du discours ont emprunté à Harris sa méthodologie, tout en utilisant le mot discours dans un autre sens. Une expression née sur un autre terrain — les conditions de production — lui a donné une nouvelle charge sémantique[15]. Le couple énoncé-discours a renvoyé à l'opposition langue/histoire. Ce glissement nous interroge aujourd'hui sur la validité de la méthode et des résultats.

Il importe de sortir du modèle grammatical et de se situer dans une problématique propre au discours.

Dans «Moment actuel et processus discursifs» : le «Père Duchesne» d'Hébert et le «Publiciste de la République française» de J. Roux (juillet-septembre 1793)[16], il s'agissait de mesurer la différence entre deux pamphlets, l'un hébertiste, l'autre enragé, dans leur rapport au discours jacobin sur les événements de l'été 1793. Résultat «miraculeux» : les classes d'équivalence qui distribuaient les propositions autour des mots-pivots peuple, sans-culottes, citoyens *traduisaient terme à terme le savoir de l'historien sur l'opposition jacobins/sans-culottes. L'évidente appartenance du Père Duchesne à la sphère de l'influence jacobine sous son apparence populaire semblait justifier la positivité de la méthode. Au modèle classique de l'idéologie jacobine correspondait un modèle de cohérence grammatical. Mais un tel modèle de cohérence n'a-t-il pas pour effet de neutraliser les paroles populaires, les «ratés de la parole»?*

Sortir du modèle grammatical, c'est ce que semblait promettre l'étude de l'énonciation. Première tentative pour corriger les neutralisations de la description linguistique en réintroduisant le «sujet parlant». La saisie de ses manifestations «cohabitait» avec la mise à plat harrissienne du texte, un peu à la manière d'un «supplément d'âme» de l'analyse. Par surcroît on refusait l'utilisation subjective de la notion[17]. On croyait donc tenir un maillon essentiel pour l'approche du discours.

Chez les théoriciens de l'énonciation déjà le projet de décrire un mécanisme de production débouchait sur le simple recensement d'un appareil formel[18]. Du côté du discours, à l'inventaire des traces énonciatives on faisait correspondre des processus discursifs. A nouveau se pose la question de la légitimité de la démarche. De quel droit prend-on les taxinomies ainsi produites pour des fonctionnements discursifs?

L'article de L. Courdesses (1971) «Blum et Thorez en mai 1936 : analyse d'énoncé» est à ce titre exemplaire. Travaillant sur deux discours au contenu à peu près identique, il s'attache au procès d'énonciation et au rapport énoncé/énonciation. L'étude porte sur le système des référents et substituts personnels en tant qu'ils manifestent des rapports d'inclusion/exclusion du locuteur au groupe, sur les transformations (négatives, passives, nominalisations) et les aspects verbaux. De ce recensement de traits formels, L. Courdesses tire une double conclusion : le discours de L. Blum, fortement marqué par la présence du sujet d'énonciation, est un discours politique traditionnel; à l'inverse celui de M. Thorez, où l'énonciation est à peine marquée, est un discours didactique. Nous reprenons à notre compte la critique de L. Guespin à ce sujet (1971 et 1976). Il remarque qu'il s'agit d'un «relevé des faits d'énonciation plus que d'(d')une véritable intégration de cette nouvelle problématique à l'analyse du discours». Il souligne également les conséquences d'une neutralisation abusive des différences dans la situation de communication (discours de congrès pour Blum/ discours tenu devant une assemblée de militants dans le cas de Thorez). Ultérieurement L. Guespin a tenté de reprendre le problème dans un travail contrastif sur des discours de L. Blum. Il montre la possibilité pour un nom de jouer le rôle d'embrayeur dans un discours donné (c'est le cas de Parti *pour le discours de Blum) et récuse l'idée d'une liste close de marques énonciatives. Mais le rejet d'une taxinomie fondée sur le code de la langue l'amène à assimiler tout fonctionnement textuel embrayé sur ses propres conditions de production à un fonctionnement discursif.*

Sortir du modèle grammatical, c'est aussi ce que proposent des études centrées sur le performatif et l'illocutoire, intégrés désormais à la théorie des actes de langage.

L'itinéraire de D. Slakta est particulièrement significatif. Dès 1971, il étudiait «l'acte de demander» dans les Cahiers de Doléances de 1789. Dans le cadre de la grammaire des cas de Fillmore, il s'appuyait sur les recherches issues de J.L. Austin relatives aux performatifs pour évaluer les potentialités illocutionnaires des énoncés de demande. Dans «Essai pour Austin» (1974), il introduit dans l'analyse du discours la théorie des actes de langage de Searle. Puis il contribue à vulgariser en France la grammaire de texte : de nombreux travaux parus dans la revue Pratiques *(10-11-12-13) s'inspirent de son article sur «L'ordre du discours» (1975). Il s'agit là d'énumérer des règles de construction du texte, mais en aucun cas, l'assimilation au discours n'est faite. Le texte ne devient discours (pratique discursive), ne prend sa signification que par référence à un autre terrain, celui des normes sociales.*

Ce que nous voulons mettre en valeur, c'est la présence implicite d'un isomorphisme langue-discours[19], l'indétermination du statut du discours, les blocages propres à la démarche inaugurale de l'analyse du discours. Cette démarche, que nous appellerons méthodologique, demeure, toujours tendancielle, jamais réalisée à l'état pur, dans les diverses analyses du discours.

Les clivages qui vont nous servir à déterminer des configurations dans l'analyse du discours sont d'une autre nature[20].

Ainsi s'ouvre, hors de la linguistique, tout un champ d'interrogations sur le discours qui permettent de nuancer notre pessimisme.

DE LA LINGUISTIQUE SOCIALE À LA THÉORIE DU DISCOURS

Une affirmation au départ : les analystes du discours dont nous allons parler, dans leur pratique, mettent en question les postulats fondamentaux de la sociolinguistique :

– la simple mise en relation entre le fait linguistique et le fait social, la recherche de clivages sociologiques à partir de faits linguistiques, en somme ce qu'on désigne habituellement par la co-variance. Ils tentent d'aller au-delà de cette simple juxtadisciplinarité; ils s'interrogent sur le statut de la matérialité linguistique dans la formation sociale;

– l'évidence du modèle de communication selon lequel on passe graduellement de la communication entre individus à la communication entre groupes sociaux. Comme si les mots *circulaient* au bénéfice des uns ou des autres sans que soit dévoilé le secret de leur production[21]. Mais nous voici associant les frères ennemis : la linguistique sociale et la théorie du discours ! Qu'en est-il au juste ?

Du côté de la socio-linguistique : une première configuration

De J.B. Marcellesi à J.P. Faye la distance n'est pas si grande. Qu'on en juge sur pièces[22] :

> a) *Linguistique sociale et Sémantique de l'histoire* «*Le besoin de relations sociales est cause de langage.*» (...) *Dans* Linguistique sociale *par rapport à* sociolinguistique *l'ordre des éléments est inversé : cela ne signifie pas que le social passe au second plan, mais simplement que le linguistique... est éminemment social par lui-même, tout autant que la partie sociale de l'extralinguistique (le social extralinguistique ou non linguistique)* (Marcellesi).
> b) «*Les langages sont émis par les corps humains dans leur relation aux groupes sociaux. L'articulation du langage traverse le corps entier à partir de la société tout entière comme opposition de mondes sociaux.*»
> «*La critique de l'économie narrative enveloppe nécessairement... une sociologie des langages — une sémantique de l'histoire.*»
> «*... La lutte de classes s'articule aussi et même principalement dans le discours, dans le langage, dans la «narration idéologique»* (Faye).

Au-delà des terminologies hétérogènes, nous sommes frappés par certaines convergences. Le parallélisme de l'inversion souligné par J.B. Marcellesi : *Socio-linguistique* ⇒ *Linguistique sociale* et *Sociologie des langages* ⇒ *Sémantique de l'histoire* nous paraît désigner une même conception fondamentale : l'immédiateté du fait linguistique et du fait social. Les pratiques linguistiques sont des pratiques sociales. Là où J.P. Faye dit que le langage est la matérialité même de l'histoire, J.B. Marcellesi affirme l'unité profonde du linguistique et de l'extralinguistique dans le social. Convergence encore dans la volonté de rendre compte du discours en termes d'acceptabilité : comment les énoncés de tel groupe social, tel parti politique sont reformulés dans la société civile en vue de l'hégémonie[23].

Pour autant cette rencontre sur des principes généraux ne suppose pas des démarches identiques.

J.B. Marcellesi a été un des premiers linguistes à expérimenter l'analyse de discours. Il inscrit ses recherches dans la socio-linguistique, mais il opère deux déplacements. De notion opératoire qu'il est dans la sociolinguistique américaine (ou inspirée de celle-ci), le terme de co-variance est une traduction, dans la Linguistique sociale, de la catégorie philosophique d'identité et d'unité des contraires. Nous y reviendrons. La notion de besoin de communication, critiquée dans ses aspects psychologiques idéalistes, se trouve réinterprétée au contact d'une réalité : la lutte des classes.

UN MODÈLE DE PRODUCTION DISCURSIVE PAR DES LOCUTEURS COLLECTIFS

Dans son travail sur les Congrès Socialiste et Communiste de 1924 et 1925 (1976), J.B. Marcellesi fait porter son analyse sur les énoncés contenant les termes Parti *et* Congrès. *S'il se propose d'étudier ce qu'il appelle «l'individualisation linguistique» de chacun des deux partis, il montre qu'elle n'est jamais absolue. Sur la base d'une unité discursive profonde, il met en évidence des «interactions et échanges discursifs». Par exemple en 1925* Parti *et* Congrès *sont pour les socialistes des unités interchangeables; à l'inverse pour les communistes, le* Parti *agit, alors que le* Congrès *adopte. L'individuation n'est qu'écart par rapport à une séquence linguistique commune :*

	S.F.I.O.	qui a un congrès
	}	a une action politique
Le Parti		une politique
	}	
	P.C.F.	à qui fait appel le Congrès

Unité et interaction sont indissociables.

L'interrogation initiale de J.P. Faye (1972) était celle d'un historien. Il se demandait quelles étaient les conceptions de l'Etat totalitaire dans l'extrême-droite allemande et italienne des années 20. Il constate que «là où on pouvait s'attendre à trouver une doctrine reflétant la réalité politique, on assiste bien plutôt à ce que l'on pourrait appeler des événements de langage». D'où l'objet de la recherche : étudier la production des énoncés autour d'*Etat totalitaire* dans les groupes d'extrême-droite et dans quelle mesure ils préparent *l'acceptabilité* de la parole hitlérienne.

Le rapprochement de la Linguistique sociale et de la Sémantique de l'Histoire illustre pour nous une première configuration dans l'analyse du discours. Est-ce par cette voie que la connaissance du discours peut progresser? Elle a permis la multiplication d'études concrètes qui rompent avec le mécanisme ou le simplisme des travaux fondés sur la co-variance ou le modèle communicationnel[24].

Elle rencontre cependant à nos yeux un certain nombre d'écueils. Le premier a déjà été explicité : la prégnance du modèle méthodologique inaugural demeure. A travers la systématicité de la démarche, l'isomorphisme langue-discours est à l'œuvre.

La seconde difficulté est d'ordre épistémologique : dans cette configuration, «la description de la diversification du discours est en elle-même... histoire des rapports sociaux. Elle est signifiante socialement par elle-même[25].» La description donc est en elle-même une connaissance.

Son critère de validité est la pratique de la lutte des classes. La référence à Bakhtine-Volochinov (1977) est à ce titre significative : il s'agit pour l'analyste du discours de retrouver derrière la réification de la langue par l'idéologie dominante les enjeux et les pratiques de la lutte des classes autour des signes.

A l'isomorphisme langue-discours se superpose l'isomorphisme discours-pratique. On voit ainsi comment cette configuration théorise implicitement son refus d'une théorie explicite du discours. Elle produit une réponse politique sur le terrain d'affrontements particulièrement sensibles, l'anticommunisme, l'antisémitisme. Pour importante qu'elle soit, elle ne nous suffit pas. Nous pouvons dire avec Althusser : «Ce genre de réponse pragmatiste nous laisse sur la faim de notre question théorique[26]».

Du côté de la théorie des idéologies : une seconde configuration

Juin 70 : parution dans *La Pensée* de l'article d'Althusser sur «Idéologie et appareils idéologiques d'Etat». Ces «notes pour une recherche» ouvraient pour certains d'entre nous une perspective théorique à l'analyse du discours[27]. Plus qu'un simple rappel de la matérialité de l'idéologie, le concept d'appareil idéologique d'Etat permettait de penser la production du sens. L. Althusser nous conviait à approfondir la position matérialiste (il n'est pas de sujet sans pratique/il n'est pas de pratique sans sujet), pour élucider les mécanismes de l'interpellation des individus en sujets, pour *produire une connaissance* à partir de la question suivante : en quoi la catégorie de sujet est-elle constitutive de l'idéologie?

Le moment était venu de bâtir une théorie du discours articulée sur la théorie des idéologies.

> «*On parlera de* Formation idéologique *pour caractériser un élément susceptible d'intervenir comme une force confrontée à d'autres forces, dans la conjoncture idéologique caractéristique d'une formation sociale, en un moment donné ; chaque formation idéologique constitue ainsi un ensemble complexe d'attitudes et de représentations qui ne sont ni «individuelles» ni «universelles», mais se rapportent plus ou moins directement à des positions de classes en conflit les unes par rapport aux autres. Nous avancerons, en nous appuyant sur un grand nombre de remarques contenues dans ce qu'on appelle «les classiques du marxisme», que les formations idéologiques ainsi définies comportent nécessairement, comme une de leurs composantes, une ou plusieurs formations discursives interreliées, qui déterminent* CE QUI PEUT ET DOIT ÊTRE DIT *(articulé sous la forme d'une harangue, d'un sermon, d'un pamphlet, d'un exposé, d'un programme, etc.) à partir d'une position donnée dans une conjoncture donnée*[28].»

Telle est la formule de référence, citée par les partisans comme les adversaires de la théorie du discours. Sa reprise et ses commentaires par M. Pêcheux dans des textes ultérieurs symbolisent, nous semble-t-il, les tentations, les rectifications sur un chemin théorique. *Langages*, 37 (mars 1975) classait «l'espèce discursive» dans le «genre idéologique». S'agissait-il de l'influence de M. Foucault, déjà sensible dans la terminologie (la notion de *Formation Discursive* est empruntée-reformulée à partir de *L'Archéologie du savoir*)? Cette conception taxinomique était lourde de dangers : poser l'existence de la nouvelle espèce «discours» *à côté* des pratiques idéologiques antérieurement reconnues, ignorer les «rapports d'inégalité-subordination» entre le discursif et l'idéologique. Dans *Les Vérités de La Palice* ces risques sont clairement désignés (1975a, note 25, p. 145). En vérité, le fantasme d'une théorie du discours s'éloigne; à l'euphorie succède le dessein de «désigner quelques *éléments conceptuels* (avant tout celui de *formation discursive*) qui, jusqu'à ce qu'ils aient été eux-mêmes «rectifiés», peuvent rendre des services aux linguistes matérialistes soucieux de travailler dans le matérialisme historique[29]».

Une fois de plus nous reposons notre question : ces «éléments conceptuels» ont-ils permis d'avancer dans la connaissance du discours?

De fait de nombreuses études concrètes s'inscrivent dans cette perspective et tentent de faire travailler les «éléments conceptuels» dans des conjonctures historiques données. Ce n'est pas un hasard si le travail sur des concepts porte à la fois sur l'Etat de transition du féodalisme au capitalisme en France et sur les «ruptures discursives» (R. Robin) dans les différents moments de la transition.

De ces travaux se dégagent de nouvelles connaissances sur des formes historiques déterminées dans les temps forts de la constitution de l'hégémonie bourgeoise :
– autour de la crise de l'Etat d'Ancien Régime à la fin du XVIIIe siècle :
– du côté des affrontements noblesse-bourgeoisie et de l'échec du compromis
– et du côté des effets contradictoires de l'émergence d'éléments idéologiques bourgeois dans divers appareils hégémoniques.

Ainsi :
R. Robin (1973), «La nature de l'Etat à la fin de l'Ancien Régime : formation Sociale, Etat et transition».
R. Robin (1975), «Le champ sémantique de féodalité dans les Cahiers de Doléances généraux de 1789».
D. Maldidier et R. Robin (1974), «Polémique idéologique et affrontement discursif en 1776 : les grands édits de Turgot et les remontrances du Parlement de Paris».
M. Grenon et R. Robin (1976), «A propos de la polémique sur l'Ancien Régime et la Révolution : pour une problématique de la transition».

Ainsi :
G. Gayot et M. Pêcheux (1971), «Recherches sur le discours illuministe au XVIIIe siècle : C. de Saint-Martin et les circonstances».
J.P. Hirsch (1975), «Les milieux du commerce, l'esprit de système et le pouvoir à la

veille de la Révolution».
R. Robin (1971), «Fief et seigneurie dans le droit et l'idéologie juridique à la fin du XVIIIe siècle».
M. Grenon et R. Robin (1978), «Alice dans le droit chemin ou la transition dans les superstructures».

- *autour de l'élargissement et de la reproduction du nouvel Etat bourgeois*
- *du côté du jacobinisme et de la constitution du champ politique*
- *du côté d'un appareil qui prend sa forme sous la IIIe République : l' appareil scolaire et la constitution d'une tradition historique «nationale-populaire».*

J. Guilhaumou (1979), «Hégémonie et jacobinisme dans les Cahiers de Prison, Gramsci et l'histoire de la France contemporaine».
Equipe Révolution française (U.R.L., «Lexicologie et textes politiques»), Sur la Révolution française, n° 2 du *Bulletin du Centre d'analyse du discours de Lille*, III, 1975.
J. Guilhaumou (1975), «Discours, idéologies et conjoncture en 1793».
R. Robin (1980), «Autour d'un problème d'hégémonie idéologique : les manuels de la IIIe République».

Implicitement ces travaux allaient à la découverte de diverses «espèces discursives» d'un «genre idéologique» en train d'émerger : l'idéologie bourgeoise dominante. On la traquait dans des appareils divers : les appareils politiques, l'appareil juridique d'Etat, l'appareil scolaire; dans des moments historiques déterminés. A la manière du chimiste nous voulions isoler dans le corps complexe des discours des éléments simples (discours bourgeois/discours féodal; discours jacobin/discours sans-culotte) là où ne se rencontrait qu'intrication des stratégies discursives d'affrontement et d'alliance.

Quelle est donc la positivité de cette «mise en travail» des concepts? Pour nous l'apport du côté de l'histoire est incontestable : l'histoire des appareils hégémoniques ne peut faire l'économie du niveau discursif. De plus en plus nombreux, des historiens rompent avec l'idée naïve du langage transparent pour prendre en compte la matérialité langagière[30]. L'approche linguistique permet, dans les travaux cités ci-dessus, de décrire des fonctionnements, de les rapporter à des niveaux spécifiés des conditions de production, opération par laquelle on cherchait à constituer un niveau discursif.

Mais va-t-il de soi qu'il s'agit de fonctionnements discursifs? Nous ne voulions pas confondre l'objet empirique : description langagière dans le social, et l'objet *de connaissance* : processus discursifs. Cependant, à éviter ce piège, nous risquions de tomber dans un autre : donner à l'objet décrit le statut de discursif par la mise en relation, parfois complexe il est vrai, avec l'idéologie. Paradoxalement le foisonnement des fonctionnements décrits nuançait le schématisme d'une théorie du discours calquée sur une théorie des idéologies. Ce schématisme résidait dans une conception simpliste de la domination de l'idéologie dominante. Là où on voulait retrouver les processus discursifs dominants, effets de la détention du pouvoir d'Etat par une classe dominante, on décrivait de fait des formations intriquées, les formes complexes de recherche par la classe dominante et dirigeante du consensus dans des conjonctures données. Ainsi ces travaux concrets débouchent, eux aussi, sur une exigence de reformulation.

A titre de remarque, ajoutons : en situant cette seconde configuration du côté de la théorie des idéologies, nous sommes conscients de laisser dans l'ombre un clivage — cohérent avec le premier — sur les rapports langue-discours. A dire vrai, bien qu'elle ait recours à l'occasion à l'opposition langue/discours, la Linguistique sociale bute sur l'abstraction de l'objet langue. La critique récurrente de la réduction saussurienne ou de l'idéalisation chomskyenne, et parallèlement le sort fait à Volochinov, considéré comme le lieu de la véritable coupure épistémologique le manifestent clairement.

M. Pêcheux à l'inverse prend une position théorique affirmée sur la distinction langue-discours. La langue avec ses systématicités phonologiques, morphologiques et syntaxiques est la base matérielle à partir de laquelle se développent les processus discursifs. Tout le problème alors est celui des frontières — jamais assignables — entre le linguistique et le discursif. La question de l'autonomie relative de la syntaxe apparaît comme un enjeu décisif, tant du côté de la linguistique que de l'analyse du discours.

Tout en adhérant à cette position théorique, les auteurs des travaux concrets situés dans la seconde configuration ont travaillé surtout du côté de l'idéologique.

Analyse du discours croissance zéro ?

Ni tout à fait histoire, ni tout à fait bilan, notre article ne prétend pas davantage proposer une reformulation[31].

Nous avons voulu situer l'analyse du discours dans son lieu d'origine et signifier les dépendances qui en découlent. L'analyse du discours prend sa source dans une configuration linguistique, que nous avons appelé la configuration méthodologique. Mais elle travaille aux limites du champ de la linguistique, où elle rencontre l'énonciation, les performatifs, la présupposition, les actes de langage. Du système de départ, elle garde tous les attributs (homogénéité, exhaustivité, formalisation), mais le déplacement opéré aux limites du champ est peut-être la seule validation de l'objet-discours qu'elle pense constituer. En posant tout au long de notre article la lancinante question : est-ce bien le discours qu'on atteint? Nous voulions montrer la répétition du geste inaugural sous la double modalité de l'homologie et du continuum langue-discours[32].

D'évidence l'analyse du discours se meut aussi dans le champ du social. Nous avons interrogé cette évidence. Dans les deux configurations examinées, la question est celle du rapport de la partie au tout, d'un intérieur à son extérieur. Qu'il s'agisse du social dans la linguistique par rapport à l'ensemble des pratiques sociales (Linguistique sociale) ou du discursif dans l'idéologique par rapport à une Formation sociale («théorie» du discours).

La première dans une démarche «empirico-dialectique[33]», part d'objets existants et «réels», le linguistique et le social, et en décrit dialectiquement les interactions (unité/diversité). M. Pêcheux, pour sa part, montre qu'il ne s'agit pas à proprement parler d'une contradiction dialectique, mais d'une manière de poser «*l'existence de l'histoire... sous la forme de la différence et du changement sociaux*, c'est-à-dire sous la modalité d'hétérogénéités empiriques recouvrant l'homogénéité tendancielle sous-jacente à la société humaine[34]».

Ainsi du côté de la théorie des idéologies tout le problème est celui de la mise en œuvre de la catégorie marxiste de contradiction, ce qu'on désigne souvent par la formule «l'unité des contraires sous le primat de la contradiction». M. Pêcheux tente actuellement de retravailler la catégorie à propos des idéologies dominées[35]. Le schématisme que nous avons relevé àpropos des recherches sur le discours dominant apparaît plus flagrant; que pourrait être une recherche du *genre* discours dominé(s) dans l'idéologie des classes subalternes[36]?

Pour conclure nous dirons : l'objet de connaissance-discours n'est pas une nouvelle espèce dans le genre idéologique, mais *des effets idéologiques (discursifs) spécifiques, internes au champ de la linguistique*.

Cette formule abstraite renvoie à diverses recherches en cours qui nous paraissent pouvoir contribuer à un déblocage :

– du côté de *l'historicité*. C. Désirat et T. Hordé (1977) proposent d'interroger la constitution du corpus en analyse du discours, en faisant intervenir dans les conditions de production du discours, ses conditions d'émission et de circulation et ses effets de lecture. Irait-on vers l'éclatement du corpus? R. Robin (1980), dans sa communication au Colloque de Mexico en 1977, affirme pour sa part le primat, dans l'ordre de la scientificité, de la construction d'hypothèses, de la problématique historique, sur le modèle linguistique et les effets qu'il induit. Mais déjà l'analyse de Denise Maldidier et Régine Robin sur la manifestation de Charléty en 1968 (voir le chapitre 1), qui étudiait, à partir d'un corpus de journaux, les effets rhétoriques liés à l'appareil presse dans la construction de l'événement, était une sortie du modèle linguistique.

> *C'est ainsi que s'orientent nos recherches sur le discours de la Révolution française (J. Guilhaumou, 1978a). Nous tentons de voir en quoi et par quoi la «parole populaire» constitue le Père Duchesne. Des effets rhétoriques spécifiques (l'usage de «mots populaires», l'effet spectacle, l'effet de mise en scène) sont mis en valeur par un va-et-vient constant de la description linguistique aux conditions d'émission (les modes d'expression publique : de la parade du théâtre de foire au vocabulaire de la place publique) et aux effets de la lecture (la lecture publique du Père Duchesne dans l'armée et les assemblées révolutionnaires, la reformulation dans les autres journaux). Nous parlons alors d'effets populaires pour désigner des effets idéologiques spécifiques d'actes de discours.*

– du côté de *la linguistique*. La problématique des actes de langage apporte de nouveaux outils à l'analyse du discours. Elle permet d'appréhender des modes d'apparition du discours (discours oraux, prises de parole, langages et violence, etc.) qui demeuraient inaccessibles à l'analyse. Mais est-ce bien là la raison essentielle de son «succès» actuel? Autour des actes de langage se joue, pensons-nous, le sort de la linguistique comme science autonome. C'est une nouvelle transgression des limites fondatrices de l'objet-langue : après la sémantique, voici la pragmatique qui fait retour dans l'objet. Venue du terrain de la philosophie analytique, une nouvelle systématicité tend à s'établir en dissolvant la spécificité du linguistique. Nos réserves sont doubles : l'homologie acte de langage/acte de discours risque de reproduire le blocage inaugural; plus encore, ce nouveau modèle explicatif se construit sur des évidences logico-empiristes.

Pour d'autres, le point de vue de la langue demeure primordial.

Il est intéressant de noter qu'ils travaillent sur ce qui fait problème dans le système : par exemple, travail de P. Henry sur certains fonctionnements linguistiques (relatives, présupposition) aux frontières de la syntaxe et du discursif[37]; travail de F. Gadet, à l'intérieur de la syntaxe, sur les failles, les lieux où se produisent des effets discursifs, en particulier sur certaines classes d'adverbes[38].

La linguistique croissance zéro? Et l'analyse du discours? Non, si c'est dire immobilisme, piétinement, récession. L'analyse du discours suit des chemins inconnus : sortie de systématicité, exploration de failles, retour aux sources. Vers quoi mènent-ils? L'Histoire progresse-t-elle toujours par le *bon* côté?

NOTES

[1] Nous, c'est-à-dire D. Maldidier, J.B. Marcellesi, R. Robin.
[2] Ce texte déjà ancien (1952) a été traduit ultérieurement par F. Dubois-Charlier en 1969.
[3] J. Dubois : Avant-propos à l'ouvrage de J.B. Marcellesi (1971).
[4] Aujourd'hui, il apparaît plus clairement que l'analyse du discours, en se constituant, a empiété sur des domaines aussi divers que l'analyse de contenu, l'histoire des idées, la psychologie sociale, la sémiotique, voire la psychanalyse.
[5] Nous avons déjà tenté ce bilan en direction des historiens : J. Guilhaumou (1978b) et J. Guilhaumou et D. Maldidier (1978)
[6] Ainsi E. Leroy-Ladurie dans «Dix ans de recherche historique», *L'Histoire*, n° 2, Juin 1978.
[7] Nous pensons particulièrement au développement impétueux de la grammaire de texte. Il n'est que de voir le trajet qui va de la compétence grammaticale (Chomsky) à la compétence «élargie» : compétence hétérogène (Labov), communicationnelle (Hymes), générale/idéologique (Slakta) et désormais textuelle (Charolle). Cf. F. Gadet (1977a).
[8] Notre réflexion doit beaucoup au récent travail de J.M. Marandin (1979) à qui nous empruntons cette hypothèse. On y trouve une critique minutieuse des travaux inspirés du *Discourse Analysis*. Notre champ se veut plus large : nous cherchons en quoi les analyses du discours sont sous la dépendance de modèles linguistiques et/ou idéologiques.
[9] Nous reprenons ici une question au centre de notre communication inédite au Colloque d'Urbino sur le discours politique (Juillet 1978).
[10] J. Dubois (1969). La manière dont on constituait le corpus écartait d'emblée un autre point de vue, celui de l'argumentation. Il a fait ses preuves comme le montrent les travaux de M.J. Borel, P. Fiala, J.B. Grize, G. Vignaux et plus généralement du Centre de recherches sémiologiques de Neuchâtel.
[11] P. Kuentz (1977) tente de montrer que «l'analyse du discours préside à la constitution du corpus des phrases sur lequel se construit la théorie grammaticale». Nous nous posons une question symétrique : dans quelle mesure la constitution du corpus en langue préside-t-elle au choix du corpus en analyse du discours?
[12] Des linguistes pensent échapper à ce jugement extralinguistique en s'appuyant au départ sur des dénombrements de mots. Les travaux de l'U.R.L. «Lexicométrie et textes politiques» (ancien Laboratoire de Lexicologie politique de Saint-Cloud) montrent qu'il n'y a pas d'utilisation naïve du quantitatif en linguistique. Critiquant l'idée d'une statistique de la langue, ils interrogent l'outil statistique en tant que modèle non linguistique sur la base d'hypothèses extralinguistiques : voir A. Salem (1987), M. Tournier (1975) et la revue *Mots*.
[13] Voir D. Maldidier et R. Robin (1974).
[14] Cf. l'article de G. Provost-Chauveau (1971).
[15] Cette expression à connotation marxiste est employée à propos d'analyse de contenu par P. Henry et S. Moscovici dans *Langages*, n° 11, 1968.
[16] J. Guilhaumou (1975a).
[17] Cf. l'article de D. Maldidier, Cl. Normand, R. Robin (1972).
[18] Benveniste (1974), «L'appareil formel de l'énonciation».
[19] Nous reprenons cette expression à J.M. Marandin (1979).
[20] Nous avons choisi de dessiner des configurations à partir de travaux qui tentent de déterminer les modes d'existence du discursif au sein du social et plus spécifiquement de l'idéologique. D'autres travaux ont marqué en France ces dix années d'analyse du discours, qui peuvent aborder de manière indirecte ou moins systématique les problèmes que nous nous posons. Citons par exemple :
 M R. Guyard (1973), G. Chauveau (1978), M.F.M. Mortureux (1982).

- Les travaux de l'U.R.L. «Lexicologie et textes politiques» à orientation plus lexicologique, et leur continuation dans la revue *Mots*
- Les travaux de S. Fisher et E. Veron à l'EHESS.

[21] Ainsi dans la sociolinguistique, nous désignons le sous-ensemble *analyse du discours*. Par là même nous nous démarquons de certains présupposés de la sociolinguistique américaine. Voir les travaux de F. Gadet (1977b). Dans le même esprit la tentative d'inscrire les recherches sur le discours dans les termes de la communication nous paraît hasardeuse. Voir A. Cauquelin et L. Sfez (1977).

[22] J.B. Marcellesi et B. Gardin (1974), J.P. Faye (1973).

[23] Le concept d'hégémonie est employé ici dans un sens différent de celui qu'il a chez Gramsci. Pour la linguistique sociale, le moment de l'hégémonie s'additionne au moment de la domination de tel groupe social déjà constitué. A l'inverse pour Gramsci, le moment de l'hégémonie est le moment même de la constitution, dans la lutte des classes, d'une classe sociale comme classe dominante et dirigeante. Sur ce point voir Ch. Buci-Gluskmann (1975) et J. Guilhaumou (1979).

[24] Ainsi il serait erroné de confondre les travaux des «communicologues» (par exemple : Cotteret *et alii*, 1976) avec ceux qui s'inscrivent dans la Linguistique sociale. Citons quelques travaux récents : B. Gardin (1976); G. Lefèvre (1977). Pour une approche critique de la problématique des communicologues, voir J. Guilhaumou (1978b).

[25] J.B. Marcellesi et B. Gardin (1974), p. 226.

[26] L. Althusser (1966).

[27] Dès 1971, D. Slakta s'inscrivait dans cette perspective en proposant «l'élargissement» du concept de compétence (chomskyen), plus précisément son dédoublement en une compétence linguistique et une compétence générale (idéologique). Dans «Essai pour Austin» (1974), il tente de reformuler les notions de *convention* et *règle de conduite* (Austin/Searle) pour les intégrer à une théorie des Appareils idéologiques d'Etat.

[28] Cl. Haroche, P. Henry, M. Pêcheux (1971).

[29] 1975a, p. 266; les termes sont soulignés par l'auteur.

[30] Ainsi sur le même thème, la mort, P. Chaunu et M. Vovelle, opposés par leur problématique, rencontrent l'épaisseur du discours. P. Chaunu (1978); M. Vovelle (1978).

[31] Un travail récent, celui de J.J. Courtine et A. Lecomte (1980) tente une reformulation des éléments conceptuels proposés par M. Pêcheux.

[32] Dans sa communication au Colloque de Sociolinguistique de Rouen (27 novembre-2 décembre 1978), «La double faille», F. Gadet (1980), à propos de la «faille de l'inconscient» écrit : «Une (autre) "solution" a pu être envisagée dans l'étude de l'énonciation, supposant la représentation de la langue comme un continuum allant de la syntaxe au discours : certains phénomènes sont privilégiés comme permettant de faire le pont entre les deux domaines, offrant un accès plus direct à la subjectivité du sujet parlant, saisie dans son propre discours».

[33] J.B. Marcellesi et B. Gardin (1974), p. 240.

[34] M. Pêcheux : «Remontons de Foucault à Spinoza!», Symposium de Mexico sur «le discours politique : théorie et analyses», 1977 (publié dans *El discurso politico*, Mexico, 1980 et republié dans Maldidier et Pêcheux 1990). Ce texte aborde une question centrale : le statut de la contradiction dans l'idéologique. Chez les marxistes la référence à la dialectique recouvre des conceptions différentes de la contradiction. Nous nous contentons de renvoyer à l'article de L. Coletti (1975).

[35] *Op. cit.*

[36] Le terme est de Gramsci. On retrouve actuellement des questions déjà posées au marxisme par Gramsci dans le Cahier de Prison, n° 25, «Histoire des groupes sociaux subalternes», *Quaderni del Carcere* (1975), t. IV.

[37] P. Henry (1975).

[38] « La double faille », *op. cit.* D'une manière indirecte, d'autres recherches peuvent contribuer au déblocage. Ainsi du côté de l'histoire des sciences en va-t-il des travaux qui explicitent les terrains sous-jacents aux divers modèles linguistiques. Travail d'une équipe de recherche sur Saussure et le pré-saussurisme (cf. *Langages*, 47, sous la direction de Cl. Normand). Travail de F. Gadet et M. Pêcheux (1981) sur les tendances philosophiques à l'œuvre dans le développement et la crise de la grammaire générative. Enfin, la question langage dans le marxisme est prise comme un objet historique. Qu'on fasse retour sur ce qui en est dit dans les classiques du marxisme (cf. J.L. Houdebine, 1977 et D. Baggioni, à propos de Gramsci dans les *Cahiers de Linguistique sociale* du Greco de Rouen, n° 1) ou qu'on s'interroge sur certains débats dans l'histoire du mouvement ouvrier (cf. notamment le n° 46 de *Langages* sur Marx et le marrisme sous la direction de J.B. Marcellesi).

Chapitre 3
Effets de l'archive

L'ANALYSE DE DISCOURS DU CÔTÉ DE L'HISTOIRE

Nos travaux se sont toujours inscrits dans un espace bien déterminé : celui du rapport entre l'histoire et la linguistique. Nous avons participé à l'émergence en France d'une nouvelle discipline, l'analyse de discours. Nous avons partagé ses espoirs, ses conceptualisations, ses illusions. Très vite les obstacles qui venaient du rapport à l'histoire nous ont incités à critiquer la configuration méthodologique de départ. La question du corpus a cristallisé nos interrogations; celle de l'archive a permis de leur donner une réponse.

DE L'ARCHIVE AU CORPUS
ou l'émergence de la coordination *du pain* ET X

Séries textuelles et dispositifs d'archive

L'archive dans laquelle l'analyse de discours classique découpait ses corpus provenait de séries textuelles imprimées, déjà répertoriées et analysées par les historiens. Si on s'intéressait à sa matérialité, on la prenait comme une évidence[1].

Notre démarche actuelle prend en compte la complexité du fait archivistique. L'archive n'est jamais donnée; à première lecture, son régime de fonctionnement est opaque. Toute archive, et surtout manuscrite, s'identifie par la présence d'une date, d'un nom propre, du sceau d'une institution, etc., ou encore par la place qu'elle occupe dans une série. Pour nous cette identification, essentiellement institutionnelle, est insuffisante : elle ne dit pas tout, loin de là, du fonctionnement de l'archive. Notre pratique actuelle de l'analyse de discours retrouve les préoccupations des historiens des mentalités qui, en construisant des objets comme la mort, la peur, l'amour, le profane et le sacré, mettent en évidence, par la confrontation de séries archivistiques, des régimes démultipliés de production, circulation et lecture de textes[2]. Ces historiens travaillent à la fois sur la longue durée et sur l'événement : l'institution — et le classement archivistique qu'elle impose — est toujours pour eux une cote mal taillée. C'est que l'archive n'est pas le reflet passif d'une réalité institutionnelle; elle est, dans sa matérialité et sa diversité mêmes, mise en ordre par son horizon social. L'archive n'est pas un simple document où se puisent les référents; elle s'offre à une lecture qui découvre des dispositifs, des configurations signifiantes.

Centrée au départ sur le «genre» du discours politique, l'analyse du discours classique n'avait que faire de la diversité de l'archive; désormais à la recherche de ce qui fait lien social jusque dans le politique, on ne peut plus ignorer la multiplicité des dispositifs textuels disponibles. L'analyse de discours, on le voit, a élargi son champ d'investigation : elle est passée d'un intérêt privilégié pour le discours doctrinaire ou institutionnel à ce qu'on pourrait appeler *l'histoire sociale des textes*[3]. C'est ici justifier notre choix de départ : un travail sur la question sociale majeure dans la France du XVIIIe siècle, la question des subsistances[4].

Le problème des subsistances cristallise une grande partie des liens entre les groupes sociaux subalternes, les élites et les pouvoirs (l'Etat monarchique, les Parlements, les communautés, etc.), il joue un rôle fondateur dans la formation de l'opinion publique. Il mobilise un vaste éventail d'archives : du cri du peuple émeutier rapporté en justice au traité d'économie politique, en passant par la correspondance des Intendants, l'œuvre littéraire ou le débat d'assemblée, etc. Le travail que nous avons mené sur ce champ a mis en évidence à la veille de la Révolution française une partition entre deux dispositifs d'archive. Le premier se manifeste par l'émergence massive du terme *subsistances*. Sous l'ancien régime, le roi a la charge «du bien et du soulagement» de ses sujets, de la «subsistance de ses peuples» : il est le père nourricier. C'est à partir des années 1770 que les intendants s'efforcent d'élaborer des «états des subsistances », d'en faire l'objet d'un savoir administratif. Le second dispositif prendra toute son importance dans la période révolutionnaire sur laquelle nous nous arrêtons. Il se concrétise dans la circulation de l'expression « du pain » au cours d'affrontements dans la rue et devant les boulangeries ; il s'actualise dans des adresses ou des pétitions, des pamphlets qui expriment la demande du pain. Dans un moment où la démocratisation fait surgir une multitude d'instances légitimes, la question du pain associée à celle des droits fondamentaux de l'homme introduit le lien social dans le champ politique. A la recherche de ce dispositif d'archive, nous avons parcouru les sources imprimées : pamphlets, journaux, livres, affiches, etc. ; nous avons également puisé dans les sources manuscrites : procès verbaux d'assemblées révolutionnaires, correspondance entre clubs et sociétés populaires, adresses et pétitions, rapports de police et interrogatoires judiciaires, etc.

Thème et événement discursif

Traditionnellement la question des subsistances est une question d'histoire économique et sociale. L'historien américain Steven L. Kaplan (1976) l'a abordée sur le terrain des pouvoirs, accordant par là-même une importance nouvelle aux textes par rapport aux statistiques. Notre optique est sensiblement différente : nous nous intéressons aux émergences discursives dans certaines conjonctures, ce qui implique une attention portée aux usages sociaux de la langue. Plutôt que de parler de question des subsistances, nous avons recours à la notion de *thème* des subsistances. La notion de thème ne renvoie ici ni à l'analyse thématique telle qu'elle est pratiquée par les littéraires, ni aux emplois qui en sont faits dans la linguistique. Elle suppose la distinction entre « l'horizon d'attente » — l'ensemble des possibles attestés dans une situation historique donnée — et l'événement discursif qui réalise un de ces possibles, inscrit le thème en position référentielle[5]. L'événement discursif ne se confond ni avec le fait divers, ni avec le fait désigné par le pouvoir, ni même parfois avec l'événement construit par l'historien. Il est à saisir dans la consistance d'énoncés qui font réseau à un moment donné.

Les premiers mois de 1789 voient à la fois la formation dans tout le royaume d'assemblées électorales qui exercent leur nouveau droit de députations aux Etats Généraux, et la multiplication spontanée des émeutes populaires contre la vie chère. En dépit de nouvelles libertés, le face à face entre les émeutiers et les autorités reste inchangé : au propos paternaliste des représentants du roi, au cri « Force à la loi ! » des officiers municipaux succède — si nécessaire — l'usage de la force armée. Face à ce blocage, les députés du Tiers Etat aux Etats Généraux sont mis en demeure par l'opinion publique de trouver une solution nouvelle. La solution est venue de l'événement lui-même, le 14 juillet, les Journées d'Octobre.

Nous parlons de trajet thématique sur la question du pain pour définir l'ensemble des configurations textuelles qui, d'un événement à l'autre, associent la demande de pain, le langage de la liberté et les premières expressions des Droits de l'Homme. Si l'analyse d'un trajet thématique repose sur la connaissance des traditions rhétoriques, des formes d'écriture, des usages langagiers, elle met avant tout l'accent sur le nouveau dans la répétition. Une telle analyse ne s'arrête pas aux limites d'une écriture, d'un genre, d'une série : elle reconstruit les cheminements de ce qui fait événement dans le langagier. C'est par exemple, après R. Robin, la démarche de D. Slakta (1971) de rechercher dans les Cahiers de doléances les prémisses d'un nouveau langage révolutionnaire, au contraire des historiens qui les lisent comme le «testament de l'Ancien régime». A travers la liste infinie des objets de la doléance, se constitue un nouveau sujet d'énonciation, le sujet collectif qui apparaît dans l'acte de demande. L'acte de demande qui s'analyse linguistiquement dans ces Cahiers est le produit et la matrice de tout un foisonnement de débats, d'affrontements et de doléances qui prépare le terrain au langage de la liberté. Déjà on voit que l'analyse du trajet thématique repose sur un va-et-vient entre des actes langagiers d'une grande diversité et des actes de langage que l'on peut analyser linguistiquement et dont les sujets sont spécifiables[6].

A propos des subsistances, à la question traditionnelle sur la cause de la cherté du pain et à la réponse non moins traditionnelle en termes de complot s'ajoute, à la veille de la Révolution, une demande qui ouvre notre thème : «Demande importante pour tout le bien public et pour toute la nation en général : d'où vient le pain si cher? En voici la raison : c'est le bled qui (est) hors de prix par toutes sortes de monopole et manœuvre... En conséquence nous demandons qu'il soit ordonné à la première assemblée des Etats généraux une loi à cet égard[7].» La demande de pain n'est pas en soi nouvelle, elle se déplace du roi vers le peuple; *du pain* entre dans le champ du politique.

Au moment de la réunion des Etats Généraux, la question du pain s'actualise dans plusieurs types d'énoncé : le cri d'émeute («du pain, du pain!»), le propos terroriste («Donnez-nous du pain et tout de suite!») le constat de la rareté et de la cherté du pain, la demande de diminution du pain. Avec la prise de la Bastille, où le mouvement populaire instaure le langage de la liberté, les émeutes de subsistances vont prendre un sens nouveau. Ainsi, à l'annonce le 20 juillet de troubles frumentaires dans la région parisienne, un député alors inconnu, Robespierre, établit une connexion entre la demande de blé et l'exigence de liberté : «Il faut aimer l'ordre, mais ne pas nuire à la liberté... L'émeute de Saint-Germain et de Poissy n'a eu pour principe que la cherté des blés... C'est l'insurrection même condamnée par la motion qui a sauvé la capitale[8].» Nous retrouvons cette connexion dans un des premiers textes qui met en place la mémoire de l'événement 14 juillet : «Français! c'est à nos Représentants, aux Gardes Françaises, & à nous mêmes, que nous devons notre liberté; mais la liberté n'est rien sans les douceurs de la vie; & j'espère que nos Députés vont s'occuper de la diminution du pain, en faveur de la classe la plus indigente[9]». Une co-présence significative prend consistance ici : celle du pain et de la liberté. Ce n'est pas une variante de l'acte de demande. L'association des termes *pain* et *liberté* fait rupture : elle désigne un possible, la mesure du politique dans l'horizon du lien social. Dans la conjoncture révolutionnaire, la mise en rapport entre la question du pain et le thème de la liberté s'oppose au système répressif préconisé par la bourgeoisie modérée. En associant à la loi de libre circulation des grains la loi martiale, ce système redit la coupure entre les classes dirigeantes et les masses populaires. Cette mise en rapport est nouvelle, elle constitue à ce moment l'approche la plus globale de la présence du social dans le politique. L'enjeu du lien pain-liberté apparaît dans l'hostilité foncière des patriotes vis-à-vis des émeutes de subsistances qui ne posent *que* la question du pain. Il s'agit pour eux seulement de la manifestation ultime du complot aristocratique.

Co-texte, corpus

Reprenant un terme que nous avons utilisé dans nos recherches antérieures (Guilhaumou, 1978a), nous appelons *co-texte* des agencements d'énoncés qui renvoient au point de vue le plus vaste sur le thème étudié et qui, dans le même temps, font voir des récurrences linguistiques. A l'analyse du trajet thématique correspond une démarche essentiellement compréhensive; le moment du co-texte introduit la possibilité de construire un objet discursif : la compréhension cède le pas à l'extension[10]. Les occurrences du rapport pain-liberté constituent en quelque sorte la matrice de notre objet d'analyse.

Un événement — les Journées d'Octobre 1789 — actualise ce rôle matriciel du rapport pain-liberté. Ainsi la marche des femmes au cri de «Du pain et àVersailles!» le 5 octobre 1789 est immédiatement inscrite dans la mémoire collective de la manière suivante : «... On leur dit que si le Roi recouvrait toute son autorité, le peuple ne manquerait pas de pain. Que répondirent nos Françaises à ces insinuations perfides? Qu'elles voulaient *du pain*, MAIS pas au prix de *la liberté[11]*.» Cette formulation où la mise en relation se fait par l'intermédiaire de la coordination MAIS marque une date : elle est reprise dans mainte histoire de la Révolution française.

Une investigation menée sur la période 1789-1793 nous a conduits à pointer un enjeu inattendu : celui de la coordination du type *du pain* ET X : nous avons ainsi ouvert la possibilité d'un moment d'analyse en corpus[12]. Ce travail nous a permis de tenir un objet tout aussi important du côté de la linguistique que du côté de l'histoire. La structure grammaticale de la coordination, telle qu'elle se manifeste dans notre corpus, permet d'entrer dans le débat en cours sur les règles de la «bonne» formation syntactico-sémantique de la coordination; elle est en même temps un des indices par lesquels l'historien peut donner consistance à un des mouvements politiques de la Révolution française jusqu'ici peu étudié, le mouvement cordelier[13]. Elle manifeste une série de clivages que l'on peut interpréter en termes de stratégies discursives.

Dans le cas de *du pain* ET X, le fait grammatical de la coordination acquiert un statut théorique. Certains effets stratégiques suscitent l'émergence de formulations à valeur de concept. Au lendemain des Journées d'Octobre, un événement punitif — l'exécution d'un boulanger parisien soupçonné de cacher du pain — provoque de la part de la majorité modérée de l'Assemblée l'établissement de la loi martiale. Robespierre traduit l'hostilité des patriotes à cette mesure dans l'utilisation stratégique d'une coordination du type *du pain* ET X. A la demande de la Commune de «décréter la loi martiale et de défendre les accaparements», Robespierre répond devant l'Assemblée Nationale. «Les députés de la Commune vous demandent *du pain* ET *des soldats*, c'est-à-dire le peuple attroupé veut du pain, donnez-lui des soldats pour l'immoler!» Cette coordination rejetée renvoie à une coordination virtuelle en 1789 et qui sera attestée en 1793 : «du pain ET la liberté». L'effet de globalité induit par la coordination ET a valeur de concept. A côté d'un concept de forme plus classique, le fameux «mouvement populaire» de Robespierre en 1792, le concept «du pain ET la liberté» pose — au-delà de la constitution du peuple en révolution — le lien nécessaire entre le social et le politique.

Dans la démarche que nous avons exposée, le moment de l'analyse en corpus est terminal. Dans la mesure où les étapes préalables fournissent une moisson de descriptions textuelles et historiques, à quoi bon ce moment de corpus? Il s'agit pour nous d'un moment privilégié : celui du rapport à la matérialité de la langue, à l'histoire, au réel. Cependant ce n'est pas dans la description systématique du corpus que l'analyse de discours historiquement attestés a fait ses preuves. C'est avant tout dans la mise en évidence de stratégies discursives liées à des rapports de force dans une conjoncture donnée[14].

Notre démarche actuelle interroge cet acquis : n'y a-t-il pas des moments de corpus où, hors événement, se dévoile un autre rapport entre la langue et l'archive, le discours et l'archive?

NÉGATION ET RESTRICTION
du discours polémique au langage des droits

Lieu privilégié de rencontre entre la langue et l'histoire, la question grammaticale de la coordination *du pain* ET X demeure au centre de la présente étude. Reprise donc, mais non répétition. S'il est vrai que des coordinations *du pain* ET X balisent les temps forts du processus révolutionnaire, quel est le mode d'existence discursive de ces coordinations? Y a-t-il homogénéité des espaces discursifs organisés autour des séquences coordonnées? En d'autres termes, comment ces espaces sont-ils gouvernés-travaillés par la coordination *du pain* ET X?

Les conclusions de notre premier article sur la coordination (voir le chapitre 5) constituent le point de départ de ces nouvelles investigations[15].

Cette étude, rappelons-le, s'assigne dans un premier temps l'approche purement grammaticale de la coordination *du pain* ET X, conjonction de deux syntagmes nominaux, en général objets d'un verbe *demander/vouloir* ou en position de détachement dans une structure clivée. Récusant les analyses qui traitent le phénomène en termes de coordination de phrases et manquent la coordination elle-même, l'étude interrogeait la formation syntactico-sémantique des séquences retenues[16], aboutissant à deux résultats principaux :

– la valeur sémantique de la coordination est celle d'une globalisation-totalisation. La structure de coordination construit littéralement l'unicité d'un nouveau référent par conjonction de termes[17].

– la coordination, en ce qu'elle conjoint des termes dont les traits de sous-catégorisation sont hétérogènes, est responsable d'effets de sens propres. L'association au terme concret *du pain* de termes abstrait comme *la liberté* ou politico-juridique comme *une constitution* ou *un décret* confère à *du pain* un statut nouveau : de cri du peuple, expression des besoins immédiats, il devient par métaphorisation partielle un symbole qui s'inscrit aux limites du champ politique.

L'analyse linguistique s'arrête au point où, ayant saisi un effet de construction, elle s'avère incapable d'en rendre compte. La question de la grammaticalité de la structure coordonnée ouvre sur celle de son acceptabilité, mieux de sa légitimité[18]. Il fallait donc à un second niveau, proprement discursif, élargir les données textuelles, les mettre en diachronie pour tenter de saisir des processus de construction. Cette seconde phase du travail met en évidence deux configurations discursives dominées par une coordination :

– la première autour de *du pain* ET la liberté émerge en 1789 et devient une référence tout au long du processus révolutionnaire ;

– la seconde avec *du pain* ET du fer apparaît dans la conjoncture de 1793 en même temps que la question du maximum et la montée du mouvement cordelier.

Nous partirons de ce point d'arrivée pour en interroger la symétrie. Les configurations constituées autour de *du pain* sont-elles de même nature ? Quelles différences se manifestent sous l'identité formelle ? Nous rappellerons les traits de la première avant de tenter de cerner la nouveauté de la seconde.

Du pain et la liberté

Un événement, nous l'avons vu, est à l'origine de la première coordination autour de *du pain*; le double cri des femmes «Du pain et à Versailles!» confère une interprétation politique à la manifestation des 5 et 6 octobre. Dans la conjoncture de la fin de l'année 1789 se multiplient — dans des dispositifs d'énoncés hétérogènes — les mises en relation du terme *du pain* avec d'autres termes. Certains passent par la coordination en ET, d'autres prennent des formes discursives différentes : structures oppositives diverses (phrases avec MAIS, oppositions asyndétiques, thématisations contrastives), mais aussi commentaires métadiscursifs, reformulations polémiques. L'étude de ce corpus élargi, puisqu'il ne repose pas sur la seule récurrence de la structure en ET, conduit à un résultat paradoxal (cf. *supra*) : les énoncés retenus forment une configuration dominée par une coordination pivot qui n'est pas attestée dans la période : *du pain* ET la liberté. Nous fondons cette assertion sur deux types de remarques :

– Certains énoncés marquent des moments de la construction discursive de la coordination *du pain* ET *la liberté*, ils en éclairent les conditions de possibilité. Ainsi, quand le journaliste des *Révolutions de Paris*, rendant compte des événements des 5 et 6 octobre, fait dire aux femmes «qu'elles voulaient *du pain*, MAIS pas au prix de *la liberté*» (cf. *supra*). L'opposition interphrastique marquée par le MAIS renvoie ici à la démarche argumentative d'un sujet d'énonciation qui pose une incompatibilité entre *vouloir du pain* et payer (ce pain) de *la liberté*. *Vouloir du pain* ET (tout à la fois) *la liberté* n'est dès lors qu'une implication de cette relation d'incompatibilité.

– Plus centralement, l'analyse saisit autour de la coordination *du pain* ET X un affrontement qui en souligne l'enjeu politique. L'énoncé *du pain* ET *la liberté* est une virtualité que permettent de construire les énonciations polémiques qui le nient. Tel est le cas quand Robespierre, dans la conjoncture d'émeute populaire de la fin octobre 1789, traduit la demande de loi martiale des modérés (cf. *supra*) dans les termes de la coordination *du pain et des soldats*, dont il souligne ironiquement l'inacceptabilité. Il en ira de même dans une autre conjoncture au cours des premiers mois de 1793, au moment du mouvement des Enragés en faveur d'une loi sur les subsistances : le rejet de l'énoncé des Enragés qui demandent *du pain* ET *la loi*, sa traduction par Marat dans la formule *des fers et du pain* postulent l'énoncé absent qui sera finalement prononcé par Robespierre le Jeune au lendemain de l'Insurrection du 31 mai 1793 : «Il (le peuple de Paris) ne veut que la liberté et du pain[19]».

L'analyse linguistique construit le paradigme des termes conjoints à *du pain*. L'étude discursive met en lumière les affrontements qui se jouent autour des coordinations[20]. Au-delà de la question grammaticale de la bonne formation de la coordination, on se situe alors au point où se débat la légitimité, l'acceptabilité de la coordination. Ce moment de corpus exhibe donc un affrontement stratégique où la totalité effectuée par la structure de coordination est discriminante. *Du pain* ET *la liberté* apparaît comme la formulation légitime du savoir révolutionnaire.

Du pain et du fer

L'apparition de la coordination *du pain* ET *du fer* à Marseille dès mai 1792[21], puis à Paris au printemps et à l'automne 1793 caractérise, avons-nous dit, une seconde configuration discursive. Elle détermine le choix d'un nouveau moment de corpus qui, d'entrée de jeu, interroge notre pratique d'analyse de discours. En effet, malgré l'identité formelle de l'invariant constitutif du corpus, une coordination *du pain et X* porteuse d'une valeur sémantique de globalisation, des différences importantes se manifestent avec la première configuration :

— la coordination *du pain* ET *du fer* n'est pas en concurrence avec une autre coordination; on ne peut mettre à jour un paradigme d'éléments opposés à *du fer* dans la conjonction avec du pain;

— la coordination n'est jamais l'objet d'une réfutation ou d'un rejet, elle est ou elle n'est pas l'objet d'une énonciation.

En somme, *du pain* ET *du fer*, à la différence de *du pain* ET *la liberté*, n'est pas pris dans un affrontement discursif; à la *négation* polémique de la première configuration se substitue la présence réitérée de la modalité *restrictive* dans des énonciations injonctives.

Le corpus, reproduit en annexe, reflète immédiatement ces particularités. Il n'est — ou à peu près[22] — que la répétition de la structure binaire *du pain* ET *du fer* dans sa double invariance lexicale et syntaxique. Consistance exceptionnelle corroborée par l'état de nos recherches archivistiques qui montrent la quasi-concentration dans le corpus de l'ensemble des énoncés du co-texte. Ce corpus défie les modes d'approche classiques en condamnant la description à n'être que redoublement métadiscursif. Au rebours du projet initial focalisé sur le fonctionnement de la coordination, il nous engage à déplacer l'analyse de la coordination elle-même vers son contexte linguistique, à viser au-delà de ses réalisations, son insertion dans le discours révolutionnaire. Le corpus, en tant qu'archive, fait bouger la relation d'application de la linguistique au texte. La matérialité de l'archive impose sa loi propre à la description.

De la coordination binaire à la structure de juxtaposition

Dans la séquence binaire *du pain* ET *du fer*[23], la répétition autorise des substituts qui ne sont jamais que de simples variantes de chacun des termes : subsistances pour *pain*, *armes* pour *fer* inscrivent en règle générale l'énoncé dans le discours de la demande administrative, sans marquer de position discursive alternative[24].

A la différence des coordinations de la première configuration qui fournissait des «attelages» inégaux en associant à un terme concret des termes abstraits juridico-politiques, la coordination conjoint ici deux éléments pourvus du trait (+ concret). Le déterminant *du*, déterminant de quantité de N (- comptable), sélectionne une valeur particulière du mot *fer* par opposition à *le fer*, métonymie de la guerre, ou *les fers*, stéréotype désignant la tyrannie. Que *du fer* soit parfois en même temps la métaphore de la demande d'armée révolutionnaire ne change rien au fait que l'identité des déterminants, l'effet de symétrie produit par la coordination expriment le massif, la matérialité concrète de la double revendication[25].

Les séquences multitermes juxtaposées forment des associations lexico-sémantiques complexes où des éléments concrets se conjoignent à des éléments abstraits. La présence d'expansions indiquant les buts de la conjonction des termes peut à l'occasion fournir un principe d'intelligibilité de la gradation des termes du concret à l'abstrait[26].

La globalisation sémantique effectuée par la coordination binaire marque la continuité avec la première configuration. Elle justifie a posteriori l'intégration au corpus de séquences juxtaposées : ainsi de /11/ (renvoi aux énoncés du corpus en annexe), où la structure clivée focalise l'ensemble des termes juxtaposés : «Du fer, du pain, du courage, des vertus, c'est la fortune des hommes libres.» A contrario on dispose d'un critère pour marginaliser l'énoncé /12/ où la juxtaposition procède par ajouts successifs en une énumération qui pourrait être illimitée (cf. : etc.)[27].

Contextes de la séquence "du pain et du fer"

L'appartenance de ce dernier énoncé au registre narratif vient confirmer sa marginalité[28]. Inversement, dans leur masse, les énoncés du corpus inscrivent la coordination *du pain* ET *du fer* dans des structures de demande, d'injonction et de thématisation-définition, dans une performativité généralisée.

Le contexte de la demande — le syntagme coordonné est en position d'objet d'un verbe *demander* — permet de spécifier deux types d'acte :

– l'acte de demande ponctuel d'un sujet socialement référencié (toujours collectif) : ainsi *nous* = la municipalité de Marseille *in* /2/, «ces généreux défenseurs» *in* /17/;

– l'acte de demande général d'un sujet constitué dans la demande elle-même : ainsi dans /16/ «Le peuple ne demande que du pain et du fer» où *le peuple* est le sujet d'une énonciation performative transposée. On note la présence de la restriction *ne... que* dans la plupart des énoncés à verbe *demander*.

Le contexte de l'injonction est largement représenté par les formes récurrentes de l'impersonnel *il faut*. Deux structures s'attestent :

il faut (à N) du pain ET *du fer*
il faut QUE N ait du pain ET du fer.

La modalité restrictive peut se combiner dans le premier cas à la modalité du nécessaire :

il NE faut (à N) QUE du pain ET du fer.

L'importance de cette modalité est confirmée par la présence dans le corpus d'une variante utilisant le verbe suffire : *du pain ET du fer suffisent* (à N) pour INF. L'expression du but est alors obligatoire, cf. /22/.

Le contexte de la définition se présente sous la double forme de la structure thématisée et de la maxime :

– dans la *structure thématisée*, le groupe d'éléments coordonnés peut occuper deux positions :

	voilà	{ }	/3/ /9/ /15/
Du pain et du fer	c'est	{W}	/11/
	tels sont	{ }	/25/
/19/ {W}	*c'est le fer ET le pain*[29].		

Dans tous les cas, le syntagme résultant de la conjonction est posé dans une équivalence définitionnelle (Courtine, 1981) avec les éléments du paradigme W, celui des besoins, des «choses nécessaires»;

– le syntagme coordonné prend place dans deux énoncés en forme de *maxime*. L'enragé Jacques Roux y énonce sur le mode de l'universel les conditions auxquelles peuple ou nation (quels qu'ils soient) peuvent se dire riches : ainsi /10/ «Une nation est riche quand elle a du fer ET du pain».

Bien qu'elle participe au registre de l'énonciation performative, il faut faire un sort particulier à la structure

du pain ET du fer ET P   P = ça ira /5/
P = La France est libre /20/.

Le syntagme coordonné s'y analyse comme une phrase expressive P1, elle-même coordonnée à une phrase P2[30].

L'examen des contextes linguistiques de *du pain ET du fer* met en lumière, au-delà des nuances, une inscription dans des énonciations performatives-définitoires dont le sujet effacé est littéralement anonyme. Le terme de *mot d'ordre* nous paraît susceptible de désigner le plus globalement la valeur prise par du *pain ET* du fer dans notre corpus[31].

La modalité restrictive *ne... que* donne sa marque propre à la formulation de ce mot d'ordre. Réitérée dans les énoncés de demande cf. /16/, elle ponctue nombre d'injonctions :

/4/ «Il *ne* faut aux français *que* du pain ET du fer»,
/13/ «Républicain... il *ne* te faut *que* du pain ET du fer!»

Ne... que porte dans les énoncés de notre corpus sur le syntagme coordonné et non sur le verbe (cf. par opposition dans notre co-texte «Le peuple ne connaît et ne veut connaître que des privations». Société populaire de Montauban, *Journal de la Montagne*, 10 juillet 1793). Il délimite, dans l'ensemble des objets possibles de la demande et du souhait, le sous-ensemble nécessaire et suffisant (cf. /9/ «voilà *tout* ce qu'il nous faut»). Recentrement sur l'essentiel, la modalité restrictive exprime la demande minimale, les besoins fondamentaux[32].

Nous voyons dans deux énoncés du corpus la trace d'une résistance au mot d'ordre. En /21/ l'ajout d'un adjectif «Un bon soldat n'a besoin que de pain *sec* ET de fer» vient casser le mot d'ordre et le mettre à distance. En /26/ dans le *Précis historique...* rédigé en 1815, l'insertion de l'adverbe évaluatif *à peine* produit une reformulation franchement hostile. Par sa date, cet énoncé excède les limites chronologiques de la conjoncture. Il garde cependant à sa manière la mémoire du mot d'ordre de 1793.

Du pain ET du fer dans le contexte de la liberté

On pourrait décrire le passage de la première à la seconde configuration dans les termes classiques d'une simple commutation entre *la liberté* et du *fer*. Loin d'être «l'absente» d'un rapport paradigmatique, *la liberté* demeure en fait, sous plusieurs modalités grammaticales, dans le contexte de la nouvelle séquence coordonnée :

– *la liberté* figure dans deux cas dans la série coordonnée. C'est le troisième terme de la séquence dans la maxime de J. Roux /8/ «Le peuple régénéré est plus riche que les rois quand il a du pain, du fer ET la *liberté*[33]». Cf. aussi /7/;

– *la liberté* apparaît comme complément d'objet d'un verbe *défendre/venger* dans les expansions qui explicitent les buts du mot d'ordre *du pain* ET *du fer*. Cf. /3/ «*du pain* pour vivre ET *du fer* pour défendre *sa liberté*, voilà les objets les plus nécessaires aux Français de nos jours». La présupposition d'existence due à l'emploi du possessif (cf. également in /22/ «*leur liberté*») lui confère alors une valeur référentielle;

– (dignes de) *liberté, libres* apparaissent dans le paradigme W des séquences mises en équivalence avec *du pain* ET *du fer* par les structures thématisées :

W
les besoins des hommes dignes de la *liberté* /25/
la fortune des hommes *libres* /11/
l'égide des peuples *libres* /19/.

Ils déterminent la sous-classe des hommes (peuples) à laquelle s'adresse le mot d'ordre *du pain* ET *du fer*. Celui-ci s'énonce en traçant une ligne de démarcation entre les hommes dignes de *liberté/libres*, dont il définit les besoins, et les autres, exclus du mot d'ordre.

L'ambiguïté théorique de l'adjectif est résolue par le contexte ; en témoigne cette séquence du paradigme W : /15/ «l'union, l'ambition des *vrais* républicains», où l'antéposition de l'adjectif *vrai* impose l'interprétation déterminative (les *vrais* vs les *faux* républicains), ou encore cette phrase du contexte de /3/ «Les hommes libres ont moins de besoins que ceux qui vivent sous le despotisme».

La place grammaticale de *liberté/libre* dans les contextes de *du pain* ET *du fer* lui confère incontestablement une valeur de *préconstruit*, de déjà-là[34]. Même si les structures thématisées autorisent une lecture attributive[35] (le mot d'ordre vise-t-il des hommes/peuples *libres* qui ont une existence réelle ou bien définit-il, dans la convocation d'un référent, les besoins d'hommes et de peuples, pour peu qu'ils soient libres?). *La liberté* a changé de statut : elle n'est plus, comme dans la première configuration, l'objet d'une volonté politique, un principe à conquérir. Sa reprise comme préconstruit la pose dans l'horizon du mot d'ordre comme une réalité politique associée à la demande des droits, une réalité à maintenir et conserver[36].

MOT D'ORDRE ET CONJONCTURE

En englobant sous le terme de mot d'ordre les formes d'énonciation de *du pain* ET *du fer*, nous posons, tout en la recouvrant, la question du rapport à la conjoncture. De la maxime où il s'énonce de la façon la plus générale aux séquences qui portent la marque de la situation, le mot d'ordre se déploie dans un rapport à la conjoncture. Au-delà des maximes de J. Roux qui, définissant la vraie richesse du peuple régénéré ou de toute nation, se situent dans le présent intemporel du sujet universel, beaucoup d'énoncés inscrivent, sous diverses formes, leur rapport à la situation :

– présence d'un déictique temporel qui semble ancrer le mot d'ordre dans le temps de la conjoncture :

/13/ « Républicain, en *ce* moment, il ne te faut que...», /3/ «... voilà les objets les plus nécessaires aux français de *nos jours*», /4/ «En *ces* jours de justice...»;
– pronoms personnels :
nous /18/ «Il *nous* faut trois choses indispensables pour vaincre», *nous* spécifié dans l'enchaînement = les Français, /4/ «Les tyrans avancent vers nous... il ne faut aux *Français* que du pain et du fer»; *tu* dans une adresse : /13/ «Républicain... il ne *te* faut...»

Faut-il conclure au caractère étroitement circonstancié du mot d'ordre (le contexte de guerre, les difficultés de l'année 1793)? Faut-il élargir le moment pointé par les déictiques, comme le suggère l'expression indéterminée «en révolution» : /25/ «... tels sont — *en révolution* — les besoins des hommes dignes de la liberté»?

Le trajet thématique qui mène de l'expression à valeur de concept «du pain et la liberté» au mot d'ordre «du pain et du fer» concrétise le double fonctionnement du savoir politique jacobin. Si «du pain et la liberté» a dominé la conjoncture des années 1789-1792, dès 1793 cette coordination est contrainte de cohabiter avec «du pain et du fer», mot d'ordre qui acquiert, nous l'avons vu, une certaine autonomie. A la caractérisation polémique de l'énoncé légitime, par le jeu, propre à la négation, du rejet du discours de l'autre s'ajoute l'amplification du langage des droits fondamentaux, principalement le droit à l'existence et le droit à l'insurrection, pointés par l'usage de la restriction. L'évolution de la notion de liberté est significative du dédoublement du savoir révolutionnaire : objet du désir, notion-limite, la liberté est aussi un déjà-là, un préconstruit du discours. Ainsi tout révolutionnaire doit à la fois créer les conditions d'émergence de la liberté et conserver les droits acquis au nom de cette même liberté.

Autour de l'énoncé virtuellement présent dès 1789, «du pain et la liberté», "contredit" en quelque sorte des expressions «du pain et des fers», «du pain et des chaînes», «du pain et la constitution», etc., une stratégie discursive spécifiquement jacobine se met en place. D'un événement à l'autre, le législateur, présentement Robespierre, Marat et Robespierre le Jeune, formule la position légitime sur la question du pain en énonçant sa nécessaire conjonction avec le désir de liberté. Le mot d'ordre «du pain et du fer» procède d'un tout autre fonctionnement. Il n'est que rarement prononcé par les Conventionnels, détenteurs de la parole autorisée. A notre connaissance, Robespierre n'emploie jamais ce mot d'ordre. Avec «du pain et du fer», nous sommes sur le terrain de la représentation quotidienne des droits naturels. Son insertion dans un contexte de demande dominé par la restriction montre qu'il s'agit avant tout de la conservation nécessaire et exclusive des droits. Si la parole légitime, le droit de définir la limite entre le dit et l'interdit, est exclusivement réservée au législateur, le langage de conservation des droits appartient à tout citoyen. Le législateur rappelle sans cesse sa position privilégiée d'énonciateur, mais arrive un moment où sa parole doit s'effacer devant la circulation anonyme du langage politique ordinaire des hommes libres. Ainsi l'expression «du pain et la liberté» s'inscrit dans un contexte négatif au plan idéologique (formuler l'interdiction) comme au plan linguistique (user de la négation pour s'autodéfinir); le mot d'ordre «du pain et du fer» exprime la positivité de l'existence récente d'une communauté d'hommes libres. Le devoir de tout citoyen de participer activement à la conservation des droits s'exprime, à travers ce mot d'ordre, non pas dans l'événement, mais dans une réalité plus large, la conjoncture de la révolution en permanence. L'emploi de «du pain et du fer» est lié à un moment de la révolution, celui de la conservation en permanence des acquis. Qui plus est, la référence à l'idéal spartiate situe le mot d'ordre «du pain et du fer» bien au-delà des affrontements stratégiques. Nous touchons là au fondement du discours révolutionnaire, à ce qui fait lien social au sein même du nouvel espace politique.

Du point de vue des perspectives qui s'offrent à l'analyse de discours dans son rapport à l'histoire, quels éléments nouveaux apportent notre travail?

Classiquement, l'analyse de discours permet de mettre en évidence les stratégies discursives qui se déploient dans l'événement.

Le nouveau se situe ailleurs, dans le retour à l'archive. La prise en compte de la dispersion maximale de l'archive complexifie, on l'a vu, la démarche de l'analyste de discours. Du trajet thématique au moment de corpus en passant par l'analyse co-textuelle, l'exploration archivistique plonge le chercheur dans la matérialité des textes : ce qui pouvait apparaître comme un détour, dont on faisait l'économie par des jugements de savoir, se confond avec la démarche elle-même et impose la rencontre de la langue. Cette démarche — notre travail le prouve — n'exclut pas l'émergence, dans le trajet thématique, d'un moment de corpus autour d'un événement stratégique. Nous avons ici fait l'épreuve d'un moment de corpus radicalement différent : le mot d'ordre «du pain et du fer» qui travaille la conjoncture révolutionnaire appelle, sous peine de s'interdire toute interprétation, une connaissance de la réflexivité des révolutionnaires sur la langue politique. Nous savons que les grammairiens proches des jacobins tels qu'Urbain Domergue et Antoine Tournon considèrent comme décisive la mise en place d'un sujet rationnel capable de restituer «la propriété des mots» au sein du discours politique. L'expression «du pain et du fer» constitue dans la conscience linguistique des révolutionnaires un exemple privilégié du bon usage de la langue politique, un cas exceptionnel d'adéquation construite entre les mots et les choses.

Le retour à l'archive ouvre donc à l'analyse de discours des possibilités multiples. Loin d'être une méthodologie auxiliaire pour les historiens, une aventure sans rivages pour les linguistes, celle-ci peut trouver en elle-même des critères d'intelligibilité. En embrassant à la fois les coprésences langagières qui font corpus, les usages réflexifs et l'épaisseur de la langue, elle se pose comme discipline interprétative à part entière.

ANNEXE : CORPUS

1-22 mai 1792, *Délibération de la Municipalité de Marseille* : «La Nation, qui sent comme nous le besoin de nos bras, ne refusera pas sûrement un secours à des défenseurs qui ne demandent que *des subsistances et du fer* pour repousser et vaincre les efforts des tyrans qui troublent son repos et voudraient l'asservir».

2-18 septembre 1792, *Lettre de la Municipalité de Marseille au Ministre de la Guerre* : «Tandis que Marseille fait les plus grands efforts pour vaincre les ennemis de la chose publique, les armes qu'elle avait conquises, et celles qu'elle avait achetées diminuent... Nous ne demandons, Monsieur, que *du pain et des armes.*»

3-20 septembre 1792, *Réunion des trois corps administratifs de Marseille, Discours de l'officier municipal Corail* : «Les hommes libres ont moins de besoins que ceux qui vivent sous le despotisme : le luxe et la mollesse sont le partage des esclaves; *du pain* pour vivre et *du fer* pour défendre sa liberté, voilà les objets les plus nécessaires aux Français de nos jours».

4-Fin février 1793, *Discours de Paris*, président du Département des Bouches-du-Rhône à la fête en l'honneur de Le Peletier : «Les tyrans avancent vers nous; aux armes, citoyens, aux armes, il ne faut dans ces jours de justice, de vengeance et de gloire, il ne faut aux Français que *du pain et du fer...*»

5-28 mars 1793, *Discours attribué à Danton*, Convention : «Il a demandé que tous les citoyens fussent armés au moins d'une pique, aux dépens de la république. Il faut dire comme à Marseille : *Du pain et du fer* aux sans-culottes et ça ira!»

6-28 avril 1793, Le *Mercure Universel*, Fabre, rapporteur du projet de loi sur les subsistances : «Il faut que le peuple de toute la république ait également *du pain et du fer* et qu'il jouisse de la tranquillité et du bonheur».

7-23 juillet 1793, *L'Ami du Peuple* de Leclerc : «Français, nous avons *du pain*, du vin, du drap pour nous mettre à l'abri des injures du temps, *du fer* pour nous défendre, et la liberté et l'égalité. Sans-culottes, nous serons toujours riches.»

8-29 juillet 1793, *Publiciste de la République française* de Jacques Roux : «Le peuple régénéré est plus riche que les rois quand il a *du pain, du fer* et la liberté».

9-2 août 1793, *Scrutateur Universel* Correspondance d'un officier de l'armée du Calvados au Club des Jacobins : «Il ne faut... à chaque soldat... qu'un fusil, *des cartouches et du pain* et qu'il poursuive l'ennemi jusqu'à la mort».

Autre version : «Prenons *du pain et des cartouches*, voilà tout ce qu'il nous faut».

10-8 août 1793, *Publiciste de la République française* de Jacques Roux : «Une nation est riche quand elle a *du pain et du fer*.»

11-17 août 1793, *L'Ami du peuple* de Leclerc : «*Du fer, du pain*, du courage, des vertus, c'est la fortune des hommes libres».

12-18 août 1793, *Feuille de Salut public*, Conseil général de la Commune de Paris, Dénonciation d'un citoyen de garde aux barrières : «Non seulement, il sort *du pain* de Paris, mais il en sort du savon, du suif, *du fer*, etc.»

13-Vers le 20 août 1793, *Le Rougyff* : «Oui, du calme, c'est l'avant-coureur certain de l'explosion qui doit faire disparaître nos ennemis. Républicain, en ce moment il ne te faut que *du pain et du fer*.»

14-26 août 1793, *Députation des communes de Montreuil et de Charenton à la Convention* : «Nous avons demandé la république et nous l'avons eue. Mais pour la maintenir il nous faut *du pain et du fer*. Prenez des mesures, citoyens, pour nous faire approvisionner de ces deux objets, et alors nos ennemis sont anéantis.»

15-7 septembre 1793, *Congrès des Sociétés populaires du Midi, à Valence*, sur une banderole : «*Du pain et du fer*, voilà l'union, l'ambition des vrais républicains».

16-9 septembre 1793, *Congrès des Sociétés populaires du Midi*, Adresse à la Convention nationale : «Le peuple ne demande que *du pain et du fer*; ses ennemis du dedans ne soupirent qu'après un maître et des chaînes; enchaînons-les nous-mêmes si nous ne voulons pas être forcés de courber avec eux la tête sous le joug odieux d'un tyran».

17-12 septembre 1793, *Adresse du Département des Bouches-du-Rhône* à propos de la nouvelle taxe sur les riches : « Ces généreux défenseurs, vos frères, que la Nation fait vos égaux et la vertu souvent vos supérieurs, ne demandent que *du fer et du pain*».

18-13 septembre 1793, *Feuille de Salut public*, Conseil Général de la Commune de Paris, Chaumette : « Il nous faut trois choses indispensables pour vaincre : *du fer, des subsistances* et des habits».

19-9 octobre 1793, *Congrès des Sociétés populaires du Midi*, Instruction sur les subsistances : « L'égide des peuples libres, c'est *le fer et le pain*».

20-4 octobre 1793, Chauvières, envoyé des assemblées primaires de Carrouges à la Convention nationale : « *Des armes et du pain* et la France est libre ! »

21-13 octobre 1793, *Le sans-culotte observateur, Feuille de Paris* : «... La campagne est venue apprendre à la ville qu'un bon soldat n'a besoin que de *pain sec et de fer*».

22-22 octobre 1793, *Les représentants du peuple près l'armée des Pyrénées occidentales* : « Apprenons-leur (= aux ennemis de l'extérieur) ô nos amis, que des Spartiates, des Républicains français n'ont que faire d'or et d'argent pour vivre heureux, que *du pain et du fer* leur suffisent pour venger leur liberté et maintenir la sainte égalité».

23-1er novembre 1793, *Adresse à la Convention des sans-culottes* de la Nièvre : « Représentants du peuple, les sans-culottes de la Nièvre, pleins de mépris pour l'or et l'argent viennent déposer dans votre sein les reliques du fanatisme et de l'orgueil. Nous ne voulons que *du pain et du fer.*»

24-novembre 1793, *Les Représentants du Peuple français près l'Armée des Pyrénées occidentales et les Départements environnants* : « Repoussez nos ennemis avec horreur; répondez-leur avec énergie : "C'est avec *du pain et du fer* qu'on conquiert la liberté ; c'est avec la sauce noire des Spartiates et des vertus qu'on la conserve"».

25-15 mai 1794, *Adresse de la Société populaire de Charolles*, Saône-et-Loire : «*Du fer et du pain*, tels sont en révolution les besoins des hommes dignes de la liberté. Exterminer les tyrans, partager son pain avec ses frères et pourvoir à la subsistance commune, tel est le désir d'un révolutionnaire.»

26-1815, *Précis historique de tous les Evénements remarquables arrivés à Marseille depuis 1789 jusqu'au 5 juin 1815* : «... le 12 octobre 1793, la terreur est à l'ordre du jour; rien que la terreur, point de pitié. En révolution, la nature ne doit être comptée pour rien. *Du fer et à peine du pain*».

NOTES

[1] Nous avons esquissé cette critique dès 1979. Cf. le chapitre 2.

[2] Nous pensons par exemple à Aries (1977) et Vovelle (1985). M. Pêcheux a pointé ce rapprochement entre l'histoire des mentalités et l'analyse de discours dans son dernier article publié dans *Mots*, n° 9.

[3] Cette expression reflète une partie des préoccupations de la RCP « Analyse de discours et lecture d'archive ». Voir, dans *Histoire et Linguistique*, Guilhaumou (1984a), Maldidier (1984) et aussi Maldidier et Pêcheux (1990).

[4] Cf. Guilhaumou (1984b) et le chapitre 5 du présent ouvrage.

[5] L'expression d'« horizon d'attente » a été forgée par R. Koselleck et H.R. Jauss. Voir en français Jauss (1978), Koselleck (1990).

[6] Nous introduisons une distinction entre les actes de langage tels qu'ils sont formalisés par la pragmatique linguistique et les actes langagiers qui s'attestent à des niveaux multiples dans les configurations textuelles.

[7] Extrait d'un Cahier de Doléances paysan de la prévôté de Paris.

[8] Discours de Robespierre, T. 6 des *Œuvres complètes*, Paris, 1950.

[9] *Récit des événements remarquables qui ont opéré la liberté des Français*, 1er août 1793 (Pamphlet communiqué par M. Reichardt).

[10] Nous n'utilisons pas le couple *compréhension/extension* à la manière des linguistes et des logiciens. Nous nous référons à la tradition philosophique, en particulier à Kant qui distingue la démarche compréhensive assujettie au sensible et la démarche extensive (ou appréhensive) ouverte à la saisie de la totalité.

[11] *Les Révolutions de Paris*, 3-11 novembre 1789.

[12] Nous renvoyons au chapitre 5.

[13] Cf. notre ouvrage à paraître sur *Le club des Cordeliers et la crise de l'été 1793*.

[14] C'est l'apport principal des recherches pionnières de R. Robin. Voir en particulier Robin (1973a).

[15] Les énoncés du corpus qui concernent les réalisations *du pain et X* autres que *du pain ET du fer* sont reproduits dans le chapitre 5.

[16] Notre référence principale est Bègue (1978).

[17] La démonstration s'appuie notamment sur la présence d'éléments contextuels co-occurrents (*à la fois, également*) qui spécifient la valeur sémantique du coordonnant ET, et sur l'existence de structures clivées dans lesquelles la focalisation ne peut porter que sur l'ensemble coordonné.

[18] Le phénomène grammatical de la coordination comme principe de construction de référents nouveaux met à l'épreuve les théories qui sous-catégorisent les éléments lexicaux sur la base de virtualités sémantiques.

[19] Il existe une variante de cet énoncé où le mot *liberté* est remplacé par *égalité*. La présence de la modalité restrictive confère à cet énoncé une position charnière entre nos deux configurations. Il signifie à la fois la nécessaire conjonction du pain avec *la liberté et* l'égalité des droits que connote *du pain et du fer*. Cf. *infra*.

[20] La notion de discours polémique dans sa relation avec la négation a été mise en avant dès 1968 par J. Dubois. Les travaux sur les formes de l'autre dans le discours (Authier-Revuz, 1982) et sur l'énoncé divisé (Courtine, 1981) ont permis des avancées nouvelles. Sur la négation, voir Ducrot (1973).

[21] Les premières attestations de *du pain ET du fer* se situent, semble-t-il, à Marseille dans le contexte de la patrie en danger. Voir Guilhaumou (1988).

[22] A partir d'une hypothèse linguistique sur l'identité du fonctionnement de la coordination et de la juxtaposition, nous avons inséré dans le corpus quelques séquences juxtaposées multitermes comportant les mots *pain* et *fer*.

[23] La permutation des termes est largement attestée. Signalons dans le co-texte un énoncé qui présente les deux termes dans une succession chronologique : «Après le pain, des armes!», *Journal de Sablier*, 20 août 1793.

[24] L'énoncé /9/ extrait de la correspondance d'un officier de l'armée du Calvados utilise le terme *cartouches* qui relève d'un autre registre.

[25] Cf. /5/, «Il a demandé que tous les citoyens fussent armés au moins d'une pique». Cf. également /14/.

[26] Cette question abordée par Courtine (1981) se révèle peu pertinente pour notre corpus.

[27] Voir la distinction proposée par Bilger (1985) entre les deux types de coordination : *a et b* vs *et a et b*. Notre corpus exemplifie le premier, l'énoncé /12/ relève du second.

[28] /7/ constitue lui aussi un énoncé-limite proche de la description. Notons que Leclerc est l'un des dirigeants Enragés.

[29] On remarquera dans cette structure la présence de déterminants définis.

[30] La référence est ici Banfield (1973). Cf. également Van Hout (1974).

[31] La propagation du mot d'ordre de Marseille à Paris est attestée par l'énonciation injonctive rapporteuse prêtée à Danton : «Il faut dire *comme à Marseille* du pain et du fer aux sans-culottes et ça ira!» /5/.

[32] Notre commentaire s'inspire des remarques de Damourette et Pichon (1950) sur la combinaison d'un *ne* discordantiel et du *que* «uniceptif» : cf. T. VI, «L'élément phrastique introduit par *que* est présenté comme seul excepté de la forclusion, comme revalidé... vis-à-vis du fait principal».

[33] Ceci suffit à confirmer la constante originalité de la position énonciative des Enragés.

[34] Voir l'article de P. Sériot (1986).

[35] Au-delà de la référence classique K. Donellan (1966), voir M. Galmiche (1983).

[36] Cf. /3/, /14/, /22/. Dans /24/ on retrouve la liberté comme objet de conquête. Est-ce un hasard s'il s'agit de l'énoncé d'un Conventionnel envoyé aux armées?

Chapitre 4
« L'affaire Fiszbin » : un exemple de résistance

« Henri Fiszbin malade » : un bref encadré dans *L'Humanité* du 9 février 1979 annonce le départ du premier secrétaire de la Fédération de Paris et son remplacement par H. Malberg. Le 21 février « Un communiqué de la Fédération de Paris » attire l'attention des lecteurs de *L'Humanité* sur les tentatives de la presse non communiste « d'accréditer l'idée d'une "reprise en mains de la Fédération de Paris" ». Dès le 27 janvier *L'Express* avait parlé d'une « condamnation de la Fédération communiste de Paris ». A son tour *Le Monde* (25/26 février) commente l'arrivée d'H. Malberg au Secrétariat de la Fédération de Paris et s'interroge sur le refus de la Direction fédérale de répondre aux questions des journalistes. C'est *Le Matin* du 6 avril qui « révèle » l'origine de « l'affaire Fiszbin »; la réunion du Bureau Politique et du Secrétariat de la Fédération de Paris du 11 janvier 1979.

Nous disposons des textes qui constituent l'événement dans son immédiateté : le rapport présenté par H. Fiszbin devant le Bureau Politique et les notes prises par six membres du Secrétariat Fédéral pendant la discussion. Textes non destinés à la publication et qui relèvent d'un genre particulier dans le discours communiste : *le discours de fonctionnement interne*. L'ensemble sur lequel nous travaillons excède l'événement du 11 janvier et s'échelonne jusqu'à la lettre de démission du Comité Central d'H. Fiszbin (15 novembre 1979) (se reporter à la chronologie en annexe).

A ces textes, plusieurs questions peuvent être posées :

– peut-on, à travers eux, atteindre la vérité de l'événement-source ? Nous tenterons de répondre à cette question en proposant une radiographie du rapport et des notes, matérialité brute de l'événement du 11 janvier ;

– peut-on décrire la stratégie à l'œuvre dans la reconstruction de l'événement ? Nous désignons ici la constitution de la « vérité officielle », telle qu'elle se donne à lire dans la lettre du 15 janvier par laquelle le Bureau Politique tire les conclusions de la réunion du 11, telle encore qu'elle est présentée aux communistes parisiens dans le rapport de J.M. Argelès, secrétaire fédéral qui rapportait en l'absence d'H. Fiszbin lors du Comité Fédéral du 22 janvier ;

– peut-on caractériser les formes de résistance d'H. Fiszbin à l'oubli de l'événement-source dans sa correspondance, de la lettre de démission du Secrétariat Fédéral (14 janvier) à la lettre de démission du Comité Central (15 novembre) ?

Le 11 janvier, des énoncés se croisent : parole d'H. Fiszbin, « réponses » des membres du Bureau Politique. Ces énoncés sont en quelque sorte la mémoire de l'événement. Un événement immédiatement reconstruit par les protagonistes : H. Fiszbin, dans sa lettre du 14, atteste l'existence de l'événement et en donne une version ; le Bureau Politique donne dans sa lettre du 15 ce qui sera la vérité officielle. Le rapport de J.M. Argelès quant à lui présente aux communistes de Paris un compromis. Dans ces réécritures, nous avons cherché les traces linguistiques de l'affrontement verbal : émergence de mots, jeu sur l'ambiguïté, désignation du discours de l'autre, effets rhétoriques.

RADIOGRAPHIE D'UN AFFRONTEMENT VERBAL (11 janvier 1979)

Le rapport

Le rapport présenté par H. Fiszbin (H.F.) à la réunion du Bureau Politique (B.P.) prend pour point de départ l'accord de la direction fédérale (D.F.) avec les remarques du Comité Central (C.C.) de décembre et le constat fait sur la situation du parti dans la région parisienne. La « réflexion autocritique » porte dans un premier temps sur les défauts et les insuffisances de la bataille politique et idéologique dans le parti et les masses ; dans un second temps elle aborde les difficultés qui président, à Paris, à l'impulsion des luttes sur les grands problèmes sociaux. L'ordre dans lequel sont présentées les questions induit de lui-même la place décisive donnée à la bataille politique et idéologique. Mieux : celle-ci est constamment posée comme la clef du développement de l'action.

On peut saisir l'organisation d'un texte à partir de la mise en évidence de phrases-clefs. On s'autorise de règles d'équivalence grammaticale pour procéder à des opérations de réécriture permettant de mettre en valeur des régularités autour de certains mots[1]. Cette démarche nous amène à retrouver dans notre étude des spécificités du discours communiste, dans le cas particulier de la forme du rapport. C'est autour du mot «parti» — et à un double niveau — que tout se joue.

L'énoncé typique du discours communiste : *le parti, à qui fait appel le Congrès, a une action et une politique* (J.B. Marcellesi, 1976; 106), prend ici la forme des propositions : le parti a une orientation, *l'orientation est mise en œuvre (par le parti)*. Les expressions «l'orientation», «les indications/recommandations (du B.P. en 1976)», «la politique du parti», «la politique du 22ᵉ Congrès» sont équivalentes dans le rapport, c'est-à-dire substituables dans un même contexte. Autour du couple *orientation/mise en œuvre* apparaissent trois phases-clefs (voir tableau I en annexe).

Ce dont il est question dans la deuxième phrase : «la manière», «les difficultés» est désigné et précisé en (4) au tableau II.

Ce dont il est question dans la phrase (3) — la mise en œuvre de la politique du parti — est représenté très souvent par des phrases de la forme (5) au tableau II

Avec cette structure qui présente des propositions à sujet «le parti» comme un DEVOIR FAIRE de «nous» (Direction Fédérale) se trouve introduite la question du rapport entre «nous» et «le parti».

Les énoncés autour du mot «parti» sont le lieu privilégié dans le discours communiste de phénomènes d'ambiguïté ou d'indétermination. L'opposition qui constitue entre «nous» (= D.F.) et le «parti» dans les phrases de la forme : *Nous devons faire* QUE *le parti...* lève l'ambiguïté : «le parti» est posé comme une réalité extérieure sur laquelle doit agir la D.F.; «le parti» n'inclut pas celui qui parle (la Direction Fédérale), ne recouvre pas une «personne du dialogue» (Guespin, 1976; 54).

Mais de nombreux énoncés restent ambigus. C'est le cas notamment des phases qui attribuent des prédicats positifs et négatifs au parti, comme (6) dans le tableau II.

Deux interprétations sont souvent possibles ici : ou bien «le parti», c'est EUX, ceux dont parle le locuteur; il n'inclut pas la D.F. (interprétation exclusive); ou bien «le parti» est NOUS + EUX : il inclut celui qui parle, la D.F., il devient «personne du dialogue». C'est uniquement la place des énoncés de la forme *le parti EST*... dans des passages descriptifs, qui sollicite une interprétation exclusive faisant du parti un simple objet politique.

La discussion du 11 janvier

Nous disposons des notes prises par H.F. et cinq membres du Secrétariat Fédéral au cours de la réunion du 11 janvier. Avec les variantes inhérentes à la prise de notes, elles confirment absolument les citations des interventions de membres du B.P. données par H.F. dans sa lettre du 8 octobre 1979.

A partir de ces notes, nous pouvons reconstruire grammaticalement un certain nombre d'énoncés qui configurent la discussion.

Le diagnostic d' «opportunisme» est explicitement avancé en (7) au tableau III.

Il se spécifie dans son fond par des énoncés portant sur «le contenu de classe», «l'union», «le socialisme existant», en (8) au tableau III.

Parallèlement, des énoncés expriment le rejet (implicite dans le premier cas, explicite dans le second puisqu'il nie un énoncé du rapport d'H.F.) de la problématique orientation/mise en œuvre (voir (9) au tableau IV).

Enfin un certain nombre d'énoncés expriment l'abandon des positions de classe, en (10) au tableau IV.

Qui est visé par ces énoncés? Beaucoup d'entre eux se présentent sous une forme indéterminée : *Il y a/Il y a eu; le problème est/le problème n'est pas*. S'ajoutent les effets de la prise de notes qui peut conduire, en fonction des règles de la langue, à effacer les agents en présentant les phrases sous la forme d'un nom : ainsi par exemple : *la fédération a manqué de fermeté* ⇒ *manque de fermeté*. L'expression d'un sujet grammatical dans les notes revêt donc une grande importance. Outre un certain nombre de phrases à sujet «Paris-Hebdo», nous relevons quelques apparitions de «la direction fédérale»/«la fédération», en (11) au tableau IV.

C'est dans ce contexte qui désigne explicitement la Direction Fédérale que joue l'indétermination, analysée, dans le rapport d'H.F., à propos des énoncés sur « le parti » (l'emploi du pronom « on » mériterait une analyse similaire). Le schéma en est représenté en (12) au tableau IV.

L'interprétation inclusive (1) s'impose sans conteste. Et la reprise des adjectifs «perméable», «sensible» qui s'appliquaient dans le rapport d'H.F. au parti, en tant que réalité extérieure sur laquelle devait agir la direction fédérale, marque un glissement significatif : les mêmes adjectifs s'appliquent ici au parti, en tant qu'il inclut la direction fédérale elle-même.

En définitive, malgré les énoncés qui dans la plupart des interventions constituent une concession sur le rapport *(le rapport d'H.F. est une base de discussion/intéressant,* MAIS...*)* ce qu'on peut analyser de la «discussion» du 11 janvier n'a jamais le caractère d'un débat. L'ensemble des énoncés dessinent le jugement porté par le B.P. sur la Fédération de Paris.

LA GUERRE DES TRACES (15-22 janvier 1979)

L'événement du 11 janvier laisse des traces dans les textes officiels que sont la lettre du B.P. du 15 janvier et le rapport de J.M. Argelès au Comité Fédéral du 22 janvier. Traces parfois ténues, souvent subtiles, jamais explicites.

La lettre du B.P. du 15 janvier

Cette lettre constitue la vérité officielle sur la réunion du 11 janvier. Sans faire référence à la discussion elle-même, elle renvoie explicitement au rapport d'H.F., qu'il soit nommé : «Le B.P. partage les analyses et les propositions contenues dans le rapport du B.F. présenté par H.F.», ou rapporté à l'aide d'introducteurs du type «Nous pensons avec vous que... nous partageons tout à fait votre point de vue que... Le B.P. fait siennes les orientations de votre activité vers... Nous soutenons votre détermination à...» De ce point de vue le dernier paragraphe, tout en continuant à faire référence au rapport d'H.F., marque une rupture en introduisant le jugement propre du B.P. : «Nous considérons que... Nous pensons que... Le B.P. considère que...»

La mise en évidence d'un accord entre le B.P. et la Direction Fédérale passe par la reprise des thèmes et de la problématique du rapport d'H.F. : description de la situation, problématique de l'opposition : *Sans doute il y a des données objectives, mais il y a des raisons de notre fait*, problématique de la distinction orientation/mise en œuvre. L'identité des présupposés[2] confirme l'analyse du consensus. Ainsi pour prendre un exemple : «l'application à Paris de la politique de notre 22ᵉ Congrès» induit le présupposé *la politique du 22ᵉ Congrès* est appliquée à Paris.

Le dernier paragraphe «Ceci dit, nous considérons...» introduit le jugement du B.P. tirant les conclusions de la réunion. La directive donnée à la Fédération de Paris est celle d'une priorité à accorder à «l'effort d'éclaircissement politique dans le parti et à la bataille idéologique dans les masses». Ce que l'ordre des parties, la première place donnée à la lutte politique et idéologique dans le rapport d'H.F. induisait, se trouve explicité par l'emploi du mot «priorité»; en même temps la reformulation de l'expression du rapport «la bataille politique et idéologique dans le parti et les masses» apporte une précision et suggère une hiérarchie : la pleine clarté politique dans le parti est la clef de la bataille idéologique dans les masses.

A y regarder de plus près, c'est de bien autre chose que d'une explicitation qu'il s'agit. Pour mettre en évidence ce point, décisif à ses yeux, la lettre du B.P. a été amenée à inverser l'ordre dans lequel le rapport d'H.F. présentait les problèmes. Et la nouvelle référence faite au rapport («le rapport de votre B.F. l'a montré») n'annule pas l'impression que la question de la lutte idéologique n'a pas été abordée centralement par le rapport d'H.F. Mieux : «ceci dit» constitue un pivot rhétorique comparable au *mais* qui vient contrebalancer un *certes* précédent : le fonctionnement de ce couple de connecteurs argumentatifs a été depuis longtemps analysé et l'on sait que la concession introduite par le premier n'atténue pas la force argumentative de ce qui vient derrière le second : apparente symétrie[3]! Le «ceci dit» de la lettre joue un rôle du même genre : tout se passe comme s'il donnait l'impression que ce qui précède n'est pas l'essentiel, comme si l'accord proclamé du B.P. avec les analyses du rapport avait un caractère formel, comme si seule comptait la priorité à donner à la bataille idéologique. La rhétorique produit en quelque sorte un effet de gommage de ce qui a été dit explicitement auparavant.

On saisit une autre trace de la discussion dans l'emploi de l'adjectif «opportuniste» absent du rapport d'H.F., utilisé, on l'a vu, dans la discussion à propos du parti à Paris en tant qu'institution incluant la D.F. : «Vous avez signalé de nombreux exemples de perméabilité à cette pression qui vont, pour l'essentiel dans le sens d'une interprétation opportuniste du 22ᵉ Congrès» Trace particulièrement intéressante qui joue sur une double ambiguïté : celle du référent d'abord (qui est visé à travers ces «exemples de perméabilité»?) puisque «le parti» est toujours susceptible de recevoir une interprétation qui inclut la D.F. ; celle de la structure linguistique où elle s'insère (une relative à l'intérieur du discours indirect), structure telle qu'on ne peut savoir si l'épithète «opportuniste» a été utilisée dans le rapport d'H.F. ou si elle constitue un jugement du B.P.

Le rapport du 22 janvier 1979

Le rapport présenté le 22 janvier au Comité Fédéral par J.M. Argelès a pour objet d'intégrer l'examen critique de la Direction Fédérale enrichi des apports du B.P. dans l'analyse plus large de la conjoncture.

Comme il le dit explicitement (p. 8), ce nouveau rapport «présente les développements essentiels du rapport du Bureau Fédéral» : de fait on trouve une reprise textuelle de pages entières du rapport d'H.F., sans marques de citation ou de discours indirect. A quelques exceptions près : «Nous avons fait part au B.P. des difficultés que nous rencontrons. Nous avons évoqué notre préoccupation, dans notre effort vers les plus défavorisés» etc. (p. 24). En même temps, explicitement toujours, référence est faite aux enrichissements du B.P. et à la lettre du 15 janvier qui en contient l'énoncé officiel (lettre connue de chaque membre du C.F.). L'idée de priorité à donner à la bataille politique et idéologique reprend la formule même de la lettre du B.P. qui différencie «l'effort d'enrichissement politique dans le parti» et «la bataille idéologique dans les masses» (p. 8-18), le premier conditionnant la seconde.

On trouve, dans les énoncés nouveaux, une confirmation et même un renforcement de la problématique du rapport d'H.F. autour du couple «orientation»/«mise en œuvre» :

Il faut améliorer la mise en œuvre de la politique du parti à Paris
Il faut réfléchir à la manière de faire passer jusqu'au bout dans la vie l'orientation dégagée lors d'une réunion avec le B.P. en 76.

Ces énoncés positifs vont de pair avec un énoncé négatif qui constitue une trace incontestable de la confrontation avec le B.P. «Les défauts de notre activité ne résultent pas de l'orientation qui a guidé notre activité, mais il faut en chercher l'origine dans la mise en œuvre de cette orientation qui n'a pas permis de surmonter les difficultés propres à la région parisienne et à Paris.» Réponse à un énoncé absent — l'énoncé analysé dans la discussion : *le problème essentiel est l'orientation* —, réponse peut-être aussi à des rumeurs, la phrase nie une thèse (l'orientation est la cause de nos défauts) et en oppose une autre (la mise en œuvre de l'orientation est à l'origine de nos difficultés). Ainsi le rapport d'Argelès met insensiblement en place une stratégie de défense qui s'inscrit dans la version officielle, mais garde des traces de ce qui s'est passé le 11 janvier.

L'attention portée à ce qui pourrait être trace de la discussion du 11 oblige à relever un passage du rapport d'Argelès situé juste avant la présentation des conclusions de la réunion avec le B.P. Ce passage se remarque d'abord par le fait qu'y figure un emploi, unique dans tout le rapport, de l'adjectif «opportuniste» (p. 8). On sait que l'expression «interprétation opportuniste du 22ᵉ Congrès» a été prononcée le 11 janvier et que le terme figure dans la lettre du B.P. Bien que le passage se réfère à la préparation du 23ᵉ Congrès, il parle d'autre chose.

Le paragraphe oppose de façon classiquement symétrique les «interprétations opportunistes qui sont faites du 22ᵉ Congrès» (par qui?) — traduisons l'opportunisme droitier —, aux «réticences, voire résistances aux avancées de notre politique d'union qu'a marquées le 22ᵉ Congrès» (même indétermination) — c'est-à-dire l'opportunisme de gauche ou sectarisme. Il donne de plus une véritable définition de l'opportunisme de droite :

« Une interprétation opportuniste remet en question le caractère de classe de notre politique... tend à estomper l'aspect du combat dans l'union;... tend à considérer comme nul, négatif l'apport à notre combat de l'existence des pays socialistes et de leur bilan global. »

On trouve ici très exactement les énoncés qui, dans les interventions des membres du B.P. lors de la réunion du 11 spécifiaient l'opportunisme reproché à la Fédération de Paris. Malgré son caractère définitionnel, ce passage s'inscrit lui aussi dans les traces de la discussion.

Rappelons-le : l'ensemble des communistes prend connaissance de «l'affaire Fiszbin» en lisant dans *L'Humanité* du 12 novembre 1979 l'information sur « la réunion du Bureau Politique et du Secrétariat de la Fédération de Paris du 11 janvier 1979 et ses suites ».

L'analyse que nous avons faite nous permet de pointer, dans le résumé — par ailleurs fidèle — que l'information donne du rapport d'H. Fiszbin à la réunion du 11 janvier, deux déplacements significatifs. P. Laurent fait comme si l'expression « interprétation opportuniste du 22ᵉ Congrès » avait été prononcée dans le rapport d'H. Fiszbin, alors que c'est la lettre du Bureau Politique du 15 janvier qui l'introduit. On connaît le poids d'une telle épithète dans le discours communiste! Il fait comme si la phrase «Ces défauts ne résultent pas de l'orientation qui a guidé notre activité, etc.» (voir plus haut) avait été prononcée par H. Fiszbin antérieurement à la condamnation du Bureau Politique. Nous avons pu mettre en lumière qu'il s'agit d'une réponse dans le rapport de J.M. Argelès à un énoncé des intervenants du Bureau Politique dans la discussion du 11. Ces deux «modifications» gomment l'essentiel de l'événement : la condamnation pour opportunisme dans la direction fédérale de Paris. Rien de grave n'a pu se passer le 11, le débat s'est déroulé «normalement» puisque H. Fiszbin lui-même a proposé les thèmes majeurs de la «discussion»!

Un dispositif est mis en place. Une lecture «autorisée» du livre d'H. Fiszbin (il paraît le 24 mars 1980) est possible. Elle va jouer sur la non-publication du rapport du 11 janvier. Ce sera celle de la Résolution du Comité Fédéral de Paris du 28 mars 1980. Nous retrouvons dans cette résolution la confusion tendancielle entre le rapport d'H. Fiszbin et celui de J.M. Argelès. Le texte du Comité Fédéral prête au rapport d'H.F. ce que nous avons analysé dans le rapport de J.M. Argelès, postérieur à la lettre du B.P. du 15 janvier. On y lit : «Ce rapport soulignait encore la nécessité d'une défense ferme contre les interprétations opportunistes qui sont faites du 22e Congrès. L'interprétation qui se manifeste avec le plus de netteté est celle qui remet en question le caractère de classe de notre politique, le rôle de la classe ouvrière, le caractère révolutionnaire de notre parti, qui estompe l'aspect du combat dans l'union et qui, enfin, tend à considérer comme nul, voire négatif, l'apport de notre combat, de l'existence des pays socialistes et de leur bilan global.» L'idée «d'interprétation opportuniste du 22e Congrès» est présentée comme une réflexion autocritique de la Direction Fédérale *avant* la réunion du 11 et développée par H. Fiszbin dans son rapport.

UNE STRATÉGIE DE RÉSISTANCE «DE L'INTÉRIEUR»

«Jusqu'à sa démission du Comité Central, en novembre dernier, il défendait une seule idée — comme il l'a fait devant le Comité Fédéral en octobre — : il y avait eu, selon lui, une injustice, une condamnation, un désaveu de la Fédération, il fallait qu'il y ait réparation. Tout semblait tourner autour du désaccord sur la réunion du 11 janvier.

Or, dans son livre, comme déjà dans sa lettre de démission du Comité Central, il élargit singulièrement le désaccord. Il balaie comme secondaires les réflexions critiques que la Direction de la Fédération faisait elle-même sur son activité.» (Résolution du Comité Fédéral de Paris du 28 mars 1980).

Ce nouveau développement de «l'affaire Fiszbin» donne une place centrale à la question de la fidélité au rapport du 11 janvier. Dans quelle mesure la logique de ce rapport, telle que nous l'avons dégagée, se conserve-t-elle dans la correspondance avec G. Marchais, notamment dans la lettre de démission du Comité Central du 15 novembre 1979?

Nous constatons, d'un bout à l'autre de la correspondance, l'importance des reformulations autour des éléments de la phrase-clef du rapport d'H. Fiszbin mise en lumière plus haut :

NOUS		cette orientation	
———	avons mis en œuvre		avec des difficultés
(= DF)		la politique du 22ᵉ Congrès	

Une phrase-clef qui pose le lien nécessaire entre l'activité du Parti et le Congrès et où s'investit une part du savoir de la tradition discursive communiste. C'est dans la mesure où l'argumentation d'H. Fiszbin face au Secrétaire Général du Parti s'inscrit formellement dans cette phrase, crée des variations autour de ses éléments principaux, que nous parlons d'une résistance de l'intérieur, d'une reprise plus ou moins complexe de la tradition discursive communiste.

A partir des reformulations des éléments de cette structure, nous sommes amenés à caractériser deux formes — correspondant à deux moments — de la résistance d'H. Fiszbin :

– une résistance à l'oubli de la condamnation, de la lettre de démission du Secrétariat Fédéral du 14 janvier à la lettre du 8 octobre 1979 (avant le Comité Central des 7-8 novembre);

– une résistance à un tout autre oubli : l'oubli du 22ᵉ Congrès dans la lettre de démission du Comité Central du 15 novembre.

La résistance à l'oubli de la condamnation

Dès le 14 janvier la résistance d'H. Fiszbin consiste à attester des critiques formulées par le Bureau Politique le 11 janvier. Il s'inscrivait, à sa manière, dans la «guerre des traces».

A s'en tenir au simple constat des «difficultés», comme le rapport d'H. Fiszbin y invitait, aucune condamnation n'était énonçable. C'est donc à partir d'un diagnostic sur la cause de ces difficultés que le B.P. peut introduire son désaveu.

Un certain nombre de reformulations de la phrase-clef travaillent précisément sur le syntagme «avec des difficultés» (voir tableau V, (13) et (14)).

Le constat des difficultés marque l'unité des sujets Direction Fédérale et B.P. dans la démarche critique. La question de la cause des difficultés fait émerger le sujet B.P. et le restitue dans la place énonciative qui était la sienne le 11 janvier.

Dans le même mouvement, H. Fiszbin caractérise l'acte de langage produit à partir de cette place : la condamnation de l'orientation de la D.F. La question de l'orientation n'est plus seulement la référence obligée du discours communiste; elle devient, dans les énoncés des lettres de H.F., l'objet même de l'acte de condamnation du B.P. (voir (15) au tableau V)

Le B.P., ainsi placé dans la position énonciative de l'accusateur, peut-il dès lors, à l'instar de tout groupe dirigeant du parti, s'identifier à tout le parti, au sujet du Parti? Nous reviendrons sur ce problème central plus loin.

A ce point nous pouvons préciser ce que nous entendons par la reprise-reformulation des éléments d'une même structure formelle. Il ne s'agit pas ici de l'émergence de nouveaux contenus, mais bien de la désignation d'une positive énonciative «scandaleuse» : le rôle d'accusateur pris par un groupe dirigeant en dehors des règles du centralisme démocratique.

En définitive cette première forme de résistance reste conforme à la logique du rapport du 11 janvier. Et la résistance à l'oubli, c'est la mémoire de l'événement, une mémoire qui crée un événement discursif, mais qui s'inscrit elle-même dans la mémoire commune de tout le parti. Le rappel des énoncés critiques du B.P., d'un discours de l'autre qui, dans la lettre du 8 octobre (Fiszbin, 1980, p. 234-235) prend la forme de la citation textuelle dans une véritable remise en scène de l'événement-discussion, fait émerger un sujet-accusateur : le B.P.

Face à ce sujet, un autre sujet se pose : H. Fiszbin et, avec lui, l'ensemble du Secrétariat Fédéral. Il est à la fois sujet conforme («L'opinion du Bureau Fédéral était que l'activité et les positions politiques de la Fédération avaient été justes et conformes aux orientations politiques du 22e Congrès»), et sujet de la «vérité vraie» face à la «vérité officielle» (*ibid.*, 236).

Dès ce premier moment ce sujet de vérité se redouble d'un sujet d'interprétation qui va être central dans la seconde forme de résistance (voir (16) tableau V).

Déjà avec l'emploi de l'expression «en vérité» se profile la signification «vraie» de l'événement.

La première résistance d'H. Fiszbin aboutit pratiquement à une information et une discussion au Comité Central des 7-8 novembre sur «la réunion du Bureau Politique et du Secrétariat de la Fédération de Paris du 11 janvier 1979 et ses suites». P. Laurent dans l'information qu'il présente reconnaît — pour la première fois officiellement — le «caractère positif du bilan de la Fédération de Paris» durant la période du 22ᵉ Congrès. Pour le parti, officiellement, l'orientation de la Fédération de Paris n'est pas en cause. Cependant l'événement discursif continue à être nié : il ne s'est rien passé que de «normal» à la réunion du 11.

La seconde résistance : la prise à la lettre du 22ᵉ congrès

La deuxième résistance, qui correspond au moment de la lettre de démission du Comité Central (15 novembre), s'inscrit toujours dans la phrase-clef du rapport, dans une reformulation significative (voir (17) au tableau VI).

La reformulation est ici portée par le quantificateur tous/toutes (les orientations) qui greffe une nouvelle affirmation sur la première.

Un quantificateur se retrouve également dans les reprises du mot «difficultés» (en (18) au tableau VI), énoncé où s'opère un déplacement sur la détermination de «difficultés» : difficultés à Paris, ⇒ difficultés nationales. L'importance du quantificateur se vérifie dans un certain nombre de phrases à sujet «Direction du parti» (en (19) au tableau VI).

On peut noter que *tout, tous, toutes* apparaissaient déjà dans des énoncés du rapport d'H. Fiszbin, essentiellement à l'intérieur des performatifs où ils portaient sur «le parti», «les communistes[4]» (comme en (20) au tableau VI).

Le groupe Direction Fédérale avait pour DEVOIR FAIRE de donner au sujet virtuellement plein «le parti» son extension maximale[5].

La nouveauté dans la lettre, c'est que le quantificateur détermine «orientations» dans la phrase-clef. L'accent porté par *toutes* spécifie explicitement la globalité présente dans l'expression «les orientations du 22ᵉ Congrès». Cette redondance produit un effet discursif, elle implicite un énoncé contradictoire : X a mis en œuvre *toutes* les orientations du 22ᵉ Congrès ⇐ Y a mis en œuvre *pas toutes* les orientations du 22ᵉ Congrès. Si X est représenté par la D.F., nous pensons pouvoir dire que la place d'Y est occupée par le sujet B.P. (Direction du parti). (Voir les énoncés ci-dessus). Un nouveau sujet critique émerge : H. Fiszbin.

Le parti va en faire immédiatement un sujet accusateur. C'est ici qu'intervient notre rencontre avec un autre analyste : le parti lui-même. Il existe en effet un document intérieur : l'information donnée aux Conférences d'arrondissement sur la lettre de démission d'H. Fiszbin, postérieurement au Comité Central du 22 novembre 1979. Après un «résumé» de la lettre figurent «quelques remarques» agencées autour d'un tableau qui exhibe ce qui dans la lettre d'H. Fiszbin «est mis au crédit de la Direction Fédérale» et ce qui «est mis au compte de la Direction du parti». L'exhibition sert directement une visée politique. H. Fiszbin est soupçonné d'avoir un objectif politique inacceptable : «rouvrir le débat du 23ᵉ Congrès». La discussion sur l'activité du B.P. entre le 22ᵉ et le 23ᵉ Congrès est close. H. Fiszbin se pose donc individuellement contre un collectif : le Congrès !

Ce dont il s'agit pour nous dans cette seconde résistance, c'est précisément de l'oubli du 22ᵉ Congrès. Le «résumé» de la lettre dans l'information interne supprime toutes les références au 22ᵉ Congrès, références pivots dans l'argumentation de la lettre d'H. Fiszbin. Nous y voyons une confirmation de notre analyse.

EN GUISE DE CONCLUSION

Tout au long de notre travail, nous avons rencontré une même difficulté : la position des groupes dirigeants dans le parti par rapport au sujet plein du parti. La question de l'ambiguïté référentielle de *« le parti »* que nous avons pointée à propos du rapport d'H. Fiszbin désigne le rapport d'intériorité-extériorité de tout groupe dirigeant par rapport au parti. En d'autres termes la question de l'émergence et de la position des sujets (Direction Fédérale/B.P.) n'a cessé de nous interpeller. Emergence pour H. Fiszbin d'un sujet B.P. accusateur qui brise le plein du sujet du parti ; émergence d'un sujet B.P. qui clive la politique du parti. Emergence d'un sujet complexe : Direction Fédérale, toujours conforme au 22ᵉ Congrès, sujet de vérité attestant l'événement, sujet critique au nom de la conformité même.

La résistance de l'intérieur ici, c'est bien avant tout le rappel du sujet plein du parti.

ANNEXES

TABLEAU I.

	Subject	Verb	Object	Complement
(1)	Nous (= D.F.)	avons suivi	les indications du B.P. les recommandations du B.P.	sans manquement majeur
(2)	Nous	avons suivi avons mis en œuvre	les indications du B.P. cette orientation	d'une certaine manière avec des difficultés avec un «acharnement» insuffisant
(3)	Nous	devons faire passer devons appliquer	cette orientation la politique du 22e Congrès	jusqu'au bout correctement

TABLEAU II.

	Subject		Verb	Object/Complement
(4)	(il s'agit de)		corriger	des insuffisances dans notre activité des défauts dans notre activité
			surmonter	des difficultés des défauts
			remédier à	le problème de l'activité à Paris les obstacles qui nous ont empêchés de parvenir l'insuffisance de l'assimilation de l'ensemble de la politique du parti (par le parti) l'insuffisance de la prise en compte des besoins des parisiens (par le parti) le parti soit imprégné de la politique du parti
(5)	Nous		devons faire	le parti assimile la politique du parti, etc.
(6)	Le parti	EST	QUE	nombreux renforcé bien implanté dans les entreprises soumis au pilonnage idéologique permanent perméable de fait à cette pression très sensible à l'énorme pression actif, combattif très jeune profondément uni sur la politique du parti en majorité composé d'adhérents récents

TABLEAU III.

(7)	Il y a eu	une interprétation opportuniste du 22e Congrès sur des questions fondamentales
(8)	Le contenu de classe de notre politique	est en cause
	Notre politique de classe à Paris	est insuffisante
	Le contenu de classe de notre politique	doit être posé plus fermement
	Le contenu de classe du 22e Congrès	est mi en œuvre avec incompréhension
	Il y a (à Paris)	une tendance
		à l'union à tout prix
		à n'importe quel prix
		une idée de l'union pour l'union
	Il y a eu tendance	à rejeter tout l'apport des pays socialistes

TABLEAU IV.

(9)	Le problème capital	est l'orientation
	L'essentiel	est une quetion d'orientation
	Le problème	n'est pas seulement d'un «acharnement» plus grand de faire plus
(10)	Il y a (eu)	manque de fermeté (politique), laxisme, recul, esprit de conciliation
	Il y a (eu)	glissement
	Il y a eu	tendance à édulcorer la politique du 22e Congrès
	Le parti (à Paris)	est trop sensible à la petite classe politique, perméable
	On a courbé le dos	les épaules sous le poids de la pression adverse
(11)	La Fédération de Paris a/a eu un esprit de conciliation	
	La question de l'orientation est une question pour la direction fédérale	
	Défendre la ligne du parti est capital pour la direction fédérale	
	La direction fédérale ne veut pas trop poser les questions sociales parce que les autres nous accusent	
(12)	(Locuteur (B.P.) dit que)	le parti (à Paris) est sensible, perméable
	où le parti = (1)	Vous (D.F.) + les organisations/les adhérents du parti à Paris
	= (2)	Les organisations/les adhérents du parti à Paris (à l'exclusion de la D.F.)

TABLEAU V.

(13)	D.F.	constate(nt)	les difficultés	de la mise en œuvre de la politique du parti (Fiszbin, 1980, 233)
	B.P.		les insuffisances	
(14)	les membres du B.P.	ont l'opinion	QUE	des difficultés (...) à Paris
		avaient		la cause
	est incombait à	une insuffisance de fermeté sur des positions de classe de la D.F. les erreurs politiques de la D.F. l'insuffisance de fermeté sur des positions de classe le laxisme dans la défense de la politique du parti (ibid., 215, 234)		la responsabilité
(15)		a désavoué a porté un jugement négatif sur a désavoué a condamné		l'activité de la D.F. (ibid., 215) l'orientation l'activité de l'ancienne D.F. (ibid., 222)
	le B.P.	a fait le procès de l'orientation de la Fédération à Paris (ibid., 223)		
		a jugé	cette orientation cette activité	en infraction avec la politique du 22e Congrès (ibid., 236)
(16)	le désaveu de la D.F.	ne visait pas		à obtenir une correction d'orientation
		visait		à condamner et à faire cesser la pratique du parti à Paris jugée trop ouverte
	les reproches à l'encontre de la Fédération à Paris	visaient en vérité ses efforts pour mettre le parti à Paris à l'heure du 22e Congrès (ibid., 223)		

TABLEAU VI.

(17) la Fédération de Paris s'est en permanence efforcée de mettre en œuvre toutes les orientations du 22e Congrès
le parti à Paris était obligé de se saisir (...) de tous les aspects de notre politique
la Fédération de Paris (selon le B.P.) a trop pris au sérieux toutes les données de notre politique
(ibid., 243 et sq.)

(18) le B.P. a voulu faire assumer à l'ancienne D.F. toute la responsabilité des difficultés dues aux circonstances générales de l'affrontement de classe (ibid. 245)
n'a pas posé clairement au parti tous les problèmes politiques

(19) la direction du parti   a eu des hésitations à maintenir fermement en toutes circonstances la ligne du parti
a eu des retards à dépasser ses propres réticences à prendre pleinement en compte émergences nouvelles (ibid. 244)

(20) cela impose évidemment QUE tout le parti à Paris assimile profondément notre politique

CHRONOLOGIE DE L'AFFAIRE FISZBIN

12-13 décembre 1978 : Le Comité Central du P.C.F. procède à un examen critique de l'activité du parti dans la région parisienne. Une réunion commune du Bureau Politique et de tout le Secrétariat de la Fédération de Paris est prévue.

11 janvier 1979 : réunion commune du B.P. et du Secrétariat de la Fédération de Paris. Henri Fiszbin, 1er Secrétaire, présente le rapport autocritique de la Direction Fédérale.

14 janvier : lettre de démission d'Henri Fiszbin du Secrétariat Fédéral.

15 janvier 1979 : lettre du B.P. au Secrétariat de la Fédération de Paris tirant les conclusions de la réunion commune du 11.

22 janvier 1979 : au Comité Fédéral de Paris, J.M. Argelès présente un rapport qui reprend les développements essentiels du rapport d'Henri Fiszbin en y intégrant les conclusions de la lettre du B.P. du 15 janvier.

9 février 1979 : L'Humanité annonce la maladie d'Henri Fiszbin et son remplacement au Secrétariat de Paris par H. Malberg.

Janvier-avril 1979 : La presse non communiste évoque les problèmes de la Fédération de Paris : elle parle de «l'affaire Fiszbin».

Mai : 23e Congrès du P.C.F.

19 septembre 1979 : lettre d'Henri Fiszbin au Secrétaire général du parti : Fiszbin refuse les nouvelles propositions de travail qui lui sont faites.

1er octobre 1979 : réponse de Georges Marchais à Henri Fiszbin.

8 octobre 1979 : nouvelle lettre d'Henri Fiszbin au Secrétaire Général.

7-8 novembre 1979 : le C.C. entend une «information» de P. Laurent sur «la réunion du Bureau Politique et du Secrétariat de la Fédération de Paris du 11 janvier 1979 et ses suites».

12 novembre 1979 : publication de l'information de P. Laurent dans L'Humanité. Les communistes apprennent qu'au terme de la discussion, l'information a été adoptée par le C.C. à l'unanimité moins une voix, celle d'H. Fiszbin.

15 novembre 1979 : lettre de démission du C.C. adressée par H. Fiszbin au Secrétaire Général du parti.

22 novembre 1979 : le C.C. adopte une «mise au point sur la démission d'H. Fiszbin du C.C.». Celle-ci est publiée dans L'Humanité.

Début décembre 1979 : les Conférences d'arrondissement du parti à Paris sont invitées à débattre de «l'affaire de Paris». Une «information»

manuscrite comportant un résumé et un commentaire de la lettre de démission du C.C. leur est communiquée.
24 mars 1980 : parution chez Grasset d'un livre d'H. Fiszbin : *«Les bouches s'ouvrent». Une crise dans le Parti Communiste.*
31 mars 1980 : à la rubrique «Livre», *L'Humanité* publie une «Résolution du Comité Fédéral de Paris du P.C.F. sur le livre d'H. Fiszbin».

NOTES

[1] Voir Maingueneau (1976).
[2] La présupposition désigne un fonctionnement de l'implicite autorisé par la langue. L'emploi d'expressions telles que «le rôle dirigeant de la classe ouvrière» ou «le communisme totalitaire» oblige l'auditeur/lecteur à partager, comme une évidence non soumise à discussion, les présupposés : *la classe ouvrière a un rôle dirigeant ou le communisme est totalitaire.* Les présupposés constituent le cadre d'un dialogue «normal». Cf. le chapitre 2.
[3] Voir Ducrot (1980).
[4] Dans le rapport du 11 janvier, on peut noter cependant quelques cas où le quantificateur détermine «la/notre politique».
[5] Soit un article récent de G. Marchais intitulé «Vive le 23ᵉ Congrès», «Nous veillons à développer dans *tout* le parti la discussion, l'initiative au service de notre politique» (*L'Humanité* du 12 mai 1980).

Chapitre 5
Coordination et discours

« DU PAIN *ET* X »
À L'ÉPOQUE DE LA RÉVOLUTION FRANÇAISE

Depuis quelque temps déjà, l'analyse du discours a produit une réflexion critique sur sa propre pratique. Une question cruciale a surgi. Alors qu'on voulait décrire des fonctionnements discursifs, on répertoriait des séries de mots, d'expressions ou de phrases : ne confondait-on pas en fait la langue et le discours ? A cet isomorphisme faisait pendant, de l'autre côté, un isomorphisme discours-histoire : l'analyse du discours paraissait doublement bloquée.

Pour notre part, la question de la constitution du corpus et des artefacts qu'il pouvait induire nous a incités, dans un premier temps, à travailler vers l'historicité des textes : nous avons mené une enquête, partiellement publiée, sur le thème des subsistances au XVIIIe siècle en France en vue de mettre en évidence des dispositifs d'archives dans lesquels nous avons construit des corpus (Guilhaumou, 1984b).

L'enquête poussée à son terme — la « mise en séries » d'énoncés dispersés — a dévoilé une récurrence dans laquelle se nouent des enjeux stratégiques. Une question grammaticale, la question de la *coordination* se trouvait directement induite de notre exploration des affrontements discursifs autour du pain. En outre la rencontre entre la langue et le discours se faisait sur le phénomène grammatical de la coordination : nous pouvions a priori penser que, par ses effets de construction, une telle structure serait décisive pour une recherche sur des émergences discursives au sein de dispersions d'énoncés. C'est pourquoi historien et linguiste, travaillant ensemble depuis plusieurs années, nous avons parcouru cette voie «étroite» de l'analyse du discours avec le sentiment de l'exceptionnel (?) : ne tenions-nous pas enfin une question linguistique ouverte dans le processus même de recherche de nouveaux dispositifs textuels? Un enjeu à part entière des deux côtés.

De 1789 à 1795, une série d'énoncés comportant la séquence *Du pain et X* balise des moments forts du processus révolutionnaire. Cette structure de coordination semble attester l'émergence de nouvelles significations dans le champ des discours révolutionnaires. C'est à travers la coordination que le cri traditionnel du peuple *«Du pain»* s'inscrit dans l'espace politique : *«Du pain et à Versailles!»* s'écrient les femmes le 5 octobre 1789; *«Du pain et la liberté»* précisent les jacobins face à la montée révolutionnaire en 1793; *«Du pain et du fer»* revendiquent les partisans du Maximum (1793-1794); *«Du pain et la constitution de 1793»* clament les sans-culottes parisiens devant les députés thermidoriens en 1795.

APPROCHES GRAMMATICALES

La récurrence des structures *Du pain* ET X invite à une étude systématique qui prendrait dans une même synchronie cette manifestation linguistique du mouvement populaire. Il s'agirait donc de constituer un corpus, c'est-à-dire d'opérer une clôture. La clôture se fonde ici, à la différence des analyses de discours qui opèrent à partir de mots-pivots, sur un invariant lexico-syntaxique[1] : une coordination de deux groupes nominaux dont l'un des termes est *Du pain*. Elle implique, ce qui est inhérent à toute constitution de corpus, des effets de neutralisation : de l'hétérogénéité des locuteurs (journalistes, membres de la Commune de Paris, Parlementaires, grandes figures montagnardes en particulier Robespierre et Marat...); de la nature du discours (récit journalistique d'une manifestation, témoignage sur une émeute, compte-rendu d'un débat parlementaire, adresse...).

Le choix de la structure à coordonnant ET autour du syntagme *du pain* repose sur une hypothèse discursive; il s'autorise de récentes études linguistiques sur la question de la coordination : le sort que nous faisons à la structure coordonnée par ET renvoie à la distinction qui a pu être proposée entre ET, véritable coordonnant (de constituants ou de phrases) et *Mais*, expression oppositive par laquelle le sujet parlant met en relation des phrases dans une séquence argumentative[2]. D'autre part la possibilité de permutation des termes reliés par ET justifie l'insertion dans notre corpus d'expressions où l'ordre des termes s'inverse : par exemple «*la liberté et du pain[3]*».

Un premier examen du corpus (cf. annexe) montre que le couple de SN coordonnés intervient essentiellement dans deux types de contexte linguistique :

Type A : il est objet d'un verbe *demander/vouloir* dans un énoncé assumé ou rejeté selon la situation énonciative.
Ex. : «*La commune de Paris demande du pain et des soldats*»
«*Le peuple de Paris ne veut que la liberté et du pain.*»

On considérera comme une variante de ce type un énoncé de la forme :
Il faut que le peuple ait + SN coordonnés.

Type B : il entre dans une structure thématisée de la forme :
Du pain et X, c'est Z
ou *Z, c'est du pain et X*

Des énoncés définitoires de type maxime sont rapprochés de cette forme :
Ex : «*Une nation est riche quand elle a du pain et du fer*».

La forte récurrence d'environnements communs à la structure pivot du corpus rend possible une analyse exhaustive fondée sur des procédures distributionnelles.

L'une des règles proposées par Harris dans *Discours Analysis* concerne les structures à coordonnant C. Elle pose, pour toute séquence XCY, l'équivalence entre X et Y (X = Y), à condition que X et Y appartiennent à la même classe grammaticale[4]. L'application de cette règle permet de poser :

A N V demander du pain et X
   = N V demander du pain : N V demander X

B Du pain et X, c'est Z (après réduction de l'emphase)
   = Du pain est Z : X est Z.

Dans les deux cas on constitue en classe d'équivalence le syntagme *du pain* et l'ensemble des syntagmes qui lui sont conjoints par ET. On voit que la première classe d'équivalence n'est autre que la classe des objets de la demande ; sa mise en évidence donne à lire, sous forme de tableau, des éléments lexicaux grammaticalement substituables, mais contradictoirement assumés.

La seconde énumère les syntagmes susceptibles, avec *du pain*, de constituer les thèmes majeurs de mots d'ordre[5].

Quel que puisse être par ailleurs l'intérêt d'une analyse qui exhibe des listes de termes fondées sur le principe du contexte commun, incontestablement, elle manque notre objet : la coordination. L'analyse retrouve des éléments déjà-là : elle ne peut rien dire de la nouveauté de leur mise ensemble. On entrevoit les raisons de cette inadéquation : la règle de Harris traite le phénomène de la coordination dans les termes d'une coordination de phrase[6]. Elle est dès lors impuissante à rendre compte de structures coordonnées où la coordination produit, par un effet sémantique propre, une valeur de totalité. Que vaut une analyse chimique qui s'arrêterait à la mise en valeur des éléments sans pouvoir produire le principe de leur fusion !

Une autre approche est donc nécessaire qui permettrait d'interroger la formation syntactico-sémantique des séquences de notre corpus. Plusieurs pistes nous sont proposées par de récents travaux, qui, dans le cadre génératif, ont constitué une exploration systématique des règles de formation de la coordination du double point de vue syntaxique et sémantique[7].

Dans un premier temps, il paraît possible de spécifier la valeur sémantique de la coordination *ET* à partir de l'étude des éléments contextuels co-occurrents. Cela revient à supposer que les divers coordonnants peuvent être sous-catégorisés en fonction des possibilités d'occurrence de certains quantificateurs ou de certains adverbes[8]. Dans l'énoncé *le peuple demande du pain ET X*, la présence des adverbes *à la fois* et *également* se rencontre en deux exemples /4/ /6/. Il s'agit précisément d'adverbes qui, dans les tests syntaxiques, servent à mettre en évidence le trait / + totalité / du coordonnant *ET*[9]. La présence du même trait se signale dans la structure *du pain et X, c'est Z* où la focalisation ne peut porter que sur l'ensemble coordonné par *ET*[10]. De fait, comme on l'a dit plus haut, la valeur sémantique globale interdit de poser une source de la forme : *du pain, c'est Z ET X, c'est Z*.

A un autre niveau, nous pouvons étudier la formation syntactico-sémantique des coordinations de notre corpus. Une première remarque : il s'agit dans tous les cas de groupes nominaux, c'est-à-dire de noms pourvus d'un déterminant. Qu'ils soient objets d'un verbe *demander/vouloir* (type A) ou détachés dans la structure thématisée (type B), ils ne sont en aucun cas contraints par de sévères restrictions de sélection. Une autre caractéristique générale apparaît à l'analyse : si l'on admet la position selon laquelle l'ensemble des noms de la langue peut s'analyser en sous-classes sur la base de leurs virtualités sémantiques et des chemins syntagmatiques que celles-ci autorisent, en d'autres termes si l'on se réfère à une théorie des traits de sous-catégorisation, le corpus montre la récurrence d'un «attelage» inégal où un terme à trait/concret/ est conjoint à un terme systématiquement «autre». Le célèbre énoncé latin «panem et circenses», présenté et/ou traduit dans des contextes très différents[11], est le prototype ; il fournit la matrice formelle de la conjonction.

Du point de vue lexico-sémantique, trois sortes d'associations se repèrent autour de *du pain* :

– *du pain ET la liberté*

illustre la combinaison d'un terme / + concret / *pain* et d'un terme / + abstrait / *liberté*

– du pain ET des soldats
– du pain ET des fers
– du pain ET du fer

ont en commun de conjoindre au terme concret du pain des termes qui, selon des modalités différentes, sont l'expression métaphorique d'un objet politique. C'est vrai de l'expression *des soldats* par laquelle Robespierre traduit la demande de loi martiale faite à la Commune, comme du syntagme *des fers*, véritable stéréotype dans le langage de 1789 pour désigner (les chaînes de) la tyrannie ; *du fer*, quant à lui, renvoie tout comme la *guillotine*, à la demande d'armée révolutionnaire.

– *du pain ET un décret*
– *du pain ET une constitution*

opèrent la conjonction du terme concret avec des termes désignant des objets juridico-politiques constitués comme tels.

Pris dans ces coordinations, le mot *pain* change en quelque sorte de statut. Il n'est plus seulement, comme l'était le cri, l'expression de besoins immédiats ; partiellement métaphorisé par la coordination, il prend une valeur symbolique, par laquelle il s'inscrit aux limites du champ politique.

La mise ensemble d'éléments relevant de catégories lexico-sémantiques différentes peut se déceler formellement au niveau des déterminants. Le jeu des déterminants est particulièrement significatif dans l'expression *du* pain ET *la* liberté où l'article *du*, expression de quantité des noms / - comptable / (l'article partitif de la tradition grammaticale[12]), se combine au nom *pain* face au générique *la* qui détermine l'entité abstraite *liberté*. C'est toujours sous la forme *du pain* que le syntagme est conjoint à des groupes nominaux indéfinis : singulier ou pluriel *(du fer, des fers, un décret...)* ou définis *(la fin des affaires)*[13]. Une seule exception : l'article générique apparaît alors aussi avec *fer* dans un énoncé fortement définitoire :

«*l'égide des peuples libres, c'est le fer et le pain*». /14/

La rareté même de cet emploi suffirait à montrer la résistance du terme *pain* à tout processus d'abstraction.

Au terme de cet examen des structures coordonnées du corpus, on peut se poser la question de l'ordre des éléments et de leur éventuelle réversibilité. Si le corpus offre dans les deux contextes A et B une préférence pour l'ordre *du pain* ET X, l'ordre inverse, pour toutes les variantes de X, est largement attesté. La réversibilité des termes coordonnés par ET autour de *du pain* pourrait être un argument empirique en faveur de la thèse qui fait de cette réversibilité une spécificité du coordonnant ET[14]. Mais des raisons proprement discursives gouvernent l'ordre des termes comme l'atteste la reformulation de la phrase de Robespierre dans *Le Courrier de Provence* de Mirabeau (21 oct. 1789) : «*La Commune de Paris demande du pain et des soldats ou plutôt des soldats et du pain. Et pourquoi? C'est pour repousser le peuple.*» On voit que la reprise inversée des termes coordonnés, la première place donnée à *des soldats* correspond à la thématisation de la loi martiale.

Que conclure de cette deuxième tentative d'approche de la structure coordonnée *du pain et X* dans notre corpus?

Incontestablement elle nous permet de cerner l'effet sémantique essentiel dans toutes nos coordinations, la globalité de ce qui est uni par ET, la constitution d'un nouveau référent. Plus précisément elle touche un effet de construction-transformation lié au phénomène grammatical de la coordination ET. La mise ensemble effectuée par la conjonction d'un terme du concret social immédiat et quotidien et de termes abstraits politiques ou de désignations d'objets politiques produit un effet de métaphorisation : la grammaire est directement responsable, semble-t-il, de la nouveauté symbolique conquise par *du pain*.

Mais nous saisissons un effet de construction sans pouvoir en rendre compte. Les classements grammaticaux ignorent ce qui se joue autour de nos coordinations. Ils sont aveugles au rejet ou à l'acceptation par tel ou tel protagoniste; ils regroupent ce qui, dans le discours, s'oppose.

Comment saisir les raisons de l'acceptabilité, mieux de la légitimation, de coordinations qui se combattent? Il est clair que le corpus homogène que nous nous sommes donné ne peut rien nous dire des conditions de possibilité, de la construction de la formule *du pain et X*. La coordination résiste à la clôture du corpus; elle contraint à ouvrir le corpus sur le co-texte.

CONFIGURATIONS DISCURSIVES ET MOUVEMENT RÉVOLUTIONNAIRE

La coordination *du pain ET X* demeure au centre de notre recherche. Il s'agit, pour analyser ses conditions de possibilité ou encore la manière dont elle se construit, d'*ouvrir* le corpus sur le co-texte[15]. Que signifie cette démarche? Elle suppose à la fois un élargissement des données textuelles et une mise en diachronie de ces données.

Le constat que nous faisons au début de cet article sur l'importance de la structure coordonnée autour de *du pain* s'explique par la position originale des énoncés comportant *du pain* dans le trajet thématique des subsistances. Dans la seconde moitié du XVIIIe siècle et surtout, à partir de la Révolution française, on parle «d'objet» ou de «fait» de subsistances pour désigner une question économique et administrative : le problème de l'approvisionnement et de la circulation des denrées alimentaires. L'expression *du pain* n'apparaît que dans des situations de conflit entre le politique et le social, dans des cris proférés au cours d'émeutes, dans des demandes et des pétitions à des autorités constituées, dans des réponses à des insurrections. C'est dire le caractère divers des archives où nous avons puisé les éléments co-textuels.

Au-delà de la structure *du pain ET X*, nous retenons toute mise en relation du terme *du pain* (ou d'éventuels substituts) avec d'autres termes : structures oppositives diverses (phrases avec *mais*, oppositions asyndétiques, thématisations contrastives), reformulations métadiscursives d'une coordination, énoncés affrontés autour de *du pain*.

Avec la mise en diachronie de ces nouvelles données, nous visons un processus de construction, la saisie d'émergences. On quitte la pratique traditionnelle d'homogénéisation du corpus en analyse du discours pour passer à la constitution de dispositifs d'énoncés nécessairement hétérogènes.

Nous nous en tiendrons pour l'étude présente à trois moments :
1. L'émergence du rapport *pain/liberté* dans le discours patriotique en 1789, notamment avec les Journées des 5 et 6 octobre.

2. La résistance des jacobins à l'avant-garde du mouvement révolutionnaire : *pain, égalité, liberté* vs *pain, fers* et *loi* (février-juin 1793).

3. La traduction d'une double revendication populaire, l'établissement du Maximum et d'une armée révolutionnaire dans le mot d'ordre : *du pain et du fer* (mars-septembre 1793).

L'automne 1789

Au XVIIIe siècle l'expression «du pain» n'est pas seulement un exemple grammatical, c'est aussi et surtout un cri proféré par le peuple tout au long des émeutes de subsistances qui jalonnent la fin de l'Ancien Régime. Pour les Physiocrates, et leurs disciples, le cri est sans valeur rationnelle, il n'est que «préjugé». Certains administrateurs, confrontés à la misère quotidienne, y voient au contraire l'expression d'un «besoin» auquel il faut répondre.

Quelque chose de nouveau se noue autour des événements des 5 et 6 octobre 1789 : des femmes des faubourgs populaires et des gardes nationaux s'assemblent devant l'Hôtel de Ville et décident de se rendre en cortège à Versailles. Une estampe d'époque présente le rassemblement comme une sorte de départ pour la Croisade. Aux devises inscrites sur les drapeaux s'associe l'image symbolique d'un réel omniprésent : un morceau de pain fiché sur une pique. Journalistes et témoins de l'événement le traduiront par le double cri : «*Du pain et à Versailles!*» Par la coordination, l'expression *du pain* construit l'interprétation politique de l'événement. L'émeute de subsistances prend une forme nouvelle, elle est inscrite dans l'espace politique révolutionnaire. Nous en voyons une autre manifestation dans le cri général jailli devant les grilles du château : «*Du pain et la fin des affaires*», où la coordination associe à la demande de pain la dénonciation des ministres accapareurs.

En dépit de sa valeur symbolique, nous avons exclu de notre corpus la séquence «*Du pain et à Versailles!*» pour deux raisons : d'une part il s'agit d'une coordination de phrases, comme l'attestent diverses reformulations, par exemple : «*Il nous faut du pain et nous allons en chercher chez le Roi*»; d'autre part, dans les témoignages au procès des meneurs, à côté de la séquence coordonnée apparaissent plus fréquemment la mention de l'un ou l'autre cri «Du pain», «A Versailles»!

Ce que la tradition républicaine retiendra de l'événement est formulé dans les jours qui suivent : un journaliste avisé, le journaliste des *Révolutions de Paris*[16], dans le récit qu'il fait du cortège de femmes à Versailles met en relation *du pain* et *la liberté* : «*... On leur dit que si le Roi* *recouvrait toute son autorité, le peuple ne manquerait jamais de pain. Que répondirent nos françaises à ces insinuations perfides ? Qu'elles voulaient du pain,* MAIS *pas au prix de la liberté.* « Cette formule intéresse le processus de construction de la coordination *du pain* ET *la liberté.* La réponse prêtée aux femmes par le journaliste *oppose* par l'intermédiaire du coordonnant *mais* la demande de *pain* et la perte de *la liberté* : (qu') «*elles voulaient du pain* MAIS *pas au prix de la liberté*».

L'essentiel pour notre propos est que cette structure constitue une opposition interphrastique dans laquelle la seconde assertion modifie, sans l'annuler, la première. Elle renvoie à la démarche argumentative du sujet d'énonciation qui pose une incompatibilité entre *vouloir du pain* et *payer (ce pain) de la liberté. Vouloir du pain et* (tout à la fois) *la liberté* n'est qu'une implication de cette relation. Ce premier énoncé constitue donc le moment essentiel de la construction discursive de la coordination *du pain et la liberté.*

Pendant tout le mois d'octobre 1789, l'agitation sur les subsistances reste vive. Le 21, le boulanger François, soupçonné de cacher du pain, est pendu par le peuple. Les députés de la Commune de Paris se présentent alors à l'Assemblée nationale : «*Nous vous demandons le plus tôt possible et sans désemparer, de décréter la loi martiale et de défendre les accaparements*». La réponse de Robespierre éclaire vivement l'enjeu politique qui s'attache à la construction d'une coordination autour de *du pain* : «*Les députés de la Commune*, s'écrie-t-il, *vous demandent du pain* ET *des soldats*, c'est-à-dire le peuple attroupé veut du pain, donnez-lui des soldats pour l'immoler!» Robespierre, on le voit, traduit la demande de loi martiale dans les termes de la coordination *du pain et des soldats*; en même temps son commentaire métadiscursif (cf. *c'est-à-dire*) ironise cruellement sur l'incohérence de cette conjonction.

Tout se passe comme si Robespierre n'avait recours, pour désigner le dispositif modéré de la loi martiale, à la coordination *du pain et des soldats*, que pour mieux le mettre en pièces en jouant sur une structure de la langue qui tend à un effet sémantique de mise sur le même pied ou d'attelage. Mais l'inacceptabilité de la coordination, ridiculisée dans un raccourci asyndétique, ne se résume pas dans la non-combinabilité des termes *pain* et *soldats*; elle se désigne dans un rapport à un tiers terme, le *peuple*, sujet de deux énoncés antithétiques :

le peuple est nourri par le pain
le peuple est immolé par les soldats

C'est bien tout un contexte discursif qui éclaire les conditions de possibilité et de légitimité des coordinations autour de *du pain*.

Les énoncés que nous avons commentés dessinent une *configuration discursive* dont le pivot est l'énoncé, non attesté à notre connaissance dans cette période, *du pain et la liberté*. Nous pouvons résumer ce mécanisme dans le schéma suivant :

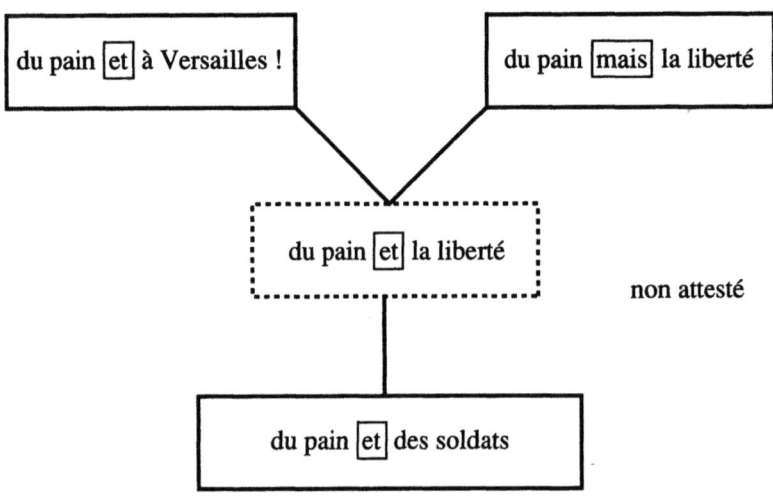

L'année 1793

En 1790 la récolte est bonne; la question des subsistances se pose de façon moins aiguë. Dès l'été 1791 les queues réapparaissent aux portes des boulangeries. Le mouvement sectionnaire parisien va s'emparer du problème de la disette et en faire son principal point d'appui sur la scène politique. La persistance de la crise frumentaire suscite en 1792 de très nombreuses émeutes : réunie en septembre, la nouvelle Assemblée, la Convention nationale, se saisit du problème. Une longue discussion s'ensuit. Au centre des débats, une nouvelle loi sur les subsistances. Pour les jacobins, il ne s'agit pas, dans l'immédiat, de se prononcer sur la demande populaire de la taxation, mais d'insister sur le caractère nécessairement *global* d'une loi sur les subsistances, partant sur l'impossibilité de toute loi partielle. Cela veut dire qu'une «loi sage» (Saint Just) ne serait possible qu'au terme du processus révolutionnaire, au moment où coïncideraient société civile et société politique. Pour l'heure, aller au-delà de simples mesures de salut public, ce serait faire œuvre de despote. De fait c'est par un vote sur le maintien de la libre circulation que s'achève le débat (8 décembre 1792).

La résistance des jacobins (février-juin 1793) au mouvement des Enragés

Pour les jacobins robespierristes, le débat à la Convention a clairement désigné des limites à ne pas franchir : c'est pourquoi, tout au long des premiers mois de 1793, ils vont s'opposer au mouvement des Enragés en faveur d'une loi sur les subsistances. L'affrontement s'organise autour de deux coordinations concurrentes :

du pain ET la loi vs *du pain ET la liberté*

dans deux temps forts : à propos de la pétition enragée du 12 février 1793, à l'occasion de l'Insurrection du 31 mai 1793.

Le 12 février 1793, une députation de sectionnaires se présente à la Convention avec une pétition qui fait scandale en affirmant :

«(...) On nous dit qu'une bonne loi est impossible... Non, une bonne loi n'est pas impossible, nous venons vous la proposer.»

La réaction immédiate des dirigeants montagnards a pour point de départ commun le dévoilement du contenu despotique de la pétition; chez Marat, une nouvelle coordination *des fers ET du pain* traduit le réel de la demande; Robespierre quant à lui rappelle, en le thématisant, le nécessaire rapport entre *du pain* et *la liberté*.
- Marat : *«Le devoir des représentants du peuple n'est pas de forcer le peuple à recevoir à la fois des fers et du pain. Les despostes aussi donnent du pain à leurs sujets.»* (21 février).
- Robespierre : *«Ce n'est pas du pain seulement que nous devons au peuple français (les despotes en donnent aussi à leurs sujets), c'est la liberté cimentée par les lois humaines».*

Au lendemain de l'Insurrection du 31 mai 1793, nous retrouvons cette même opposition. Pour Robespierre le Jeune, *«On ne pourra plus dire que le peuple de Paris ne veut que le pillage. Il a prouvé son mépris pour les richesses, il ne veut que la liberté et du pain.»* (Au club des Jacobins, 3 juin). Pour J. Roux, *«Le peuple vous a prouvé, notamment dans les Journées du 31 mai, 1er et 2 juin qu'il voulait la liberté tout entière. Donnez-lui en échange du pain et un décret»* (Manifeste du 25 juin).

La montée du mot d'ordre du pain et du fer (mars-septembre) et la formation du mouvement hébertiste

Le face à face entre jacobins et Enragés ne se terminera que par l'élimination des chefs enragés. Mais déjà, ailleurs, d'autres coordinations circulent qui annoncent une nouvelle configuration autour du mouvement hébertiste. C'est le moment où les structures coordonnées *du pain et X* équivalent à des mots d'ordre : toutes s'inscrivent dans des phrases thématisées ou des énoncés en forme de maxime.

Dès mars 1793, alors que les jacobins parisiens s'efforcent d'endiguer la pression populaire, les jacobins marseillais traduisent la lutte contre l'accaparement et la demande d'une armée révolutionnaire par une nouvelle coordination. Elle apparaît sur la scène parisienne le 28 mars : «Il faut dire comme à Marseille : *Du pain et du fer aux sans-culottes et ça ira*» (*Journal Universel* du député montagnard Audouin).

Elle devient un enjeu dans le premier débat à la Convention sur le Maximum. Rapporteur de la Commission des subsistances, le député Fabre l'assume : «*Il faut que le peuple de toute la République ait également du fer ET du pain* et qu'il jouisse de la tranquillité et du bonheur» (28 avril).

Partisan farouche de la libre-circulation, le député Phélippeaux introduit, en rapport avec une critique acerbe des fêtes organisées par la Commune de Paris, une coordination concurrente : «*Du pain et une Constitution, voilà la pétition de l'homme libre, du véritable républicain... Les Romains disaient : «Panem et circenses», du pain et les jeux du cirque...*» (4 mai). On voit que la structure *Du pain et une constitution* que l'analyse linguistique avait rapprochée de *du pain ET* un décret appartient à une configuration discursive où elle s'oppose à *du pain et du fer* et non à *du pain ET la liberté*.

Pendant l'été l'expression «*du pain et du fer*» perdure, l'enragé J. Roux lui-même la répète à deux reprises dans son journal. Mais elle prend toute sa signification au moment de l'émeute de subsistances du 4 septembre 1793, qui déclenche l'institutionnalisation de la Terreur. Elle devient même une devise inscrite sur une banderole des Sociétés Populaires du Midi, réunies en Congrès à Marseille : «*Du pain et du fer, voilà l'union, l'ambition des vrais républicains*».

L'analyse en corpus ouvert sur le co-texte a permis de différencier deux configurations discursives qui se chevauchent dans le temps. Pour autant, elles ne sont pas disjointes totalement. On ne peut tenir pour insignifiante la proximité linguistique de *du pain et* un décret et *du pain et* une constitution. On touche à une réalité vécue comme telle par les contemporains : les stratégies de convergence entre positions extrêmes. Il y a leurre pour Robespierre dans la mesure où chacune de ces coordinations appelle une loi générale sur les subsistances, qu'il s'agisse de la loi de libre circulation pour Phélippeaux ou de la loi du Maximum pour J. Roux. A cette phase de la Révolution, il n'y a place que pour une loi partielle sur les subsistances.

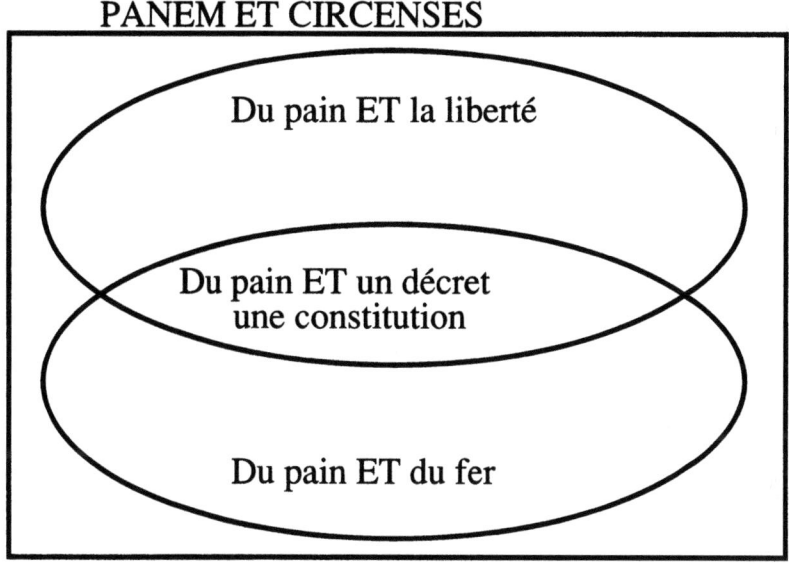

Un tel tableau met en lumière ce même dans l'autre.

Au stade actuel de notre enquête archivistique, nous pensons avoir dégagé deux configurations discursives dominées par une coordination :

La première autour de *du pain* ET la liberté émerge en 1789, puis devient une valeur de référence tout au long du processus révolutionnaire.

La seconde avec le mot d'ordre *Du pain* ET du fer produit un effet unificateur dans une conjoncture bien particulière liée à la formation du mouvement hébertiste.

Au terme de cette étude sur coordination et discours à l'époque de la Révolution française, nous pouvons souligner la spécificité majeure de notre démarche : *l'analyse syntaxique, faite dans ses propres termes, est l'unique lieu d'élucidation du discursif.* Autrement dit, le travail de la grammaire produit directement des effets discursifs. La globalisation effectuée par la structure de coordination *Du pain* ET X est en elle-même une émergence discursive. Dans les recherches récentes sur les rapports entre langue et discours, le phénomène grammatical de la coordination nous paraît après coup occuper une place originale. A la différence de la thématisation qui permet la saisie de *la répétition* dans de vastes séries dans et au-delà du corpus, la coordination construit, par ses propres règles de formation syntactico-sémantique, des émergences au sein de la dispersion. En effet la thématisation focalise du *préconstruit*; par là-même elle met en vedette un élément déjà constitué; au-delà de l'émergence, elle est l'indice du désir d'institutionnalisation, d'une volonté pédagogique; elle est le moment de la tentative de conclusion. Inversement la coordination analysée ici construit par un effet de globalisation de nouveaux référents. Elle travaille aux limites des savoirs : que dans le cas du savoir politique jacobin, elle normalise ce qui fait transgression, ou que, dans l'exemple des mots d'ordre du mouvement hébertiste, elle tente de maîtriser des énoncés disparates.

A un autre niveau, ce travail nous amène à poser, après bien d'autres, la question du rapport entre syntaxe et lexique : l'effet de métaphorisation produit sur *du pain* manifeste à la fois la résistance et la malléabilité du lexique. Par le jeu de la coordination *du pain* reste un objet concret tout en devenant symbole.

ANNEXE : CORPUS

Le point de départ de notre corpus se situe le 5 octobre 1789 au moment où des femmes des faubourgs de Paris partent en cortège à Versailles au cri *«Du pain et à Versailles!»*

(1) 5 octobre 1789, *Le Moniteur*
«Devant les grilles du château, des volontaires répondent à la question : "Qu'est-ce que vous désirez?" — Un cri général répond :
«Du pain et la fin des affaires!».

(2) 21 octobre 1789, *le Point du Jour de Barère* : c'est Robespierre qui parle : «Les députés de la Commune demandent du pain et des soldats, c'est-à-dire le peuple attroupé veut du pain : donnez-nous des soldats pour immoler le peuple!»

(3) 10 décembre 1792, *Adresse des citoyens sans-culottes de Paris Fourcade et Gonchon à des citoyens du département d'Eure et Loire* : «Frères et amis, vous voulez du pain et la liberté... Vous voulez du pain! Et votre conduite appelle la misère publique. Vous voulez être libres! Et les désordres qu'enfante votre agitation servent la cause du despotisme.»

(4) 21 février 1793, Marat dans le *Journal de la République française* : «Le devoir des représentants fidèles au peuple n'est pas de pousser le peuple au désespoir par des alarmes exagérées pour le forcer à recevoir à la fois des fers et du pain... Leur devoir n'est pas seulement de donner du pain au peuple, comme de la pâture aux plus vils animaux. Les despotes aussi donnent du pain à leurs sujets... Nous, représentants de la nation, nous voulons, nous devons lui assurer encore la liberté, la paix, l'abondance qui sont le fruit des lois justes.»

(5) 28 mars 1793, *Journal Universel* d'Audouin, discours prêté à Danton : «Il faut dire comme à Marseille : «Du pain et du fer aux sans-culottes et ça ira!»

(6) 28 avril 1793, *Mercure Universel* : Fabre, rapporteur du projet de loi sur les subsistances, à la Convention : «Il faut que le peuple de toute la République ait également du fer et du pain et qu'il jouisse de la tranquillité et du bonheur».

(7) Début mai 1793, *Pamphlet de Tolosé*, sous-titre : «Aux représentants amis du peuple. La liberté et du pain.»

(8) 4 mai 1793, *Le Défenseur de la Vérité* de Phélippeaux : «Du pain et une constitution, voilà la pétition de l'homme libre, du véritable républicain... Les Romains, dans le temps de leur décadence disaient : «Panem et circenses», du pain et les jeux du cirque...»

(9) 3 juin 1793, *Le Point du Jour*, Robespierre le Jeune au club des Jacobins : «On ne pourra plus dire que le peuple de Paris ne veut que le pillage. Il a prouvé son mépris pour les richesses, il ne veut que la liberté (variante : l'égalité) et du pain.»

(10) 25 juin 1793, *Manifeste des Enragés* (Jacques Roux). «Le peuple vous a prouvé notamment dans les Journées du 31 mai et du 2 juin qu'il voulait la liberté tout entière. Donnez-lui en échange du pain et un décret (...) Quand il aura une loi claire et précise dans l'acte constitutionnel (...) il verra que la cause du peuple vous tient plus à cœur que celle du riche.»

(11) 29 juillet 1793, *Publiciste de la République française*, J. Roux : «Le peuple est plus riche que les rois quand il a du pain, du fer et la liberté».

(12) 8 août 1793, *Publiciste de la République française*, J. Roux : « Une nation est riche quand elle a du pain et du fer ».

(13) 7 septembre 1793, Congrès des Sociétés populaires du Midi (P.V. de la réunion). Devise (sur une banderole). « Du pain et du fer, voilà l'union, l'ambition des vrais républicains ! »

(14) 9 octobre 1793, Instruction sur les subsistances au Congrès des Sociétés Populaires du Midi : « L'égide des peuples libres, c'est le fer et le pain ».

(15) 24 octobre 1793, *Père Duchesne*, n° 302 : « la guillotine et du pain, voilà le secret de la République ».

Panem et circenses

(1) 20 septembre 1790, *Annales Patriotiques* : « Voulez-vous savoir le vrai moyen de conserver la paix ? Les Anciens nous l'ont dit : « Donnez au peuple panem et circenses. Que le peuple mange du bon pain à un prix modéré ! »

(2) 18 novembre 1792, *Nouvelles Politiques* : « quelle peut être la force d'un gouvernement qui ne règne sur un peuple que parce qu'il lui procure en abondance du pain et des amusements (panem et circenses) ».

(3) 16 avril 1793, *Annales de la République française* : « Le matin, on se pressait en foule chez les boulangers pour avoir du pain : le soir on s'amusait à cette fête et l'on chantait : « ça ira »; notre devise est toujours panem et circenses ».

(4) 4 mai 1793, *Le Défenseur de la vérité*, voir corpus (8).

NOTES

[1] Cf. le travail de J.J. Courtine (1981). L'auteur constitue son corpus discursif à partir des phrases en C'EST... QUE. L'entrée du traitement discursif peut être définie comme « un ensemble de couples associant en une formulation, une forme syntaxique déterminée et un contenu lexico-sémantique donné » (p. 78).
[2] Sur la question de la coordination, voir la revue D.R.L.A.V., n° 15, Paris VIII, 1977. Notamment :
B.N. Grunig, « Bilans sur le statut de la coordination ».
J. Bastuji, « La coordination comme lien théorique d'une articulation entre phrase et discours : à propos d'un article de Robin Lakoff ».
E. Lang, « Analyse sémantique de la connexion coordinative », traduit et remanié par D. Clément.
C. Cortès, compte-rendu de Ray Dougherty, A grammar of coordinate conjoined structures, *Language*, 46 et 47.
A. Grésillon et J. Milner, « Conjoints mal assortis : la règle du jeu ». Ce dernier article constitue une tentative qui n'est pas sans rapport avec la nôtre.
Plus fondamentalement, nous sommes redevables au travail de D. Bègue (1979).
[3] Voir le corpus en annexe.
[4] En 1952 dans *Discourse analysis*, les règles d'équivalence grammaticale (ou transformations) prenaient place dans la perspective de l'analyse du discours. Elles permettaient une réduction de la complexité du discours et une mise en évidence de ses régularités. L'optique est toute différente lorsqu'en 1955, Harris écrit « Co-occurrence and transformation in linguistic structure » (*Language*, 33, n° 3, 1957). Les transformations sont dès lors présentées comme des opérations permettant de rendre compte de la dérivation, à partir de phrases-noyaux, des phrases complexes de la langue. La position de Harris sur la coordination, seulement sous-jacente en 1952, apparaît alors clairement. X C Y (où X et Y sont des occurrences de la même construction) représente une conjonction de phrases. La structure coordonnée se dérive à partir de deux phrases sources auxquelles s'appliquent des opérations d'effacement (cf. l'exemple donné par Harris p. 314, « The cheap and dishonest electioneering continued » → « The cheap electioneering continued and the dishonest electioneering continued »). Mais, sans le développer, Harris entrevoit le problème posé par certaines paires de XY autour de C. Des phrases comme « sugar and water make syrup » ou encore « She and J don't see eye to eye » (p. 299) ne peuvent être dérivées simplement de deux phrases-sources. C'est dire que le principe d'analyse échoue dans certains cas à rendre compte de la valeur sémantique de la coordination.
[5] Nous pouvons présenter ainsi ces deux classes :

N demande / veut { du pain }
{ la fin des affaires }
{ des soldats }
{ la liberté }
{ du fer }
{ des fers }
{ un décret }

{ du pain }
{ une constitution }
{ du fer }   est Z
{ le pain }
{ la guillotine }

[6] Il va de soi que la règle de Harris pourrait s'appliquer à maintes structures coordonnées de la synchronie, qui ne font pas partie de notre corpus. Il en est ainsi par exemple dans la phrase : « Deux mille ouvriers demandèrent que le pain et la viande fussent taxés à huit sous » (Les *Révolutions de Paris*, Janvier 1790).

[7] Nous avons déjà dit ce que nous devions au travail de D. Bègue. Précisons ici que cette référence ne signifie nullement une prise de position en faveur d'un modèle théorique de la coordination, notamment du modèle génératif de Dougherty. Ce que nous retenons, c'est la démarche qui, à partir d'une critique des insuffisances de Dougherty, mène D. Bègue à préciser les règles syntaxiques de la coordination et à s'interroger sur la compatibilité sémantique des termes conjoints. L'accent mis sur la construction de la référence opérée par la coordination nous paraît éminemment intéressant.

[8] Il s'agit ici des traits de sous-catégorisation proposés par Dougherty. Voir C. Cortès, art. cit. et la présentation critique de D. Bègue, *op. cit.* IIe partie, chap. I, p. 50 sq.

[9] En définitive ET dans une structure du type du pain ET la liberté pourrait s'analyser :
    ET   /+ totalité/   /- négatif/
            /- individuel/   /- disjonctif/

[10] Cf. B.N. Grunig, art. cit. p. 72-73.

[11] Voir le corpus en annexe.

[12] Nous remercions F. Soublin de nous signaler que « le pain — ou plutôt du pain — est quasi obsessionnel à l'article ARTICLE de l'Encyclopédie (Dumarsais entre 1750 et 1752)...» Rappelons que pour Dumarsais, le partitif *du pain* suppose l'ellipse de quelque chose, une partie, une portion.

[13] Du point de vue des déterminants, notre corpus présente plusieurs schémas de combinaisons :
a) Indéfini + Générique   (du pain ET la liberté)
b) Générique + Indéfini   (la liberté ET du pain)
c) Indéfini + Indéfini   (du pain ET des soldats)
d) Générique + Génétique   (le fer ET le pain)
e) Indéfini + Défini   (du pain ET la fin des affaires)

Rien ne permet de montrer la pertinence de ce résultat. Cf. D. Bègue qui a tenté, *op. cit.* p. 85 sqq, de chercher des régularités dans la distribution des traits d'anaphoricité/cataphoricité des déterminants dans les structures coordonnées.

[14] On confirmerait ici la distinction établie par D. Bègue entre coordination de liste et tours parataxiques oppositifs. ET, dans tous les cas où nous l'avons analysé, c'est-à-dire dans la conjonction à valeur globalisante de syntagmes nominaux, est un coordonnant de liste. Comme coordonnant de phrases, il est susceptible de constituer, à l'instar de MAIS, des tours parataxiques oppositifs : ainsi « Jean a vingt ans et il joue aux soldats de plomb ».

[15] Pour nous, le co-texte ne se confond pas avec le contexte linguistique des énoncés du corpus. Le co-texte renvoie à l'ensemble des énoncés multiples et dispersés qui constituent des dispositifs d'archive. Dans le cas présent notre co-texte est relativement restreint, car il vise à saisir le moment de la construction, c'est-à-dire de la mise en relation. Il se trouve même que dans la dernière période étudiée ici, les coordinations thématisées concentrent l'ensemble des énoncés du co-texte. La relation de coordination est, semble-t-il, la seule attestée.

[16] De fait nous citons la reformulation de son énoncé dans un ouvrage intitulé « Les Journées mémorables...», Paris, An III.

Chapitre 6
La langue française a l'ordre du jour (1789-1794)

Les recherches contemporaines sur la politique linguistique pendant la Révolution française ont mis l'accent sur les deux grands textes législatifs qui posent la question de la langue : le rapport de Barère au nom du Comité de salut public *Sur les idiomes* présenté à la Convention nationale le 8 pluviôse an II (27 janvier 1794) et le rapport Grégoire présenté au nom du Comité d'instruction publique le 16 prairial an II (4 juin 1794) *Sur la nécessité et les moyens d'anéantir les patois et d'universaliser l'usage de la langue française*[1]. Nous avons voulu replacer ces deux textes dans le discours linguistique des premières années de la Révolution française. Selon une problématique que nous avons déjà mise à l'épreuve[2], nous nous attachons d'abord à reconstituer le trajet thématique spécifique de la conscience linguistique des révolutionnaires. Ce trajet nous permet dans un second temps de déterminer deux moments du corpus : l'un en 1791, dans la conjoncture d'affrontement entre jacobins et monarchistes, l'autre dans la période du gouvernement révolutionnaire de 1794.

Le premier corpus comprend un texte anonyme intitulé *Sur l'influence des mots et le pouvoir de l'usage* publié dans le numéro 47 du *Mercure national* le 14 décembre 1790 (nous le désignerons par la lettre *M*), et deux textes du grammairien patriote François-Urbain Domergue publiés dans le *Journal de la langue française* les 30 juillet et 5 novembre 1791 : le *Prospectus* annonçant la création de la *Société des ama-*

teurs de la langue française (D1) et son discours lors de la séance inaugurale de la Société le 31 octobre 1791 (D2). Le second corpus comporte en premier lieu un troisième texte de Domergue l'*Adresse aux communes et sociétés populaires de la République* (D3), texte lu devant le Conseil général de la Commune de Paris le 23 pluviôse an II (11 février 1794) et placardé dans les rues de Paris; mais, principalement, il est constitué par les deux grands textes de Barère (B) et de Grégoire (G). L'analyse de ces deux corpus, insérée dans un trajet thématique, devrait permettre de préciser les enjeux tout à la fois politiques et linguistiques de la mise à l'ordre du jour de la langue française en 1794.

L'ÉMERGENCE D'UNE CONSCIENCE LINGUISTIQUE (1789-1791)

1789 : une rupture énonciative

Dans le climat d'effervescence et de débats créé par la convocation des Etats Généraux, la question de la langue politique est explicitement posée. Sieyès dans *Qu'est-ce que le Tiers Etat?* est l'un des premiers à l'aborder.

En même temps se met en place un nouvel espace énonciatif, plus particulièrement au sein des Cahiers de doléances. Ce que l'on pourra caractériser comme la langue des droits s'inscrit dans cet espace. Si, dans un certain sens, les Cahiers de doléances constituent «le testament réformateur de l'ancienne monarchie écrit dans sa langue[3]», cette langue n'est plus tout à fait la même. On y perçoit déjà l'amorce d'un cadre énonciatif en rupture. C'est essentiellement autour du mot *citoyen* et des nouvelles valeurs qu'il porte d'une part, des nouvelles modalités de l'acte de demande d'autre part, que cet ordre énonciatif se concrétise.

A la différence du mot *tiers état* associé à l'ancienne distinction des trois ordres, et du mot *peuple* qui conserve son sens classique d'ensemble des sujets soumis au roi, le mot *citoyen* renvoie à la république abstraite des individus réunis dans le corps social. Contrairement au peuple, le citoyen ne se présente pas comme un sujet passif : il a des attentes, il espère un changement d'état, comme le montre l'analyse des verbes dont il est le sujet grammatical[4].

Cependant le fonctionnement discursif le plus significatif d'une position nouvelle est d'ordre syntaxique et pragmatique. Il concerne l'acte de demander dans les séries revendicatives des Cahiers de doléances. Exprimant d'un contexte à l'autre la supplication, la sollicitation ou l'exigence, l'acte de demander, et le sujet collectif de la demande qui s'y associe (nous) instaurent la représentation du citoyen comme figure concurrente de l'image du sujet d'ancien régime[5].

La grande affaire à l'ordre du jour de l'année 1789 concerne donc l'émergence d'un principe politique juridique et universel, la citoyenneté, et d'une volonté politique exprimée par l'association d'un sujet collectif et d'un énoncé performatif : *nous* + acte de demande.

Ce qui s'énonce dans les Cahiers de doléances est repris et amplifié à travers les prises de position successives des députés à l'Assemblée constituante. Au moment du Serment du Jeu de Paume, le statut de citoyen l'emporte sur la prérogative royale[6]. Quelques jours après la prise de la Bastille, à propos de la discussion sur la responsabilité des ministres, les députés posent leurs exigences : l'acte de demande se spécifie et devient une expression de la souveraineté du peuple[7].

Ces nouveautés énonciatives procèdent fondamentalement du droit naturel déclaré. La notion de citoyenneté et l'acte de demande sont les manifestations discursives les plus immédiates du mouvement de réappropriation des droits que constitue la Révolution à ses débuts. Ainsi se trouvent mis en place les fondements de la langue des droits.

1791 : la question des mots

Assez vite les patriotes peuvent avoir le sentiment que la langue des droits a acquis des positions durables et que le vrai sens des mots fait l'objet d'un consensus. Cependant, l'abus des mots, loin de régresser, connaît une nouvelle flambée dans un contexte déterminé. Au début de l'année 1791, modérés et monarchistes s'unissent pour défendre la prérogative royale dans le domaine de l'exécutif, ils favorisent une campagne sans précédent contre les jacobins. L'opinion publique est assaillie de journaux éphémères et de pamphlets qui utilisent les styles les plus divers pour ridiculiser les jacobins et leurs initiatives politiques. C'est le langage patriotique sous tous ses aspects qui devient la cible privilégiée des monarchistes. On s'attaque aux mots du discours révolutionnaire et pas seulement aux choses qu'il représente[8]. Un des moyens les plus courants de cette attaque est l'usage du « bon sens » populaire. C'est ici qu'intervient une figure bien connue du peuple de Paris, le *Père Duchêne*, marchand de fourneaux. Massivement présente dans les rues de Paris à travers la distribution gratuite de pamphlets, cette figure des tréteaux de la foire et de la parade ne fait pas illusion — tout le monde sait qu'il s'agit d'une figure fictive — mais le bon sens qu'elle véhicule s'impose comme une évidence au peuple parisien. L'occasion était trop bonne : les monarchistes usent « des raisons sans raison » du *Père Duchêne* pour mettre le langage patriotique à l'envers. Ainsi le terme *aristocrate* prend un sens nouveau. Le *Père Duchêne* qualifie les jacobins d'aristocrates ; il leur lance des injures du type « mille millions d'aristocrates aristocrates » et d' « aristocrates patriotes ». Des expressions et des mots courants sont retournés ; la langue des droits s'en trouve déstabilisée[9].

Une telle situation engendre une réaction des jacobins sur le terrain même de la langue. Il revient à François-Urbain Domergue, grammairien d'origine provençale venu s'installer à Paris en 1790, d'avoir pris l'initiative en matière linguistique.

Le 1er janvier 1791, *le Journal de la langue française* reprend une parution interrompue. Mais à cette date son auteur, Domergue, est parisien. Il s'en explique dans les termes suivants : « Deux circonstances bien favorables à ma rentrée dans la carrière : Paris, temple des lumières et du goût, ainsi que du patriotisme, va désormais devenir mon séjour et nous sommes sous le règne de la liberté qui doit élever notre langue à la hauteur de notre constitution ».

L'initiative de Domergue se développe en deux temps :

– Dès les premiers mois de l'année 1791, il propose, dans *le Journal de la langue française*, de constituer « une rhétorique et une poétique raisonnée » à l'usage des « jeunes gens que le nouvel ordre des choses destine à porter la parole dans les assemblées représentatives ». Il s'agit bien d'éduquer les porte-parole à la politique, de les former à l'usage de la langue des droits. La rubrique « langue ornée » du journal alterne avec des considérations plus grammaticales sur la « langue exacte ». Rhétorique et grammaire en étroite relation gouvernent l'emploi des mots : « Il n'y a pas de véritable éloquence sans la propriété des mots, et il n'y a pas de bonne peinture sans la correction du dessin ». En outre, *le Journal de la langue française* se propose, à l'aide du Précis des opérations de l'Assemblée nationale, d'expliquer « d'une manière claire tout ce qui (nous) paraîtra n'être pas à la portée de tous » dans les débats de l'Assemblée, « en définissant les mots nouveaux dont les idées nouvelles ont rendu l'adoption nécessaire, enfin en rendant intelligible pour tout le monde la langue de la liberté ». Cette première initiative de Domergue désigne l'espace où peut se déployer la vérité du langage patriotique, l'espace de l'adéquation entre les mots et les choses. Mais avec la fuite du roi, le contexte politico-linguistique se complexifie, Domergue se devait d'y répondre par une nouvelle initiative.

– Profitant du vide politique créé par la fuite du roi, les modérés s'attaquent aux mots « vieillis » du langage patriotique et proposent de les remplacer. C'est ainsi que le couple *aristocrate/patriote* devrait disparaître au profit de l'opposition *factieux/modérés*! Les *Révolutions de Paris* dénoncent un tel piège linguistique. Il est également question de remplacer le mot *constitution* par celui de *charte*. La presse patriotique réagit par le mot d'ordre : «Ne vous désaisissez pas du mot constitution!» Mais la situation se complique au lendemain du massacre du Champ-de-Mars, le 17 juillet 1791. Une dispute de mots éclate au sein même du mouvement patriotique. S'opposant aux cordeliers, les jacobins refusent d'utiliser le terme de république dans une période encore dominée par la forme monarchique du gouvernement. Le 30 juillet, Domergue publie dans son journal le *Prospectus* de lancement d'une nouvelle société, la *Société des amateurs de la langue française*. La réplique de ce grammairien patriote est à la hauteur des circonstances. Au moment même où les modérés s'efforcent d'accréditer l'idée que les sociétés populaires sont dangereuses pour l'équilibre national, l'initiative de Domergue élargit les prérogatives de ces sociétés. Il s'agit d'établir une société «consacrée à la régénération de la langue». Le succès est immédiat. Cent cinquante personnes y adhèrent. A côté des hommes de lettres, des artistes, des grammairiens, nous trouvons de nombreux dirigeants jacobins (Brissot, Condorcet, Robespierre, Anthoine, Carra, etc.). Leur présence s'explique, nous semble-t-il, par l'ampleur du projet de Domergue. «Société délibérante», la Société des amateurs de la langue française fait partie intégrante de la communauté politique : chacun pourra y être juge des propositions de réforme de la langue. Mais elle peut tout aussi bien devenir «une assemblée législative de la langue» où seront formulées les lois de la langue d'un peuple libre. Enfin, Domergue parle aussi d'une «Convention nationale des amateurs de la langue française» qui poserait les bases d'une Constitution de la langue française[10].

Un premier moment de corpus : l'horizon de la langue des droits

Nous voulons essentiellement, dans cette phase d'analyse de discours, ordonner et rendre visible la matérialité des énoncés qui constituent le discours sur la langue. L'accent mis sur les régularités et les récurrences conduit à ne pas aborder en tant que telles les différences énonciatives entre les textes. Selon une démarche classique, nous centrons notre étude autour du fonctionnement d'unités lexicales.

En 1791, trois termes constituent les entrées du corpus : *langue, idiome, langage*. Le jeu des déterminants et le type d'énoncé permettent de différencier leurs emplois dans le discours.

A. *Langue (idiome)*

Langue est le terme le plus représenté ; il réfère en règle générale à la langue française. Il faut cependant mettre à part ses occurrences dans des énoncés de type universel où il prend une autre valeur référentielle : valeur générale de parcours de la classe dans la combinaison *les langues* («Par la seule syntaxe des langues, nous pouvons juger... de la liberté ou de l'esclavage des nations» (M)), valeur indéterminée dans la combinaison *une langue + adj.* («Sans une langue bien faite, il n'est point d'idées saines...» (D2)).

En référence à la langue française, on observe deux structures :

Dét. déf. *langue (française)*
Dét. ind. + *langue* + adjectif

Idiome dans ces emplois, dans les limites que nous préciserons, peut se substituer à *langue*.

– Dét. déf. *langue (française)*

Sans autre spécification, le syntagme *la langue*, désigne la langue française. C'est l'emploi le plus attesté dans notre corpus, mais l'adjectif *française* est présent dans quelques occurrences, en dehors des appellations des deux institutions : le *Journal de la langue française*, la *Société des amateurs de la langue française*.

Une variante apparaît sur le déterminant : *la langue* est en concurrence avec *notre langue* où le dét. possessif organise la référence par rapport au *nous* d'une collectivité incluant l'énonciateur.

C'est dans cette structure que le terme *idiome* est susceptible de prendre la place de *langue* : on trouve quelques occurrences de *notre idiome* (mais on ne rencontre jamais *l'idiome*, ni *l'idiome français*)[11].

– *Dét. indéf.* + *langue* + adjectif

On relève quelques emplois de cette structure où *idiome* est commutable avec *langue* et dans laquelle adjectif appartient à la classe des adjectifs. Ces emplois apparaissent dans des contextes spécifiques :

– le syntagme s'inscrit dans un énoncé au futur à sujet *nous* (= la collectivité des français) :
nous verrons éclore une langue bien constituée
        sans maigreur
        sans enflure (D1)

– le syntagme est c.o.d. d'un verbe *demander* dont le sujet *un peuple libre* renvoie nécessairement ici au peuple français : *un peuple libre vous demande un idiome élevé à sa hauteur* (D2). Dans ces deux contextes, les qualifications ne caractérisent pas, on le voit, la langue française en tant que référent actualisé, elles dessinent pour la langue française l'horizon d'une langue potentielle, réformée.

B. *Langage*

Le terme *langage* est représenté par trois occurrences dans la forme *le langage (adj.) de Dét. N*. Cette structure, toujours déterminée, s'inscrit dans des contextes modalisés de façon comparable :

si nous voulons la liberté, parlons-en le langage (M)
                                  le langage de la liberté
je dirais au roi :
«... je te somme, de par la raison, d'en parler le langage... » (M)
                                  le langage de la constitution
je propose donc à tous les bons citoyens, à tous les amis de la liberté et de l'égalité... d'adopter le langage pur et simple de la nature (M).

A l'intérieur d'énoncés performatifs au sens large, le terme *langage*, avec des déterminations, représente en quelque sorte, de la même manière que la combinaison *une langue + adj.*, l'idéal politique de la langue à réformer, son horizon.

Réalisations de langue, idiome, langage *dans le corpus 1791*

la langue	une langue bien constituée
	sans maigreur
notre langue	sans enflure
notre idiome	un idiome à la hauteur d'un peuple libre
la langue française	le langage de la liberté
	de la constitution
	pur et simple de la nature
la langue française réelle	la langue française idéale

Environnements lexico-syntaxiques de la langue, idiome

Nous nous intéressons à toutes les occurrences de la *langue* et *idiome* qui, dans le corpus, réfèrent à la langue française, ce qui exclut à nouveau les énoncés de caractère général ou les formes à référent multiple («assemblée composée de grammairiens en différentes langues» (D1), «grammairiens de toutes les langues» (D2), «la régénération des langues» (D2)). Nous adoptons dans un premier temps la notation LA LANGUE pour représenter l'ensemble des structures Dét.déf. *langue* (française)/*idiome* du corpus.

Le point de départ de notre approche est à situer dans une double récurrence : celle du lexème *régénérer/régénération* dans le contexte de LA LANGUE; celle de syntagmes nominalisés du type :

la régénération de LA LANGUE
le perfectionnement de LA LANGUE

On sait qu'on peut poser une équivalence grammaticale[12] entre ces syntagmes nominalisés et une phrase à sujet indéterminé que nous figurons ainsi :

On	regénère	
On	perfectionne	LA LANGUE

Cette règle d'équivalence permet donc de mettre en rapport les deux énoncés du texte :

j'ai conçu le projet de former... une société consacrée à la régénération de la langue (D1)
et
la langue française doit éprouver... la révolution qui doit la régénérer (M) → *la révolution doit régénérer la langue*

Elle permet en même temps de constituer en un paradigme l'ensemble des termes qui expriment une relation syntaxique V-C.o.d. avec LA LANGUE. On fera apparaître dans cette liste des énoncés obtenus par le recours à d'autres règles d'équivalence grammaticale, principalement la transformation de coordination. Voulant donner à lire les régularités du texte, nous nous sommes permis de couper certains éléments non pertinents pour notre propos. Nous avons cependant cherché à conserver au maximum la forme réelle du texte et évité une présentation formalisée.

Le regroupement des énoncés sur la base de leur sémantisme met en évidence deux sous-ensembles :

– Le premier comprend les énoncés suivants :

j'ai conçu le projet d'établir une société consacrée à la régénération de la langue (D1)
la révolution doit régénérer la langue (M)
tout ce qui peut contribuer à la perfection de la langue (D1)
le devoir de cette académie serait de travailler à la perfection de notre idiome (D1)
j'ai conçu le projet de vous rassembler pour travailler au perfectionnement de notre idiome (D2)
que le dictionnaire... ne laisse rien à désirer de
tout ce qui peut contribuer à la perfection de la langue (D2)

notre langue deviendrait la plus noble
si nous voulions purifier notre langue au feu de la liberté (M)
si nous voulions rendre notre langue... digne d'un peuple roi (M)

– Le deuxième sous-ensemble comprend :

je regarde la corruption de notre langue comme une des... causes... de notre asservissement (M)
la corruption de notre langue date de la féodalité (M)
les Spartiates connurent-ils jamais ce mode insignifiant de notre langue corrompue ? (M)
malgré les imperfections radicales de notre langue (M).

Ces deux sous-ensembles ne s'opposent pas seulement par leur sémantisme (la *corruption* étant en rapport de présupposition avec la *régénération*). Si l'on admet que la forme nominalisée neutralise l'ensemble des modalités portées par le verbe, c'est le contexte dans lequel s'insère le syntagme qui permet de déterminer les modalités. De ce point de vue, les syntagmes du premier ensemble, dans l'environnement d'expression comme travailler à... contribuer à... prennent une valeur modale performative au sens général du terme par opposition à ceux du second sous-ensemble. La comparaison avec l'énoncé verbal *la révolution doit régénérer la langue (M)* permet de restituer cette modalité sous la forme de DEVOIR.

On aboutit ainsi à synthétiser sous la forme de deux phrases matrices l'ensemble des énoncés qui organisent, dans le discours révolutionnaire de 1791, la question de la langue :

la corruption de la langue existe
nous/on/quelque chose/la révolution doit régénérer la langue

A travers le trajet thématique et le moment de corpus que nous venons de décrire, on voit se mettre en place un récit, qui se veut historique, sur la langue originelle et ses développements. Nous en trouvons une version particulière, élaborée dans le texte du *Mercure national*.

A l'origine il y avait l'idiome des Francs et des Gaulois «primitif, simple et pur comme la nature». La féodalité, en renversant «les choses et les idées», a corrompu la langue. Elle a institué des appellations et des usages «serviles» : ainsi, par exemple, du vouvoiement dans les rapports sociaux ou du titre de *monsieur, madame* dans les échanges quotidiens.

En 1789, la réappropriation des droits introduit la liberté sur la scène politique. De nouveaux usages et de nouvelles appellations autour du terme de citoyen s'imposent. Après les multiples débats sur l'abus des mots, les patriotes prennent conscience du décalage entre les idées et les mots. Cette conscience linguistique veut placer la langue à la hauteur de la liberté par une réinscription du langage de la nature dans la langue révolutionnaire. Un projet linguistique prend forme qui a pour horizon la langue des droits; dans le même temps toute action pour la conquête de la liberté actualise la langue des droits.

LE TEMPS DU LÉGISLATEUR (1792-1794)

La mise en acte de la langue des droits

Dès le début de l'année 1792, les jacobins doivent faire face aux trahisons du pouvoir exécutif, du roi et de ses ministres. Dans un tel contexte, il s'agit désormais de dire le droit au nom de la communauté des citoyens, c'est-à-dire de mettre en acte la constitution. La langue des droits supplée aux carences des lois injustes adoptées par l'Assemblée nationale. Mais il faut faire parler cette langue dans la quotidienneté du politique. Ainsi entrent en scène les «commissaires pacificateurs» unanimement réclamés par la presse patriotique. L'attitude des jacobins provençaux a valeur d'exemple en ce domaine[13].

Les clubs jacobins d'Aix et de Marseille envoient journellement des commissaires dans les villes, bourgs et villages provençaux. Chargés d'«opérer l'union et la concorde», ils se particularisent par leur aptitude à «maîtriser les opinions», à raffermir les patriotes dans le principe de la constitution. Au terme de leurs «courses civiques», ils ont à leur actif la création de nombreuses sociétés populaires. Ils s'efforcent à tout moment de concrétiser, par leurs actes de langage, le principe de l'union autour de la constitution. Ils instituent ainsi l'espace de la langue des droits en acte. Mais leur position est très fragile. Pionniers des nouvelles formes de la représentation populaire, ils n'ont d'autres appuis institutionnels que les sociétés populaires et les municipalités qu'ils contribuent à créer ou à régénérer. Les autorités départementales et les grands clubs jacobins provençaux ne prennent aucune «détermination» sur la marche qu'ils doivent suivre. Ils doivent donc constamment prouver la légitimité de leurs actions. Situées sur le seul terrain du droit subjectif, les interventions des commissaires font naître dans la communauté des citoyens le désir d'une loi en adéquation avec le langage de vérité, la langue des droits. L'action des commissaires patriotes pose l'exigence d'une loi efficiente : «Il faut que la loi parle, qu'une procédure authentique remplace et évite une expédition militaire».

Avec la chute de la royauté le 10 août 1792, le peuple en insurrection fait taire les «lois injustes» et n'écoute plus que «la loi suprême», le salut public. La capacité des commissaires à rendre effective la loi du salut public leur donne une grande autorité auprès des mouvements punitifs fréquents pendant l'été 1792. De plus, leurs actions sont légitimées au plan national par l'activité pétitionnaire mise en place au moment de la chute de la royauté. A la tribune de l'Assemblée législative, une nouvelle façon d'énoncer la demande du peuple apparaît : le peuple lui-même s'exprime grâce à la médiation de ses porte-parole. L'acte de demande s'inscrit au centre de la représentation en permanence des droits[14]. Forts d'une nouvelle légitimité, les commissaires des sociétés populaires prennent le relais des autorités municipales incapables de faire entendre «le langage de la raison et de l'humanité» aux agents terroristes. En Provence, les «missionnaires patriotes» régularisent les pendaisons nocturnes et les pillages de demeures seigneuriales en les traduisant, après coup, dans les termes du langage de salut public. Mais c'est sur le terrain de la «justice populaire» que les actes de langage de ces commissaires s'avèrent les plus efficaces. A l'instar des juges improvisés pendant les massacres de septembre 1792, ils sont capables de traduire le désir punitif dans des formes légales provisoires. Interpellant les agents terroristes à l'aide de la catégorie unificatrice de citoyens, et insistant sur la distinction nécessaire entre l'innocent et le coupable, ils usent de leur savoir pour empêcher, ou tout au moins légaliser discursivement, les attitudes punitives De retour d'une mission dans le district d'Apt où il a arrêté les chefs d'une conspiration royaliste, l'un d'entre eux, le jacobin marseillais Isoard évite leur massacre en s'écriant : «Citoyens, quelqu'un doit connaître ceux qui sont coupables, c'est moi qui ai tous leurs papiers, et vous ne voudriez pas faire périr l'innocent!»

Il apparaît ainsi que l'action des commissaires patriotes marque une étape décisive dans le développement de la langue des droits : nous voyons en fin de compte prendre corps sur le terrain de la politique quotidienne le statut du citoyen légitimé au plan national par l'acte de demande du peuple souverain. Il s'agit bien ici de la mise en acte de la langue des droits.

Le législateur institue la langue du peuple

Après l'établissement de la République et la réunion de la Convention nationale, le 21 septembre 1792, la figure du législateur prend une dimension nouvelle. Avant même d'être élu, le législateur-philosophe — nous pensons en particulier à Robespierre — appelle à l'insurrection contre la tyrannie et à l'autoconstitution du peuple. Dans une perspective rousseauiste, la communauté des citoyens répond dans un premier temps à cet appel, puis elle cède au législateur sa faculté de dire le droit ; en contrepartie elle prend nom de peuple dans chaque événement qui manifeste sa souveraineté acquise au lendemain du 10 août. La tâche du législateur consiste à instituer la langue du peuple ou langue de la politique. Le porte-parole qui met en acte la langue des droits passe au second plan.

Le récit de la chute de la royauté, publié par Robespierre dans le *Défenseur de la Constitution*, sous le titre *Les événements du 10 août 1792*, met en place les premières expressions de la langue du peuple. La formulation de ces expressions est rendue possible par la présence immédiate du peuple lui-même dans l'événement, la chute du tyran qui fonde son existence politique. L'expression « le peuple s'est levé » constitue le premier énoncé de l'acte d'autodétermination. Robespierre, dans des textes ultérieurs, formule sous diverses expressions le faire du peuple jusqu'à l'énoncé terminal « le mouvement populaire[15] ». En énonçant le faire du peuple, le législateur énonce la langue du peuple. Les débats de l'automne 1792 à la Convention, qui abordent d'un point de vue théorique toute une série de problèmes, démultiplient les usages de cette nouvelle langue du peuple. Si la langue des droits est toujours présente à l'horizon du discours révolutionnaire, un saut qualitatif est intervenu : un contrat en langue s'instaure entre le peuple et ses représentants. Les prises de position du législateur en matière de langue deviennent fondamentales : celui-ci se devait de mettre à l'ordre du jour la question de la langue.

La formule de la mise à l'ordre du jour est à prendre ici dans un sens historique précis. Nous en connaissons le cheminement à travers l'exemple de la mise à l'ordre du jour de la terreur[16]. Ainsi cette formule se précise, en particulier à partir de l'été 1793, parallèlement à l'élaboration de la théorie du gouvernement révolutionnaire. Elle désigne les instruments politiques successivement mis en œuvre par le gouvernement révolutionnaire.

Cependant, entre l'automne 1792 et l'automne 1793, la notion de langue du peuple se transforme : elle subit les effets de modifications discursives qui affectent tous les aspects de la politique révolutionnaire. De la même manière que l'on passe de la notion de « mouvement populaire » à celle de « mouvement national », l'expression langue du peuple cède de plus en plus la place à l'expression langue nationale.

Un second moment de corpus : la langue nationale au réel

Le corpus 1794 impose une nouveauté décisive : alors que la langue française était l'unique référent des textes de 1791, tout s'organise désormais autour de l'opposition entre *la langue* (française, nationale) et *les idiomes*. Le référent se scinde. Un nouveau paradigme apparaît, parallèlement aux désignations de la langue française.

Le tableau ci-dessous récapitule l'ensemble des désignations.

Réalisations de* langue, idiome, langage *dans le corpus 1794

les idiomes	la langue	
les patois	la langue	française nationale
les jargons les dialectes l'idiome appelé bas breton	notre langue notre idiome l'idiome national	
basque		
la langue	italienne allemande	
le normand le picard, etc.		

Ce tableau oppose globalement l'unité de la langue nationale à la pluralité des dialectes; il donne un premier aperçu des valeurs positives/négatives dont les termes vont se charger dans le discours.

Les désignations plurielles du premier paradigme comportent des termes marqués négativement : *patois, jargon, dialecte*, mais aussi le terme non marqué *idiome*. Employé au pluriel, ce dernier désigne l'ensemble des langues autres que le français parlées sur le territoire national; au singulier, il est spécifié par un adjectif déterminatif (*l'idiome basque*...). Mais *idiome* apparaît également dans le paradigme de la langue française, retrouvant ainsi un emploi qu'il avait dans la synchronie de 1791.

La description de ce dernier paradigme fait apparaître des constantes et des nouveautés par rapport à 1791. Comme en 1791, le déterminant défini suffit à assurer la valeur référentielle de la *langue*, mais on ne trouve jamais *l'idiome*. De même qu'en 1791, *notre langue/notre idiome* fonctionnent en substituabilité complète. Mais la référenciation par rapport au *nous* de la collectivité reste neutre à l'égard des deux spécifications procurées en 1794 par les adjectifs *française* et *national(e)*. La spécification par l'adjectif *française* était déjà représentée en 1791, mais elle n'était pas alors en concurrence avec d'autres du même type : *la langue française* vs *la langue italienne, allemande*. Cependant, la nouveauté essentielle est, dans le corpus 1794, l'emploi massif de l'adjectif *national(e)* pour caractériser *la langue/l'idiome*.

Des qualifications s'ajoutent de part et d'autre aux expressions qui permettent de désigner la langue/les idiomes.

– Du côté des idiomes, une série d'adjectifs négatifs (en alternance avec des relatives descriptives) caractérisent l'ensemble de la classe :

ces idiomes féodaux (G)
les jargons qui sont le dernier vestige de la féodalité détruite (G)
ces jargons barbares et ces idiomes grossiers qui ne peuvent plus servir que les fanatiques et les contre-révolutionnaires (B)
la majeure partie des dialectes vulgaires (G).

D'autres adjectifs caractérisent des sous-ensembles :

les autres sont des jargons lourds et grossiers, sans syntaxe déterminée (G)
le bas-breton, cet instrument barbare de leurs pensées superstitieuses (B)
d'autres idiomes, plus ou moins grossiers (B).

Ces expressions soutiennent toute une argumentation à propos des idiomes sur laquelle nous reviendrons.

– Parallèlement la langue française se trouve qualifiée. Aux expressions qui la désignent s'ajoutent une série de caractérisations qui introduisent une profonde différence avec la langue dont parlaient les textes de 1791.

Formellement cette qualification peut passer par le biais d'appositions : *notre langue, ce conducteur électrique de la liberté, de l'égalité, de la raison* (D3)

ou par celui de relatives et autres déterminations :

la prééminence de la langue française depuis qu'elle est républicaine (B)
la langue dans laquelle est écrite la Déclaration des Droits de l'Homme (B)
la langue française qui depuis quatre ans se fit lire par tous les peuples
qui décrit à toute l'Europe la valeur de quatorze années
qui... (B)

La qualification peut être partie intégrante de la référenciation dans l'emploi d'expressions définies :

la plus belle langue de l'Europe, celle qui la première a consacré franchement les droits de l'homme et du citoyen, celle qui est chargée de transmettre au monde les plus sublimes pensées de la liberté... (B)
une langue qui a prêté ses accents à la liberté et à l'égalité

> *qui a une tribune législative et deux mille tribunes populaires*
> *qui a de grandes enceintes pour agiter de vastes assemblées*
> *et des théâtres pour célébrer le patriotisme (B)*
> *l'usage unique et invariable de la langue de la liberté (G)*
> *que... l'idiome de la liberté soit à l'ordre du jour (G).*

A la différence du syntagme *le langage de la liberté/de la constitution* qui en 1791 exprimait l'idéal de la langue à atteindre, c'est bien la désignation de la langue au réel qu'opèrent les descriptions définies. La langue en 1794 a traversé la grande épreuve révolutionnaire, elle s'est chargée des plus nobles attributs. Elle est digne d'être propagée et universalisée.

Environnements lexico-syntaxiques de langue, idiome(s), langage

Le tableau des désignations de la/les langue(s) en 1794 ne présente pas le terme *langage*. Celui-ci est pourtant présent dans des combinaisons telles que *l'unité/identité du langage*. Ces expressions que nous rapprocherons de *l'unité de langue/de l'idiome* esquissent un thème que nous aborderons plus loin.

LA LANGUE (FRANÇAISE, NATIONALE)

Nous étudions dans un premier temps les environnements de *langue* et *idiome*, en tant que ces termes désignent la langue française. Nous adoptons la notation LA LANGUE pour représenter l'ensemble des manifestations du schéma mis à jour pour le corpus :

	langue	française
Dét. déf.	idiome	national(e)

Nous prendrons pour point de départ la récurrence massive de LA LANGUE comme complément prépositionnel de syntagmes nominalisés du type

la connaissance de LA LANGUE
la propagation de LA LANGUE

dans des structures comparables à celles que nous avons observées en 1791. Nous pouvons donc invoquer la règle d'équivalence grammaticale entre le syntagme nominalisé et une phrase à sujet indéterminé où LA LANGUE occupe une position d'objet direct. Si par ailleurs on observe que la forme nominalisée d'une phrase verbale a pour propriété d'effacer les marques personnelles, temporelles et modales du verbe, il devient possible d'opérer à l'intérieur de notre corpus le rapprochement des syntagmes ci-dessus avec des énoncés munis de leurs modalités propres, tels que :

il faut populariser LA LANGUE
révolutionnons LA LANGUE

On peut ainsi produire un vaste paradigme d'expressions/énoncés où LA LANGUE a valeur d'objet. Cette liste fait apparaître trois sous-ensembles sémantiques que nous présentons selon les principes adoptés pour l'analyse du corpus 1791.

Le premier sous-ensemble se polarise autour de l'opposition *connaissance/ignorance* de la langue :

la connaissance de la langue française entre nécessairement dans l'instruction républicaine (D3)
la connaissance de notre idiome est un moyen efficace pour... (D3)
la connaissance de la langue nationale
– importe à la conservation de la liberté (G)
– est indispensable pour perfectionner l'agriculture (G)
– un moyen... pour propager la connaissance de notre idiome (D3)
l'usage de la langue nationale importe à la conservation de la liberté (G)
l'étude de la langue nationale est devenue un besoin pour tous (D3)
l'ignorance de la langue
– compromettrait le bonheur social
– détruirait l'égalité (G)
l'ignorance de l'idiome national... tient tant d'individus à une grande distance de la vérité (G)

Ces énoncés présentent une remarquable régularité. Nous en rapprochons :

Otez aux habitants des campagnes l'empire des prêtres par l'enseignement de la langue française (B)
Laisser les citoyens dans l'ignorance de la langue, c'est trahir la patrie (B)
Des scélérats fondaient sur l'ignorance de notre langue le succès de leurs machinations contre-révolutionnaires (G)

Enfin nous relevons, sur la base du sémantisme du verbe, un énoncé à sujet *la France* :

la France apprendra à une partie des citoyens la langue française dans le livre de la Déclaration des Droits (B)

Le second sous-ensemble est constitué autour du sémantisme des verbes *propager/universaliser*. On y fait entrer les énoncés, de formes diverses, qui impliquent l'idée de répandre/étendre l'usage de la langue française :

je puise mon courage dans la certitude ... de pouvoir par la propagation de notre langue contribuer à la régénération politique de l'Europe (D3)

la nouvelle distribution du territoire a établi de nouveaux rapports qui contribuent à propager la langue nationale (G)
les chansons importent à la propagation de la langue (G)
un moyen... pour propager la connaissance de notre idiome (D3)
la nécessité d'universaliser notre idiome (G)
nous ferons une invitation à tous les citoyens pour universaliser l'usage de notre langue (G)

De ces énoncés nous rapprochons :

il n'appartient qu'à la langue française de devenir universelle (B)

et cette phrase où le sémantisme *extension de la langue* s'exprime tout autrement :

nous devons à l'affermissement de la République de faire parler la langue dans laquelle est écrite la Déclaration des Droits de l'Homme (B)

Le troisième sous-ensemble s'organise autour de verbes qui impliquent l'idée d'un travail, d'une transformation à accomplir sur la langue :

il faut populariser[17] la langue (B)
révolutionnons donc aussi la langue (B)
l'esquisse d'un vaste projet... celui de révolutionner notre langue (G)
ne pourrait-on pas
   faire à notre idiome les améliorations dont il est susceptible
   enrichir notre idiome
   simplifier notre idiome
   faciliter l'étude de notre idiome (G)
nous ferons une invitation aux citoyens qui ont approfondi la théorie des langues pour concourir à perfectionner la nôtre (G)

LES IDIOMES

Un grand nombre d'énoncés placent *les idiomes/l'idiome* X (ou leurs substituts) en position de sujet grammatical. Ils énumèrent des prédicats négatifs à l'égard des lumières et de la révolution. Nous en présentons quelques uns :

ces idiomes... paraissent les plus contraires à la propagation de l'esprit public (B)
ces jargons... empêchent l'amalgame politique (G)
l'idiome basque est un obstacle à la propagation des lumières (G)

Deux énoncés placent les jargons en position d'objet direct :

effaçons les jargons (D3)
que le zèle des citoyens proscrive à jamais les jargons qui sont les derniers vestiges de la féodalité détruite (G)

Nous relevons enfin trois occurrences proches :
Pitt a fait entrer la différence de nos dialectes dans les moyens de contre-révolution (D3)
le despotisme maintenait la variété des idiomes (B)
la féodalité conserve cette disparité d'idiomes (G)

L'UNITÉ DE LANGAGE

Face à la variété des idiomes, apanage du despotisme, les textes de 1794 opposent *l'unité de langage* républicaine. Ce thème insistant se donne à travers une grande variété de syntagmes. On voit apparaître un emploi du terme *langage* comme complément prépositionnel des mots *unité/identité*, sans article : *l'unité de langage (D3)/l'identité de langage (G)*, ou avec article : *le pouvoir de l'identité du langage (B)*. Mais *langage* n'est pas exclusif, puisqu'on trouve également *l'identité de la langue* (D3), *l'unité de langue* (G), *l'unité de l'idiome* (G).

Mais l'expression du thème n'est pas liée à la seule présence de ces syntagmes; elle peut passer par d'autres formes :

– Présence du syntagme

de l'identité de la langue dépend l'identité des principes (D3)
la certitude de faire adopter à tous les départements l'unité de langage (D3)
le pouvoir de l'identité du langage a été si grand... (B)
il faut donc que l'unité de langue entre les enfants de la même famille... (G)
il faut identité de langage pour
– extirper tous les préjugés
– développer toutes les vérités, tous les talents, toutes les vertus
– fondre tous les citoyens dans la masse nationale
– simplifier le mécanisme... de la machine politique (G)
l'unité de l'idiome est une partie intégrante de la révolution (G)

– Occurrence de un/une/même (N)

la République doit être une et indivisible dans son langage (D3)
tous enfants de la même famille, nous devons tous parler le même idiome (D3)
citoyens, la langue d'un peuple libre doit être une et la même pour tous (B)
donnons aux citoyens l'instrument de la pensée publique, l'agent le plus sûr de la Révolution, le même langage (B)

– Occurrence de unique/exclusif

le peuple français doit consacrer, dans une République une et indivisible, l'usage unique et invariable de la langue de la liberté (G) je voudrais que toutes les municipalités admissent ... l'usage exclusif de la langue nationale (G).

Les ensembles lexico-syntaxiques que nous avons mis en lumière à partir des mots qui organisent le discours sur la langue en 1794 apparaissent comme les matrices d'une argumentation qui se distribue autour d'un certain nombre de propositions. De façon non formelle, nous figurons par l'enchaînement suivant la logique de cette argumentation :

la connaissance de la langue française, qui est la langue de la liberté, est nécessaire aux citoyens
les idiomes font obstacle à la révolution
l'identité de langage est partie intégrante de la révolution
il faut propager, universaliser la langue nationale
il faut révolutionner la langue

Ces phrases matrices sous-tendent le discours qui aboutit à la formulation de Grégoire : «Que dès ce moment l'idiome de la liberté soit à l'ordre du jour!»

*
* *

La phrase de Grégoire : «Que dès ce moment l'idiome de la liberté soit à l'ordre du jour!» constitue donc l'expression terminale du trajet thématique que nous avons décrit. Elle le résume dans sa totalité.

D'un bout à l'autre de ce trajet, une donnée reste stable : le parallélisme institué entre la langue et la politique. En 1791, il s'exprime par exemple dans les phrases suivantes : «La langue française doit éprouver, en même temps que l'empire, la révolution qui doit la régénérer» (M). «Tandis que des milliers de sociétés se sont formées dans toutes les parties de l'empire pour le maintien de la constitution, j'ai conçu le projet d'en établir une consacrée à la régénération de la langue» (D1).

Les formulations de ce parallélisme sont plus diversifiées en 1794. Ainsi dans Barère la séquence : «Nous avons révolutionné le gouvernement, les lois, les usages, les mœurs, les costumes, le commerce et la pensée même; révolutionnons donc aussi la langue, qui est leur instrument journalier». Ainsi chez Domergue, le balancement de la phrase : «La République, une et indivisible dans son territoire, dans son système politique, doit être une et indivisible dans son langage».

Mais quelque chose a bougé entre 1791 et 1794. La figure de Domergue exprime bien cette évolution. En 1791, il incarne une initiative publique du mouvement démocratique. Il s'agit de mettre la langue au niveau de la Constitution, c'est-à-dire du droit naturel déclaré. En réponse à une situation particulièrement confuse où l'abus des mots est poussé à l'extrême, Domergue définit un projet de réforme de la langue à travers l'idée d'un «dictionnaire vraiment philosophique». Ce projet n'aboutira pas, mais on peut en retrouver l'impact dans les initiatives des missionnaires patriotes tout au long de l'année 1792. Au premier plan en 1791, Domergue apparaît de nouveau en 1794, mais en retrait : le législateur, qui a formulé la langue du peuple, occupe désormais le devant de la scène. Notre «grammairien patriote» conserve une position influente, mais, s'il est à l'unisson de la pensée linguistique du moment, il n'est plus le détenteur de la parole autorisée. La question de la langue se pose désormais au sein même de la théorie du gouvernement révolutionnaire. Elle est formulée par les législateurs, dans la perspective de l'hégémonie sociale. La langue apparaît en fin de compte comme un des instruments essentiels de la politique gouvernementale. Notre travail ne débouche pas sur de nouvelles interprétations des grands textes législatifs de 1794[18]. Il se contente, dans ses modestes limites, de cerner les principales configurations discursives qui aboutissent à la mise à l'ordre du jour de la langue. Il repose sur de nouveaux apports archivistiques et en appelle d'autres. La description des énoncés que nous proposons pourrait s'amplifier au terme d'une enquête sur toutes sortes de discussions, de chroniques, d'interventions relatives à des questions linguistiques, dispersées dans l'archive.

NOTES

[1] Ces deux textes ont été publiés dans M. de Certeau et alii (1975).
[2] Cf. Le chapitre 3.
[3] F. Furet (1978), p. 62.
[4] Citons par exemple : « Aucun citoyen ne pourra être privé de la liberté, ne pourra être enlevé à ses juges culturels». Cf. R. Robin (1970), p. 334.
[5] D. Slakta (1971).
[6] D. Slakta (1982).
[7] H.U. Gumbrecht (1978).
[8] Cf. J. Guilhaumou (1986a). Repris dans *La langue politique et la Révolution française*, (1989).
[9] Cf. J. Guilhaumou (1986c).
[10] On se reportera aux travaux sur François-Urbain Domergue de F. Dougnac et de W. Busse (1981/1992).
[11] On notera que c'est le mot *idiome* qui désigne la langue originelle.
[12] Nous nous référons aux règles d'équivalence grammaticale appelées transformations par Harris.
[13] Voir J. Guilhaumou (1992).
[14] B. Conein (1981) a étudié le passage de l'énoncé *X demande, nous demandons p* à un énoncé du type *le peuple demande, je demande p*.
[15] Cf. le chapitre III de l'ouvrage de J. Guilhaumou sur *La langue politique et la Révolution Française* (1989).
[16] J. Guilhaumou (1987a).
[17] En plaçant dans ce sous-ensemble l'unique occurrence du verbe *populariser*, nous assumons le choix d'une interprétation. *Populariser* pourrait être pris dans le sens de faire connaître parmi le peuple, répandre, un sens proche de propager : on le classerait alors dans le second sous-ensemble. Une autre interprétation cependant est suggérée par la séquence de propositions qui constitue son contexte : « Il faut populariser la langue, il faut détruire cette aristocratie de langage qui semble établir une nation polie au milieu d'une nation barbare. Nous avons révolutionné le gouvernement... révolutionnons donc aussi la langue.» Il faut admettre que c'est l'opération même de classement qui fait problème avec un verbe dont la polysémie n'a rien à envier à celle du nom *peuple*. En opposant *la langue des peuples* à *la langue des cours*, Barère joue sur les deux sens : la langue française doit se faire langue *du* peuple et *des* peuples.
[18] Voir en particulier les travaux publiés dans *La question linguistique au Sud pendant la Révolution française*, Montpellier, *Lengas*, 1985; deux volumes; B. Schlieben-Lange, «Grégoire neu gelesen» *in* Reichardt R. und E. Schmitt (1988); P. Achard (1986).

Chapitre 7
Éléments pour une histoire de l'analyse de discours en France

Il m'a semblé qu'un retour sur l'histoire de l'analyse de discours en France pouvait prendre place dans une réflexion centrée sur linguistique et matérialisme. De ce retour, je voudrais souligner d'emblée les limites et les partis pris. Loin de chercher à embrasser la totalité d'une histoire déjà longue et complexe, je mettrai l'accent ici sur le tout début de la discipline, sur ce que je présente comme le moment d'une double fondation par *Jean Dubois* et *Michel Pêcheux*[1]. Ce propos dit des limites (mon intervention est largement focalisée sur les années 1968-1970); il justifie le privilège donné à l'analyse de discours dans un retour réflexif sur le passé. C'est que, dans le foisonnement des initiatives liées à la linguistique au cours des années 60, l'analyse de discours, au rebours d'autres pratiques disciplinaires, peut se voir assigner une origine. Ceci lui confère à mes yeux un statut historique propre. La double fondation que je décris à travers les individus Jean Dubois et Michel Pêcheux n'a rien d'individuel, elle interroge les conditions de possibilité d'un champ nouveau dans la conjoncture théorico-politique de la fin des années 60. Ainsi mon intervention — sans prétendre à quelque globalité historique que ce soit — voudrait éclairer la spécificité largement reconnue de l'analyse de discours française[2].

Je m'interrogerai donc, dans un premier temps, sur la double émergence d'une discipline analyse de discours (désormais AD) dans le champ français de la recherche autour des deux pôles symbolisés par les noms de J. Dubois et M. Pêcheux. Cette émergence parallèle a été souvent notée. Il s'agit, en y revenant, d'analyser les conditions d'une rencontre intellectuelle qui ne passe pas par une rencontre personnelle, de chercher, au-delà du terrain propre au linguiste et au philosophe, ce qui, de la conjoncture théorico-politique des années 60, explique cette double fondation.

Je voudrais, dans un second temps, mettant l'accent sur ce qui est commun, analyser les éléments constitutifs de la nouvelle discipline. Je suggère ici que par-delà des divergences théoriques considérables, quelque chose a «pris» sur le terrain français, qui s'est dénommé analyse de discours. Au tournant des années 70 s'est formée et imposée, dans un syncrétisme remarquable, une sorte de vulgate, l'analyse de discours dite française.

De cette analyse de discours enfin, qui s'installe en France dans la première moitié des années 1970, je tenterai une brève évaluation historique. Je pose ici, sans m'en justifier autrement, qu'après le grand tournant de la conjoncture théorico-politique amorcé vers 1975, on assiste, parmi d'autres phénomènes, à une totale recomposition du champ de l'analyse de discours française. Les divergences initiales règlent dès lors le mode de reconstruction-reconfiguration de la discipline. L'analyse de discours est partout présente, mais l'analyse de discours française a peut-être vécu.

HORIZONS COMMUNS

Dans les années qui précèdent 1968-70, indépendamment l'un de l'autre, Jean Dubois et Michel Pêcheux élaborent ce qui va s'appeler l'analyse de discours. A prendre le biais d'une double narration, très succincte, c'est d'abord la différence qui se marque. Jean Dubois, linguiste, est un universitaire. Son trajet est celui de nombreux linguistes français de l'époque : études littéraires, grammaire, puis passage à la linguistique. C'est déjà un grand nom de la linguistique française, un lexicologue affirmé. Il participe à toutes les entreprises qui, dans les années 60, manifestent l'esprit de conquête de la linguistique : de la fabrication de dictionnaires à la création de revues (ainsi *Langages* est créée en mars 1966). Michel Pêcheux quant à lui est philosophe. Dès le milieu de la décennie, il est mêlé aux débats théoriques qui se déroulent rue d'Ulm autour du marxisme, de la psychanalyse, de l'épistémologie (cf. Althusser, *les Cahiers pour l'analyse*). Il est à situer d'abord sur le terrain de l'histoire des sciences. Passé chercheur au C.N.R.S. dans un Laboratoire de Psychologie Sociale, sa réflexion s'inscrit d'emblée dans les interrogations de l'époque sur les sciences humaines. Une figure essentielle ici, qui jouera ultérieurement un rôle important dans la pensée de Michel Pêcheux : celle de Michel Foucault.

Le terrain, la situation, les préoccupations les distinguent. J. Dubois et M. Pêcheux cependant sont pris dans un espace commun : celui du marxisme et de la politique. A contre courant des idées dominantes, ils partagent les mêmes évidences sur la lutte des classes, sur l'histoire, sur le mouvement social. J. Dubois n'a-t-il pas appliqué d'une manière pionnière les méthodes d'analyse structurale à l'un des épisodes les plus forts de l'histoire de la lutte des classes en France, la Commune? Comme beaucoup d'intellectuels à l'époque, leur participation au champ du politique prend la forme de l'adhésion au Parti Communiste Français. Tout ceci, sans exclure des différences profondes, dessine un horizon commun.

Sur ce fond commun, la prégnance de la linguistique dans la conjoncture théorique joue le rôle décisif. Elle rend intelligible le parallélisme de leur projet. Les années 60, rappelons-le, sont les années du structuralisme triomphant. La linguistique, promue science pilote, est au centre du dispositif des sciences[3]. L'optimisme est de mise : « La linguistique, est-il écrit dans la présentation du n° 1 de *Langages*, est parvenue à ce moment heureux où elle est déjà une science bien fondée, sans cesser cependant d'être une recherche vivante, affrontée à des problèmes qui n'ont pas encore reçu leur solution ». Le projet d'AD naît dans ce contexte. A s'en tenir étroitement à ce que l'un et l'autre disent, le lien entre l'expansion de la linguistique et la possibilité d'une discipline analyse de discours est explicite. On peut être frappé de les voir, à travers des différences considérables, frissonner en quelque sorte d'un même espoir scientiste. Cet espoir, dans les années considérées, est stimulé par l'événement de l'arrivée de la Grammaire Générative dans le champ français. Dans un moment où émerge le sentiment des limites et du relatif épuisement du structuralisme, tout se passe comme si la « révolution » chomskyenne apportait un second souffle et ouvrait un avenir radieux à la linguistique[4]. Si l'AD prend consistance, c'est bien, tant du côté de J. Dubois que de celui de M. Pêcheux, sous le signe de la science linguistique.

Ainsi marxisme et linguistique président à la naissance de l'AD dans la conjoncture théorique déterminée de la France des années 1968-70. Tout naturellement, le projet s'inscrit dans une visée politique : l'arme scientifique de la linguistique donne des moyens nouveaux pour aborder la politique. Avec des modulations différentes, bien évidemment, J. Dubois et M. Pêcheux dépensent une fougue militante dans leurs entreprises, ils sont habités par le sentiment d'une urgence théorico-politique. D'où une dernière analogie : l'AD comme mode de lecture. Chez J. Dubois, le thème, quoique à peine esquissé, est présent : l'AD doit substituer à la subjectivité du lecteur la seule grille de la «grammaire[5]», elle rompt avec la pratique du commentaire littéraire. Renvoyant la littérature à ce qu'il considère bien comme sa misère méthodologique, J. Dubois place résolument l'AD sur le terrain de l'étude des grands textes politiques dans la tradition française : ce faisant, il élit le discours politique comme objet spécifique de la nouvelle discipline. Chez M. Pêcheux la question de la lecture, qui deviendra ultérieurement un thème décisif, est posée dès 1969 dans les termes d'une théorie non subjective, en rupture avec les pratiques de l'explication de texte, tout comme avec les méthodes statistiques en vigueur dans les sciences humaines[6].

Pour avoir tenté de saisir à travers des traits ou des intérêts communs ce qui rendait possible, dans la conjoncture de l'époque, la double émergence de l'AD, on ne saurait effacer les différences fondamentales entre les protagonistes. Elles tiennent essentiellement à la manière de se positionner par rapport à la théorie. Du côté de J. Dubois, l'institution de l'AD est pensée dans un continuum : le passage de l'étude des mots (lexicologie) à l'étude de l'énoncé (analyse de discours) est «naturel», c'est une extension, un progrès permis par la linguistique. L'AD en somme n'aura peut-être été qu'un avatar de son chemin scientifique. Du côté de M. Pêcheux, au contraire, l'analyse de discours est pensée sur le mode de la rupture épistémologique avec l'idéologie qui domine dans les sciences humaines (notamment la psychologie). L'objet discours qui reformule la parole saussurienne dans son rapport à la langue implique, selon la formule althussérienne, un changement de terrain. Plus globalement, la façon de théoriser le rapport du linguistique à un extérieur différencie les deux AD. Pour J. Dubois, c'est la mise en relation de deux modèles : le modèle linguistique et un modèle autre, sociologique (ou historique), psychologique (ou psychanalytique). Chez M. Pêcheux, dès *Analyse automatique du discours* en 1969 (désormais AAD 69) bien qu'elle soit dissimulée par un masquage circonstanciel[7], la visée théorique articule la question du discours à celles du sujet et de l'idéologie. L'analyse (du discours) ne peut se penser que dans le rapport à une théorie (du discours). Une visée ambitieuse donc, qui s'inscrira très vite explicitement dans une interprétation althussérienne du matérialisme historique. Ces différences se nouent autour d'une autre question, la question de la langue et de la linguistique. Derrière l'enthousiasme évoqué plus haut, il y a en réalité des attitudes très différentes face au développement de la linguistique. J. Dubois semble parfois osciller entre deux positions : une position structuraliste stricte (justification du principe d'immanence) et une position intégratrice (la GGT comme espoir d'une «théorie du sujet et de la situation»)[8]. M. Pêcheux développe une interrogation critique sur la linguistique et les extensions de la «science pilote». Pour lui, dès cette époque, l'affirmation de la coupure saussurienne comporte un enjeu théorique fondamental. La construction d'un objet discours n'est pas un simple «dépassement de la linguistique saussurienne», elle prend appui sur la théorie de la valeur qui pose la langue comme système formel.

LA DOUBLE FONDATION DE L'ANALYSE DU DISCOURS

Quelles que soient les modulations, les divergences des deux itinéraires, ceux-ci débouchent simultanément sur un geste identique que je caractérise comme un acte de fondation. Même si, comme je l'ai souligné, l'AD est la suite «naturelle» de la lexicologie pour J. Dubois, son intervention de clôture du Colloque de Lexicologie politique de Saint Cloud (avril 1968) fait en dépit de son titre («Lexicologie et analyse d'énoncé») figure de "manifeste" de l'analyse de discours. Le livre de M. Pêcheux publié chez Dunod en 1969 sous le titre d'*Analyse automatique du discours*, annonçait un programme théorique et pratique. Dans l'un comme dans l'autre cas, une discipline se trouvait instituée, une «discipline transversale», qui tentait de penser son autonomie en refusant à la fois un rapport d'application (de la linguistique à un autre domaine) et une intégration pure et simple à la linguistique. Que signifie ce double geste inaugural? Quels éléments essentiels sont constitutifs de l'AD? A ces questions, me semble-t-il, on peut donner la réponse suivante : *dans les deux cas, l'objet discours est pensé en même temps que le dispositif construit pour l'analyse.* Du côté de J. Dubois, les règles de constitution de corpus contrastifs aboutissent à un dispositif opératoire conçu sur un principe structural : mise en relation d'un modèle relevant de la linguistique avec un modèle autre, contrôle des variables et des invariants. Quant à M. Pêcheux, dont j'ai rappelé les préoccupations épistémologiques, il ne pouvait penser un domaine de connaissance nouveau sans s'interroger sur les instruments de son analyse. AAD 69 affichait une volonté de formalisation qui a pu paraître provocatrice à l'époque[9]; la «machine discursive» (M. Pêcheux a utilisé cette expression pour désigner son dispositif de 1969) donnait la théorie d'un objet nouveau, en même temps que les procédures informatisées permettant de l'atteindre. En mettant en relation état donné des conditions de production et processus de production du discours, M. Pêcheux fournissait à la fois une définition du discours, toujours déterminé et pris dans une relation à l'histoire, et un principe de construction du corpus discursif. Le rapport discours/corpus contribuait à dégager un objet nouveau, irréductible à l'énoncé long ou suivi des linguistes, comme au texte, littéraire ou non, de la tradition. Le discours, toujours construit à partir d'hypothèses historico-sociales, ne peut se confondre ni avec l'évidence de données empiriques, ni avec le texte[10]. Quant à la clôture du corpus discursif, elle ne reproduit la clôture structurale du texte que pour tenter de saisir le rapport à un extérieur. Ce discours-là représentait, dans le champ de la linguistique, un véritable déplacement.

Les méthodes d'analyse linguistique convoquées par les deux AD constituent un second point de rapprochement, celui qui a été le plus commenté. Bien qu'AAD69 suggère plus qu'elle n'explicite cette référence, on peut parler ici du recours commun à la méthode dite harrissienne d'extension de l'analyse distributionnelle au-delà de la phrase[11]. Il est sûr en tous cas que la publication dans *Langages*, (n° 13, mars 1969) de la traduction française d'un ancien article de Harris, intitulé «Discourse analysis» était un événement décisif : cet événement donnait sa méthodologie à la nouvelle discipline, il imposait la dénomination : *analyse du discours*.

Le behaviourisme strict de l'article de Harris semblait aux antipodes des projets français, quoi qu'il en fût de leur soubassement théorique. Quelles explications proposer aujourd'hui de cet emprunt? Une première réponse renvoie à l'état du champ linguistique en France. La GGT, je l'ai souligné, soulevait des espoirs nouveaux, mais plus que des méthodes[12], elle apportait un choc théorique. La méthode harrissienne, quant à elle, prenait la suite des méthodes structurales de la lexicologie; même si elle suppose une certaine syntaxe, dans sa réinterprétation à l'usage de l'AD française, elle manifeste la prégnance que continuait à avoir en France l'approche du mot. Au-delà de ce constat, je vois, dans le recours à Harris, un choix théorique commun aux initiateurs de l'AD : le choix de produire, au rebours d'approches postulant des structures profondes, une analyse de la surface discursive[13]. Du côté de J. Dubois, la méthode harrisienne est un moyen de faire sortir les régularités significatives des discours contrastés par le corpus[14]. Du côté de M. Pêcheux, la délinéarisation permet la saisie de traces de processus discursifs[15]. On peut admettre que les problèmes théoriques posés par la méthode harrissienne (notamment le recours aux transformations) font, d'un côté comme de l'autre, au départ, l'objet d'une certaine sous-estimation. Relative illusion peut-être de part et d'autre, à propos de la neutralité de la grammaire. J. Dubois, on l'a vu, parlait de soumettre le texte à la seule grille de la «grammaire». Quant à M. Pêcheux, il faut reconnaître, avec lui, qu'il dispose à cette époque d'une conception encore simple de la langue fortement marquée par l'idéologie structurale : la base invariante (syntaxe) vs la sélection combinaison (lexique). Dernière remarque sur ce point : on ne peut manquer de voir (et cela a été vu) le rapport en reflet entre la méthode distributionnelle (centrée sur le mot) et le principe de constitution du corpus (centré sur le mot), comme si *«l'objet n'était pas séparable de la méthode propre à le définir[16]»*. La marque du structuralisme est là.

Proches donc dans leur appui méthodologique, les deux AD originaires se différencient nettement par leur rapport à la théorie de l'énonciation, telle qu'elle émergeait alors dans le champ français de la linguistique, à travers les écrits de Jakobson d'abord, puis ceux de Benveniste[17]. Il ne peut s'agir ici que d'esquisser ce point — historiquement décisif — qui, en tant que tel, engage des conceptions radicalement opposées de toute la discipline Dans la période considérée, les positions se résument aisément : l'AD du côté de J. Dubois fait place à l'énonciation; celle-ci est forclose dans l'AAD69. A travers des références hétéroclites, l'article de J. Dubois «Énoncé et énonciation» dans le n° 13 de *Langages* propose une perspective de typologie des discours qui s'appuie sur des recherches poursuivies notamment avec la psychanalyste Luce Irigaray. Autour de J. Dubois, les premiers travaux d'AD intègrent la dimension de l'énonciation. C'est dans l'Avant- Propos à la thèse de J.B. Marcellesi sur le Congrès de Tours que J. Dubois formule le plus nettement la complémentarité énoncé/énonciation[18]. L'énonciation fait jouer, sans l'interroger, la notion de «sujet» parlant et reste prise dans une problématique psychologisante. On peut, par opposition, faire l'hypothèse que le sort fait par M. Pêcheux à l'énonciation dans l'AAD 69 — évoquée seulement à travers des problèmes de codage pour l'enregistrement de la surface — doit quelque chose à la rigueur de ses positions théoriques sur la question du sujet. Une certaine lecture de Benveniste, M. Pêcheux le pressentait, peut conduire à ce que P. Kuentz, d'une formule devenue célèbre, a appelé «l'opération de sauvetage du sujet[19]».

Dès 1971 et dans ses œuvres ultérieures, M. Pêcheux reprendra la question de l'énonciation en tentant de la penser dans le cadre d'une théorie non subjective du sujet[20].

L'ANALYSE DE DISCOURS FRANÇAISE

En évoquant la naissance de l'AD à travers l'itinéraire de deux hommes, j'ai voulu marquer, dans le grand déploiement de la linguistique à la fin des années 60, une rencontre particulière avec le marxisme. Mais si l'on peut parler de fondation, c'est bien dans l'après-coup. De fait très vite, l'AD «prend» dans le champ de la recherche française. Même si la discipline n'est pas officiellement reconnue à l'époque, des travaux de recherche, des études concrètes lui confèrent une réalité. L'AD se met à exister en France. Elle occupe, dans les années 1970-1975, une place spécifique. Il me paraît possible de décrire cette spécificité à travers deux brèves remarques. La première concerne les protagonistes intéressés dans l'aventure de l'AD : linguistes autour de J. Dubois, chercheurs en sciences humaines et sociales autour de M. Pêcheux; la présence d'historiens, marxistes le plus souvent, moins demandeurs de techniques linguistiques que partie prenante du nouvel objet, paraît une dimension essentielle du champ français de l'AD[21]. La seconde porte sur le processus d'implantation d'une sorte de vulgate de l'AD. La diffusion de l'AD a bénéficié, bien évidemment, de l'appui des revues *Langages* et *Langue Française*[22], elle est souvent passée par les relations personnelles, elle a pu être modulée par des rapports de reconnaissance/méconnaissance politiques et idéologiques. Au-delà des divergences et des affrontements théoriques qui marquent dès le début l'histoire de l'analyse de discours (cf. les débats sur la co-variance, la compétence idéologique etc.[23]), se met en place une pratique effective d'analyse de discours qui représente une sorte de syncrétisme. J'en prends pour témoignage la migration-banalisation de concepts tels que *conditions de production, mécanisme* ou *processus discursif*. L'AD en définitive est une *pratique disciplinaire* qu'on peut, à l'instar de J.J. Courtine, résumer par trois propositions : 1) elle réalise la clôture d'un espace discursif; 2) elle suppose une procédure linguistique de détermination des rapports inhérents au texte; 3) elle produit, dans le discours, un rapport du linguistique à l'extérieur de la langue[24].

Je voudrais tenter pour finir une évaluation historique de cette première AD. Elle a fait très tôt, on le sait, l'objet de critiques pertinentes, tant de la part des analystes de discours eux-mêmes que de linguistes ou de chercheurs étrangers au champ de la linguistique. On a souligné à juste titre ses limites et ses blocages. Avec le recul, il me paraît qu'on peut voir les choses autrement. Je soutiens que l'irruption de l'AD au tournant des années 60 a été (tout à la fois) un événement dans l'histoire des pratiques de la linguistique et dans l'histoire des questionnements des marxistes sur le langage. Elle a proposé aux linguistes un mode d'approche du rapport entre la langue et l'histoire ; elle a fait sortir les marxistes du discours de la philosophie marxiste du langage.

L'AD — en dehors des voies de ce qui se désignait comme «sociologie du langage» ou «socio-linguistique» — a tenté de construire un objet, tout en se donnant des outils opératoires pour le travailler. Paradoxalement, ce qui constitue l'AD est tout à la fois ce qui la bloque : la clôture du corpus discursif, l'homogénéité produite par le corpus, la dissociation de la description et de l'interprétation. L'AD en quelque sorte a répété dans sa constitution les conditions de la fondation saussurienne de l'objet de la linguistique. L'homogénéité de la langue assure de fait le réglage des exclusions et des refoulements hors de l'objet. P. Kuentz a sans doute raison de repérer les «oublis» dont se paye, dans un cas comme dans l'autre (la linguistique/l'analyse de discours) un tel épurement[25]. Il n'a pas tort de mettre en évidence les effets de miroir entre le dispositif et la méthode. L'histoire de la constitution de l'AD est peut-être à voir comme un échantillon de l'histoire des sciences dans un domaine où la coupure est toujours le lieu de recouvrements[26]. Ce qui faisait la force de l'événement AD était aussi ce qui la rendait intenable. Il fallait la décompactifier.

De fait, toute l'histoire de l'AD dite française est grosso modo, depuis la seconde moitié des années 1970, l'histoire des déconstructions-reconfigurations à partir de la construction initiale. Ces déconstructions-reconfigurations étaient rendues nécessaires par les blocages internes (la question du corpus joue ici un rôle central), par les critiques à l'intérieur et à l'extérieur du champ de la linguistique (cf. les interrogations venant de l'histoire et des historiens). Elles se trouvent prises dans le bouleversement de la conjoncture théorique et politique qui s'amorce en France aux environs de 1975. Dans le champ de la linguistique, c'est l'arrivée, tardive mais massive, de la pragmatique, de la philosophie du langage, de l'analyse de conversation, c'est la crise des linguistiques formelles et le succès de la linguistique de l'énonciation, la nouvelle réception de Bakhtine-Volochinov[27]. Ce remuement apporte des références nouvelles, ouvre des possibilités de ressourcement, favorise l'émergence d'objets nouveaux.

Dans le champ de l'analyse de discours française, il fait éclater le syncrétisme dont nous avons parlé. Les divergences théoriques qui travaillaient les courants de la première AD, mais qui avaient été plus ou moins recouvertes dans la constitution d'une vulgate réapparaissent dans le rapport à la nouvelle conjoncture. Elles règlent désormais les déconstructions-reconfigurations de l'AD. Peut-on dès lors parler encore d'une analyse de discours française en désignant par là l'unité d'un champ spécifique ? Paradoxalement, à la faveur de la conjoncture nouvelle, l'AD s'est trouvée banalisée. Devenue discipline universitaire, une certaine AD fait bien partie des évidences non interrogées. L'ancienne AD cependant n'a pas cessé de produire des effets. Loin de la positivité à laquelle elle avait pu prétendre à une époque, elle a fait naître des questionnements qui ne sont pas près d'être recouverts. Quoi qu'il en soit de sa banalisation, le terme *discours* reste en France l'objet d'affrontements théoriques décisifs.

NOTES

[1] Deux textes balisent pour moi (= D.M.) ce moment : le discours de clôture prononcé par J. Dubois au Colloque de Lexicologie politique de Saint-Cloud (avril 1968) et *Analyse automatique du discours* de M. Pêcheux (1969).
[2] Louis Guespin (1976) proposait de «concevoir comme un front scientifique original l'école française d'analyse du discours». Je préfère pour ma part mettre en avant la spécificité reconnue ici et là à l'analyse de discours française et attestée notamment par l'intérêt qu'elle a suscité dans plusieurs pays d'Amérique latine. F. Gadet (1982) propose un tableau contrastif de l'analyse de discours française et de l'analyse de discours anglo-saxonne.
[3] Les travaux d'historiens de la linguistique ont apporté de précieux éléments sur la période. Citons : Cl. Normand, *Linx*, 6, 1982; J.Cl. Chevalier et P. Encrevé, *Langue française*, n° 63, 1984. Dans un domaine particulier, le travail de D. Coste (1987), que je remercie B.N. Grunig de m'avoir signalé, est une mine. Une approche plus générale a été proposée par Th. Pavel (1988). Plus largement, sur l'histoire intellectuelle de la France «structuraliste», nous renvoyons à l'ouvrage de François Dosse (1991/1992).
[4] Voir par exemple : J. Dubois (1967) et M. Pêcheux (1969), p. 11 et suivantes.
[5] «On part du discours lui-même, sans lui imposer d'autres grilles que celles que donne la «grammaire», J. Dubois (1971).
[6] Dans «L'instituteur et le militant (Contribution à l'histoire de l'analyse de discours en France)» (1982), J.J. Courtine pose fortement le rapport de l'AD à la politique. L'argumentation qu'il développe en présentant l'AD comme «une politique de lecture» me paraît parfois engager une interprétation réductrice et instrumentale de l'AD. Ce point mériterait évidemment une explicitation impossible ici.
[7] Cf. l'introduction à la traduction anglaise d'extraits de l'AAD 69 par F. Gadet, P. Henry, J. Léon, D. Maldidier, M. Plon dans *Kontexten*, Amsterdam, 1989.

[8] La linguistique (= les grammaires génératives) «offre l'étape qui, succédant au structuralisme, permet de réintégrer la théorie du sujet et la théorie de la situation dans l'analyse du discours» (1967).

[9] A cause de sa visée discursive. Mais la question de la traduction automatique est dans l'air du temps. Cf. la création de l'Association pour la Traduction Automatique et la Linguistique Appliquée (ATALA) dès la fin des années 1950.

[10] On retrouve ici ce qui justifie sur le fond l'analyse faite ici d'une double fondation de l'AD par J. Dubois et M. Pêcheux. Ce que j'appelle AD reste donc circonscrit et ne saurait faire oublier tout le travail fait dans le domaine de l'approche des textes. Il suffira ici de rappeler les noms de R. Barthes, G. Genette, J. Kristeva entre autres. Quelque peu décalé, le livre de R. Lafont et F. Gardès-Madray (1976), se situe dans cette lignée.

[11] Bien qu'il ne fasse qu'une brève allusion à Harris dans AAD69, M. Pêcheux a reconnu ce que devait au linguiste américain sa méthode d'analyse. Harris sera au centre de sa réflexion ultérieure sur la paraphrase.

[12] Une exception notoire : J.B. Marcellesi (1976), dans son Analyse de Discours à Entrée Lexicale (ADEL), utilise le modèle génératif transformationnel qui résulte de la théorie standard élargie.

[13] L'expression a été introduite par M. Pêcheux dans AAD 69.

[14] Le travail de Geneviève Chauveau-Provost (1978) représente la tentative la plus rigoureuse dans cette direction.

[15] Il s'agit d'un premier jalon vers la théorisation des *Vérités de La Palice* (1975). La production du sens y sera envisagée à travers le système des rapports de substitution, paraphrases, synonymies dans la formation discursive.

[16] Benveniste (1966), T. 1 p. 119.

[17] Voir Cl. Normand (1985).

[18] Cf. J.B. Marcellesi (1971).

[19] P. Kuentz (1972).

[20] *Langages*, 37 (1975), coordonné par Michel Pêcheux, fait une place importante à la question de l'énonciation en relation avec la question du sujet. La réflexion sur Benveniste est centrée sur le risque de subjectivisme, elle fait écho aux préoccupations voisines de linguistes tels que M. Ebel et P. Fiala (1983). Cf. les extraits publiés dans D. Maldidier et M. Pêcheux, *L'inquiétude du discours* (1990).

[21] Le nom de Régine Robin suffit à évoquer cette dimension. Son livre *Histoire et Linguistique* (1973), symbolise par son seul titre l'irruption d'une problématique nouvelle. A partir de ses questions d'historienne marxiste, R. Robin a joué un rôle important dans la mise à l'épreuve et la diffusion d'une AD issue de la réflexion sur les deux AD originaires.

[22] Sont consacrés à l'AD pour la période 1969-1976 les n°s 13, 23, 37 et 41 de *Langages*, les n°s 9 et 15 de *Langue française*.

[23] Quelques mises en perspective de ces divergences entre les courants de l'AD dans : L. Guespin (1976); J.M. Marandin (1979). Voir aussi le chapitre 2 du présent ouvrage.

[24] J.J. Courtine (1982). La vulgarisation de l'AD est attestée par la production de manuels destinés aux étudiants. Les livres de D. Maingueneau (1976, 1991) ont joué un rôle décisif dans ce domaine.

[25] P. Kuentz (1977).

[26] Cf. M. Pêcheux (1982).

[27] Bakhtine était connu des littéraires, notamment pour son livre sur Rabelais. Je distingue de cette première réception, la réception qui s'opère en particulier chez les linguistes à la fin des années 1970. La traduction française de *Le marxisme et la philosophie du langage* date de 1977. Ce texte avait fait l'objet d'une présentation dans B. Gardin et J.B. Marcellesi (1974).

Chapitre 8
De l'énonciation a l'événement discursif en analyse de discours

Nous partons de la question suivante : comment faire l'histoire de l'analyse de discours ? Il nous apparaît que la catégorie de l'*énonciation*, catégorie externe et interne à la fois par rapport à notre champ, nous permet de construire les premiers éléments d'une histoire de l'analyse de discours. Et cela, sans nous départir d'une démarche qui s'interdit l'appel à un métadiscours appliqué de l'extérieur. Une entreprise en tous cas périlleuse, puisque cette histoire est proche et que nous y sommes impliqués.

PREMIÈRES POSITIONS

Les premiers jalons de l'histoire de l'analyse de discours — nous entendons par là le champ constitué en France dans les années 1970 — sont bien connus (voir le précédent chapitre). Très vite, cette discipline a fonctionné sur la dichotomie mise en place par Benveniste : *énoncé/énonciation*. Elle assignait à la méthode distributionnelle proposée par Harris pour aborder le discours en tant qu'au-delà de la phrase, la tâche de rendre compte de l'énoncé. La problématique de l'énonciation, quant à elle, paraissait permettre la saisie, à l'intérieur même de l'énoncé, du rapport avec des sujets, des situations, des conjonctures. Ainsi s'établissait une complémentarité de deux problématiques hétérogènes, qui reproduisait, comme on l'a souvent souligné, le couple fond/forme. Tout se passait comme si des sujets parlants imprimaient leurs marques propres au texte, réduit à un ensemble paraphrastique. Cette vision du rapport énoncé/énonciation a suscité, en dépit des tentatives de certains de reformuler la question du sujet dans la théorie de l'énonciation, une série de confusions centrées notamment sur l'idée non interrogée d'un sujet subjectif ou l'élaboration de typologies à partir des marques énonciatives[1].

Mais située d'emblée dans des préoccupations d'ordre historique et théorique, l'analyse de discours a produit des études concrètes qui ont fait travailler la question du sujet en l'arrachant à une vision psychologisante d'une part, à l'empiricité immédiate des situations de communication de l'autre. Dans ces travaux, la question de l'énonciation prenait corps autour de la notion de *stratégies discursives*. Il s'agissait de circonscrire des affrontements entre sujets empiriques qui conféraient aux pratiques discursives légitimité et acceptabilité. Une telle relation entre énonciation et idéologie, entendue au sens marxiste du terme, défaisait la structure énonciative : l'appareil formel de l'énonciation n'était plus l'unique moyen de positionner des sujets dans une conjoncture. Quant aux sujets d'énonciation dont il s'agissait alors, c'étaient des sujets déterminés par un extérieur idéologique, des sujets pleins, dirait-on maintenant[2].

L'approche de l'énonciation en analyse de discours était composite. C'était là une évidence pour tous, à l'intérieur comme à l'extérieur du champ. L'avenir de ce champ d'ailleurs paraissait incertain à beaucoup. A l'intérieur de l'analyse de discours, les questions qui faisaient retour portaient sur le corpus et les conditions de production. Le numéro 45 de *Langages* composé par Désirat et Hordé sur la formation des discours pédagogiques (mars 1977) avait amorcé cette discussion[3]. Nous devions la mettre au centre de notre article de *Dialectiques* (publié en 1979 et reproduit dans le chapitre 2) qui tentait une approche historique de l'analyse de discours. La question de l'énonciation donc n'occupait pas le premier rang dans la réflexion de l'analyse de discours sur elle-même. Cependant l'intervention de Michel Pêcheux dans *Les Vérités de La Palice* (1975) avait proposé un déplacement vers une réflexion théorique sur la forme-sujet et les illusions de la transparence du sens, du sujet-source du sens. La question de l'énonciation, pour des raisons dont nous n'interrogeons pas la validité, quittait ainsi le terrain du rapport discours-langue. Elle se formulait dans un métadiscours. La démarche s'accompagnait d'une critique des typologies énonciatives, qu'elles soient discursives (discours polémique vs discours didactique), ou idéologiques (discours féodal vs discours bourgeois). Mais cette critique se formulait, elle aussi, dans les termes d'un métadiscours (notion de contradiction).

C'est ici qu'une rencontre peu connue mérite toute notre attention d'historiens. En novembre 1977, l'Université Autonome de Mexico organise un symposium sur «le discours politique : théories et analyses». Un débat, auquel nous (J. Guilhaumou) participions, s'instaure entre les principaux représentants de l'analyse de discours en France : Michel Pêcheux, J.B. Marcellesi et R. Robin, face à un public latino-américain passionné de discours politique[4]. Michel Pêcheux, bien connu de ce public, allait provoquer la surprise : son langage de théoricien marxiste s'émaillait de formulations nouvelles dont nous citons un certain nombre en vrac. Ainsi il est question de «l'identité et (de) la division du sens», une idéologie n'est pas «un bloc homogène», elle est «non identique à soi-même»; Michel Pêcheux, qui avait naguère transplanté dans sa théorie du discours les formations discursives de Michel Foucault, lui empruntait maintenant les notions de «formes de répartition» et de «systèmes de dispersion». Quant à Régine Robin, en présentant son étude sur les manuels d'histoire de la IIIe République, elle affirmait reprenant les termes de J. Rancière :

«Dans le discours politique, tout est reprise, rejet, renvoi, reformulation, retournement et torsion, changement de pôle[5].»

L'énonciation refaisait surface sous la catégorie idéologique du *contradictoire*, qui allait être désigné sur un mode plus descriptif, celui de *l'hétérogène*, et sous une autre catégorie, celle *d'événement*, centre actuel de nos préoccupations.

LA QUESTION DU SUJET COMME NOUVEL OBJET DE L'ANALYSE DE DISCOURS

A Mexico, Michel Pêcheux avait donné comme titre à sa communication : «Remontons de Foucault à Spinoza». Le retour à Foucault était amorcé.

C'est J.-M. Marandin qui a approfondi l'apport de *L'archéologie du savoir* à l'analyse du discours, dans sa thèse soutenue en mars 1978[6]. Le principal bougé portait sur la notion de formation discursive. Intégrée dans un premier temps, on l'a rappelé, à une théorie du discours où elle était co-reliée au concept d'idéologie, elle retrouvait le terrain des savoirs discursifs où Foucault l'avait placée. Le retour à Foucault, c'était l'accent mis sur le singulier, l'unique :

«La description d'une langue vise à fournir les règles permettant de construire toute phrase de la langue, alors que l'objet d'une analyse de discours, dans une première approximation, semble être de décrire une séquence réelle unique et non pénétrable[7].»

Dans le même temps, J.-M. Marandin s'appuyant toujours sur Foucault introduisait la notion d'hétérogénéité dans le champ de l'analyse de discours. La formation discursive perdait ainsi une cohérence qu'elle n'avait jamais tenue que du métadiscours sur l'idéologie. L'interrogation sur les règles de formation des énoncés dans une formation discursive aboutissait à la caractérisation de places énonciatives repérables dans le fil du texte et tout à la fois organisatrices de ce texte. Ces places ne sont plus référées à un extérieur, qu'il soit une catégorisation de typologie discursive ou une position idéologique. La description du déplacement des sujets, du passage d'une place énonciative à l'autre, s'identifie à la description d'une série d'événements discursifs. La nouveauté réside essentiellement dans l'exclusion d'un métadiscours sur l'énonciation, dans le mouvement par lequel la description des places énonciatives engendre ses propres catégorisations.

La réaction amorcée par Michel Pêcheux au Colloque de Mexico sur la *division du sens* connaissait de nouveaux développements avec le travail de J.J. Courtine sur le discours communiste adressé aux chrétiens, thèse soutenue en mars 1980[8]. Au-delà d'une terminologie encore prise dans le métadiscours (la catégorie marxiste de contradiction), la notion d'*énoncé divisé* permettait, dans le cas présent, d'aborder la question de l'hétérogène au sein de la formation discursive. Cette question allait revenir par le biais d'une recherche centrée sur la matérialité propre de la langue russe : à partir d'une interrogation sur le fonctionnement de la nominalisation, Patrick Sériot devait travailler la stratification des espaces énonciatifs dans le discours politique soviétique[9]. On voit mieux l'importance de la rencontre avec Jacqueline Authier. Dès 1978 ses travaux sur le discours rapporté avaient amorcé une recherche fructueuse sur le thème de la présence de l'autre dans le discours des sujets parlants[10]. Son intervention au colloque *Matérialités discursives* de Nanterre en avril 1980[11] symbolise la place que ce thème a depuis lors tenue dans l'analyse de discours.

Mais dès l'ouverture de *Matérialités discursives*, puis dans la préface à la thèse de J.J. Courtine publiée en juin 1981, Michel Pêcheux mettait l'accent sur un nouveau déplacement autour de la question du sujet. Désormais l'analyste de discours ne se contente pas d'aider le dirigeant politique à lire ses discours, voire à en produire de nouveaux; il fait surgir dans l'événement discursif un nouveau sujet, hors des réseaux dominants de légitimité. Le sujet énonciatif, défini par une légitimité externe, finissait par se diluer dans les mécanismes institutionnels ; il devenait impossible d'en situer les rationalités historiques et linguistiques. A l'inverse, la description du sujet énonciatif à travers les places qu'il occupe dans le discours, quel que soit le jugement de légitimité porté sur lui, est directement en prise sur la langue et sur l'histoire. La constance de la raison énonciative n'existe que dans la singularité de l'événement. Michel Pêcheux, critiquant l'idée de sujet plein, parle de la nécessaire « délocalisation tendancielle du sujet énonciateur ». Ce sujet énonciateur n'est plus au centre des processus de légitimité, il est ailleurs, là où seules des descriptions locales peuvent le repérer et le catégoriser.

ÉVÉNEMENT DISCURSIF ET CONSCIENCE LINGUISTIQUE

Tous les déplacements que nous avons décrits mènent vers l'idée de sujets en procès dans les textes. Au premier abord cette formule peut s'entendre d'une double façon. Il peut s'agir, comme nous l'avons vu dans l'approche de J.M. Marandin, de la construction d'un sujet dans le fil du discours, au sein même de l'enchaînement discursif. D'un point de vue historique, le sujet se construit dans une dispersion d'énoncés dont il est l'élément unificateur, sans pour autant introduire l'homogène dans l'hétérogène. Le sujet prend place dans des dispositifs d'archive, des espaces non institutionnels, mais historiquement attestés par la diversité de l'archive ; il intervient dans le moment même où quelque chose s'annonce, se rapporte, se catégorise, se conceptualise[12]. La notion de situation d'énonciation n'est plus pertinente, elle laisse place à l'événement. Les raisonnements en termes de situation de communication ne permettent pas de penser la valeur interprétative des places énonciatives dans une description d'énoncé. Ainsi s'opère un double déplacement que nous allons nous efforcer d'expliciter :

– les marques énonciatives ne sont plus au départ de l'analyse, elles sont délocalisées, elles dépendent d'un processus singulier de construction du sujet d'énonciation ;

– toute interprétation d'une place énonciative nécessite, dans une perspective historique, la prise en compte de la conscience linguistique de l'époque considérée, et de la façon dont la question de l'énonciation y est posée.

Pour éclairer ce double déplacement, nous prendrons *l'exemple de la Révolution Française*. En prise sur le XVIIIe siècle, les révolutionnaires pensent la vérité de la langue à travers un schéma d'adéquation entre les mots et les choses. Paradoxalement, le foisonnement de ce qui aujourd'hui apparaît comme des figures énonciatives et que l'époque révolutionnaire pointe sous l'expression de *porte-parole* (Guilhaumou, 1991) n'a jamais suscité, au sein des multiples initiatives linguistiques de cette époque, une réflexion directe sur la question de l'énonciation. De la prise en compte d'un tel manque dépend l'interprétation des rapports historiquement attestés entre des marques et des positions énonciatives. Nous prendrons d'abord l'exemple d'un fonctionnement syntaxique qui présente l'avantage d'être représenté tout au long de la période révolutionnaire. Il s'agit de la coordination *du pain* ET x^{13}. Ce syntagme est particulièrement apte pour les révolutionnaires à permettre, par son effet de totalisation, la concrétisation de leur souci d'adéquation entre les mots et les choses. Dans ce cadre, il n'est explicitement question que du mauvais sujet d'énonciation, celui qui, par son éloquence, abuse des mots. Pour autant, n'y a-t-il aucune place énonciative repérable dans les réalisations de ce syntagme coordonné ?

Notre corpus autour de du pain ET X est constitué d'un ensemble d'énoncés puisés dans des archives diverses et relevant de situations de communication hétérogènes, où *du pain* est conjoint, principalement et dans deux moments historiques distincts, à *la liberté* d'une part, *du fer* de l'autre. Dans le premier moment — nous sommes à la fin de l'année 1789 — la présence d'un sujet se lit dans les affrontements autour de *du pain et la liberté*. Ce sujet, Robespierre, est alors inconnu : dans le même mouvement, il invalide la coordination *du pain et des soldats* et légitime, sans la produire immédiatement, une formule d'avenir du jacobinisme, *du pain et la liberté*. L'argument ainsi avancé sur la base d'un jeu énonciatif permet aux révolutionnaires de désigner la vérité de la Révolution sur la question du pain, alors qu'il n'existe pas encore, dans les émeutes de subsistances, de porte-parole, de sujet d'énonciation pour traduire sur le terrain politique l'énoncé de cette vérité. Quatre ans après, les porte-parole sont omniprésents et constituent en permanence un espace d'entente sur la question des subsistances. La coordination est toujours là sous la forme *du pain et du fer*. Mais l'absence des marques énonciatives dans l'usage des porte-parole est remarquable : le ressassement du mot d'ordre renvoie au sujet anonyme des Droits de l'Homme.

Second exemple d'une tout autre nature : l'absence de réflexion systématique sur l'énonciation à la fin du XVIIIe siècle éclaire un fait paradoxal, le traitement inégal de la rhétorique et de la grammaire. Au nom de la nécessaire adéquation entre les mots et les choses, les grammairiens patriotes, porte-parole en matière d'initiative linguistique, lient la rhétorique à la logique, au raisonnement. François Urbain Domergue, dans le *Journal de la langue française* (1791), insiste sur le fait qu'il n'y a pas de véritable éloquence sans la propriété des mots. S'il est parfois question de rhétorique, la publication de manuels de rhétorique, témoignant de l'usage des catégories rhétoriques dans le nouveau discours politique, est quasi inexistante dans les premières années de la Révolution. Ne serait-ce pas que la publicité donnée à la rhétorique risque, aux yeux des révolutionnaires, de conduire à la sophistique ? Cependant nous avons récemment découvert dans les fonds privés des manuels de rhétorique manuscrits. Le cas le plus spectaculaire est celui d'Anaxagoras Chaumette, procureur de la Commune de Paris, chargé journellement de prononcer de longs réquisitoires devant les citoyens de Paris. Il dispose chez lui, sur sa table de travail, d'un manuel de rhétorique dont il semble être l'auteur. Ainsi l'accès méthodique aux figures de la rhétorique reste d'usage privé. Comme si un interdit non formulé pesait sur la publication de tels textes. Les grammaires, elles, jouissent de l'intérêt général. Un concours est ouvert pour promouvoir la grammaire élémentaire. Elles sont souvent publiées, mais il en existe également de manuscrites. Un cas particulièrement intéressant, celui d'Antoine Tournon, autre grammairien patriote. Pris dans les filets de la suspicion, il rédige l'unique *Grammaire des sans-culottes* connue. Sa correspondance avec Fouquier Tinville et le Comité de Sûreté Générale prouve qu'il écrit cette grammaire pour justifier sa bonne foi, faire preuve de patriotisme. Cet exemple paradoxal démontre l'importance de la prise en compte de la conscience linguistique dans l'approche de l'événement discursif[14].

Ainsi notre démarche permet à la fois la caractérisation des faits de langue, la connaissance des positions des sujets historiques et de leur conscience linguistique, enfin la prise en compte de marques énonciatives co-présentes dans l'effet de langue qui constitue l'événement.

Benveniste, nous le savons, fait un usage relativement fréquent du mot *événement*, en insistant sur le caractère singulier de chaque événement énonciatif. A propos du performatif, il définit plus précisément ce qu'il entend par événement :

« L'énoncé performatif, étant un acte, a cette propriété d'être *unique* (...). Il est événement parce qu'il crée l'événement[15]. »

Les premières études énonciatives de l'analyse de discours ont occulté cette valeur réflexive de l'énonciation. Le métadiscours a pris la place de ce qui, dans l'énonciation même, permet de faire émerger les catégorisations du discours. Paradoxalement les débats les plus explicites de l'analyse de discours portaient sur les conditions de production et la constitution du corpus ; ils laissaient de côté la question de l'énonciation. Cependant, nous l'avons vu, les analystes de discours, confrontés à de nécessaires remaniements ne cessaient de s'interroger sur la question du sujet.

Nous avons voulu montrer que les développements les plus récents de l'analyse de discours, avec la place centrale de l'hétérogène et de l'événement discursif, permettent de circonscrire le rôle de la catégorie d'énonciation dans l'histoire de l'analyse de discours. C'est sans doute en définitive cette catégorie qui ouvre la possibilité d'entreprendre l'histoire de l'analyse de discours.

NOTES

[1] Sur cette première phase de l'analyse de discours, voir : Jean Dubois (1969) en référence à Z.S. Harris. Voir aussi le chapitre 2.
[2] Se reporter à R. Robin ed. (1974).
[3] Claude Désirat et Tristan Hordé (1977). Dans ce numéro les auteurs se situaient par rapport aux propositions de l'analyse automatique du discours et notamment par rapport à deux textes parus peu auparavant : M. Pêcheux et C. Fuchs (1975); M. Pêcheux (1975).
[4] Publication espagnole des actes du Colloque : *El discurso politico*, Universidad Nacional Autonoma de Mexico, Editorial Nueva Imagen, 1980. L'intervention de Michel Pêcheux à ce colloque a été publié en français dans D. Maldidier et M. Pêcheux (1990).
[5] Régine Robin, «Autour d'un problème d'hégémonie politique, les manuels d'histoire de la 3e République», Communication au colloque de Mexico, R. Robin reprend ici un passage de Jacques Rancière (1974) p. 175.
[6] Et publiée en 1979. Voir la bibliographie.
[7] *Ibidem*, p. 18.
[8] Et publiée en 1981. Voir la bibliographie.
[9] Sériot P. (1985).
[10] Authier J. (1978).
[11] Les actes de ce Colloque ont été publiés sous le même titre par Conein *et alii* (1981).
[12] Cf. le chapitre 3.
[13] Cf. les chapitres 3 et 5.
[14] Pour plus de détails, cf. J. Guilhaumou (1989), en particulier le chapitre IV.
[15] E. Benveniste (1966), p. 273.

Chapitre 9
De nouveaux gestes de lecture ou le point de vue de l'analyse de discours sur le sens

Que des textes, des discours, des configurations discursives *fassent sens* dans telle ou telle conjoncture historique, ce pourrait être le point de départ de notre réflexion d'analystes de discours sur le sens. Mais cette première reformulation fait immédiatement sentir que la question du sens investit l'analyse de discours au-delà (en dehors de) l'opposition *signification/sens* des problématiques linguistiques. Elle appelle — et c'est le point que nous éluciderons d'abord — une question préalable sur le discours.

QUEL DISCOURS ?

Le discours-objet de l'analyse de discours se confond-t-il avec le discours auquel le linguiste est parfois confronté? Le terme *discours*, sur le terrain même de la linguistique où il est né, a la réputation d'être fortement polysémique. Quand et comment le linguiste a-t-il affaire au discours? On peut schématiquement distinguer, autour de deux sens principaux du terme, trois positions du linguiste.

Dans le champ français de la linguistique, une conception domine, venue de Benveniste : le discours n'est pas l'addition-combinaison de phrases, il implique un saut qualitatif, une rupture avec l'ordre grammatical de la langue[1]. Le discours est cet objet empirique que rencontre le linguiste lorsque, dans un énoncé, il découvre les traces d'un sujet d'énonciation, des éléments formels qui dénotent l'appropriation de la langue par un sujet parlant[2]. L'émergence du discours ainsi défini sur le terrain de la linguistique détermine deux attitudes opposées du linguiste.

La première s'inscrit dans une perspective tracée par Benveniste lui-même. On a suggéré que, pour ce dernier, *langue* et *discours* s'opposent radicalement. Ce sont deux univers différents. Différents, mais articulables. Au-delà de la linguistique de la langue qui s'intéresse à la « langue comme système de signes », une place se dessine pour une autre linguistique qui prendrait pour objet la « manifestation de la langue dans la communication vivante[3] ». La voie d'une *linguistique du discours* est ainsi ouverte aux linguistes. De fait, celle-ci s'est développée en se donnant souvent une visée typologique : la description de marques et de fonctionnement discursifs, et leur mise en relation avec des sujets empiriques, des cadres situationnels ou institutionnels, aboutit dès lors à la caractérisation de discours pédagogique, scientifique, théorique etc.[4]

Mais la rencontre avec le discours peut susciter une tout autre attitude de la part du linguiste. Il arrive qu'il se heurte au discours comme aux limites de la langue et du linguistique. L'émergence de sujets d'énonciation, les traces du rapport au contexte, certains fonctionnements discursifs sont autant de rappels des limites des formalismes linguistiques, des difficultés des approches purement formelles de la langue. Le discours dès lors n'est pour le linguiste que « l'autre de la langue », le symptôme de difficultés théoriques[5].

Une tout autre acception permet de réconcilier le linguiste et le discours. Il s'agit alors pour lui d'étendre sa démarche grammaticale à l'au-delà de la phrase, au transphrastique. Son propos est d'analyser des agencements discursifs potentiels, des régularités, manifestées au niveau de certains phénomènes tels que l'anaphore, par l'enchaînement des phrases. Ainsi, une *grammaire du discours* s'oppose à la *grammaire de phrase*, qui s'occupe du discours comme d'un objet de science, construit et virtuel.

Linguistique du discours, discours-symptôme, grammaire du discours : trois expressions qui résument pour nous les relations du linguiste au discours. Qu'en est-il maintenant de l'analyse de discours ?

Quand cette dernière se constitue comme champ de recherche en prenant le discours comme objet[6], elle opère une rupture avec les définitions des linguistes : elle prend en compte en effet la détermination historique qui fait du discours un objet toujours concret et singulier. Aux limites de la linguistique et de l'histoire, la nouvelle discipline tente de penser le discours à la rencontre de contraintes propres à la langue et de contraintes externes liées à l'histoire. Exprimée dans les termes d'une référence aux conditions de production (incluant la conjoncture), la détermination historique est constitutive de l'objet. Un objet complexe dès le départ, puisque, tissé de langue, il excède les problématiques linguistiques et qu'il n'y est question de sens que dans un rapport à l'histoire.

LE SENS EN DISCOURS :
Archive, langue et interprétation dans l'analyse de discours aujourd'hui.

Lieu de rencontres interdisciplinaires, l'analyse de discours procède par une démarche originale. Il n'est pas question de redoubler la manière dont l'historien donne sens à l'événement ; il ne s'agit pas davantage de réitérer le geste par lequel le linguiste construit la relation entre des structures linguistiques et des référents externes. L'analyse de discours constitue en quelque sorte son «référent» à l'intérieur même de sa démarche descriptive. Elle cherche, en décrivant des énoncés, à saisir un sens inédit, une dimension de l'événement qui échappe aux approches classiques de l'historien. L'interprétation se construit dans la manière même dont s'agencent les arguments, les récits, les descriptions. Ainsi le sens n'est jamais posé par rapport à un extérieur non langagier ; il se bâtit à travers des dispositifs d'archive où se manifeste la matérialité de la langue.

L'analyse de discours telle que nous l'envisageons aujourd'hui se fonde sur deux supports matériels : l'archive et la langue. L'archive, au sens que Michel Foucault donne à ce terme[7], n'est pas l'ensemble des textes qu'une société a laissés, matériau brut à partir duquel on pourrait saisir soit des structures sociales, soit l'émergence d'événements ; ce n'est pas non plus le cadre institutionnel qui a permis de conserver les traces, c'est un dispositif non fortuit qui constitue des figures distinctes, en ce sens que chaque dispositif d'archive établit sa propre mise en ordre. Ainsi, du côté de l'archive, le sens est convoqué à partir d'une diversité maximale de textes, de dispositifs d'archive spécifiques d'un thème, d'un événement, d'un itinéraire. Loin d'une lecture plurielle qui additionne des textes et des sens, l'archive «exhibe» en quelque sorte un sens déterminé ; elle introduit des contraintes dans la description du sémantisme des énoncés. Du côté de la langue, ce n'est pas seulement à travers des mots, mais à travers des mécanismes syntaxiques et énonciatifs que du sens se produit[8]. La double matérialité de l'archive et de la langue constitue donc la base de l'analyse de discours[9].

Nous nous proposons d'illustrer notre démarche en nous appuyant sur des travaux qui concernent la période de la Révolution française.

Cette période offre un terrain propice à la rencontre de l'archive et de la langue. L'observateur est frappé de l'exacte contemporanéité entre le foisonnement des discours révolutionnaires et la «révolution linguistique[10]» qui instaure le français national. Nous aborderons, du point de vue de l'analyse de discours, trois aspects essentiels du phénomène révolutionnaire, trois séries de données discursives où du sens se fait jour : la question de la langue française, la question des subsistances et l'événement de la mort de Marat.

Avec l'exemple de la *langue française*, il s'agira de voir comment un syntagme, dès longtemps constitué, se met, dans une conjoncture nouvelle, à travers la circulation d'énoncés nouveaux et dans des événements précis, à produire un sens inédit, constructible dans la description même.

La question des *subsistances* fait intervenir le niveau de la grammaire et les propriétés syntactico-sémantiques de la coordination qui, en produisant des effets de totalité, fait surgir de nouveaux référents ou de nouveaux mots d'ordre sur la scène politique révolutionnaire.

La *mort de Marat* offre, quant à elle, l'exemple d'un événement discursif dont le sens se construit à travers une hiérarchie de séquences narratives et descriptives.

UN SYNTAGME PREND UN SENS NOUVEAU

Sous l'Ancien Régime, l'expression *langue française* désigne, dans les textes officiels, la langue d'Etat au service de la monarchie. La Révolution entraîne une rupture dans l'usage de cette expression. Avec la proclamation des Droits de l'homme et du citoyen, les législateurs posent le principe de l'identité entre la langue française et la langue des droits. De fait, la propagation et la démocratisation de la langue française jouent un rôle déterminant dans la conquête et la conservation des droits tout au long de la Révolution. Les «grammairiens patriotes», porte-parole des questions de langue, tel Urbain Domergue, diffusent le mot d'ordre «élever la langue à la hauteur de la Constitution», «à la hauteur d'un peuple libre». Pour que l'expression *langue française* fasse sens dans la communauté des citoyens, il faut non seulement que le français soit connu de tous, mais aussi et surtout qu'il rende les droits intelligibles à tous.

Rappelons ici que tout au long au XVIIIe siècle, les réflexions sur la langue s'accompagnent de considérations sur «l'abus des mots» Avec la Révolution, cette expression va faire sens dans des événements précis. Elle est reprise à propos de la campagne pamphlétaire. Pendant les premiers mois de l'année 1791, les adversaires de la Constitution, modérés et monarchistes, multiplient les procédés pour inverser le sens des mots du discours patriotique : ainsi le *patriote* devient *l'aristocrate*, le *citoyen passif* un *factieux*. Il s'agit pour les jacobins d'un abus de mots caractérisé, donc d'un obstacle à l'appropriation démocratique de la langue. Quand les jacobins parlent de «révolutionner la langue», ils visent explicitement «l'abus des mots» et préconisent le retour à la «propriété des mots». Pour être justes, les mots, selon eux, doivent être analogues aux choses, c'est-à-dire aux droits. Mais il ne s'agit pas d'instaurer une langue univoque. Chaque expérience révolutionnaire dispose de ses mots pour désigner l'exercice des droits: les mots sont divers : l'essentiel réside dans leur rapport permanent au droit naturel; la langue française s'instaure dans l'adéquation entre «l'identité de la langue» et «l'identité des principes» (Domergue). Le terme d'identité est à prendre ici dans son acception condillacienne et ne suppose donc aucun idéal d'unicité pour la langue politique, en tant que langue bien faite[11]. Cette «révolution» de la langue française n'est pas simple affaire de pratique, elle s'investit dans une œuvre à peine esquissée : une grammaire et un dictionnaire républicains. L'adéquation des mots et des choses que ces instruments devaient réaliser procède tout autant de la syntaxe que du lexique. A un niveau supérieur, il est question d' «universaliser» la langue française. Par la médiation de multiples actes révolutionnaires, par le développement des «mœurs», la volonté de tous se matérialise, «l'égalité de langage» se réalise : il semble devenir possible d'«éteindre les langues particulières». Voilà le credo ultime des révolutionnaires en matière de langue.

Cette rapide description permet de saisir comment l'expression *langue française* produit un sens inédit : d'abord dans le rapport — pensé par les révolutionnaires eux-mêmes — à la syntaxe définie comme lien adéquat entre les mots; puis dans le rapport aux configurations d'archive organisatrices de l'événement[12].

Traditionnellement, la question de la langue française à l'époque révolutionnaire est abordée sous l'angle de la politique linguistique; on glisse facilement vers des problèmes de répression linguistique, tels qu'ils peuvent être pensés actuellement. Non sans risque d'anachronisme, on mobilise l'expression langue nationale au titre du métadiscours. L'analyse de discours, quant à elle, s'appuie sur la réflexivité[13] propre du syntagme *langue française* : elle établit un sens à partir des seules catégories du discours révolutionnaire sur la langue française.

UNE COORDINATION-ENJEU

Tout au long du XVIIIe siècle, la question des subsistances est présente[14]. C'est un lieu où le peuple se manifeste de façon paradoxale. Incapable, selon les élites intellectuelles, de rationalité, sa parole se réduit au cri *du pain*! Ce cri éclate dans les émeutes qui cherchent à faire obstacle à la libre circulation des grains. Il apparaît donc comme l'expression du préjugé; situé du côté de la sensibilité, il n'est pas susceptible d'entrer dans un processus de connaissance.

1789 marque l'émergence d'une prise de parole au sein du peuple. La question du pain est bien sûr au premier plan : elle s'actualise dans des actes de demande où le peuple se constitue comme sujet collectif de citoyens. Une rupture se produit au lendemain des Journées d'octobre 1789 par la mise en relation de l'expression *du pain* avec le thème de la liberté. La syntaxe intervient directement dans l'émergence d'un nouveau sens : la mise en relation se fait à l'aide de la conjonction de coordination ET qui induit un effet de globalisation. L'expression *du pain et la liberté* conjoint un terme du concret social immédiat et un terme majeur de la symbolique révolutionnaire pour en faire une totalité. Avec *du pain et la liberté*, on quitte le terrain du sensible pour accéder à la construction d'un savoir nouveau. Cette expression devient un enjeu politique dans la lutte entre patriotes et modérés. Le 21 octobre 1789, à la demande de la Commune de décréter la loi martiale et de faire respecter la libre circulation des grains, Robespierre répond ironiquement : «Les députés de la Commune vous demandent *du pain et des soldats*, c'est-à-dire le peuple attroupé veut du pain, donnez-lui des soldats pour l'immoler!» Robespierre, semble-t-il, n'a recours, pour désigner le dispositif modéré de la loi martiale, à la coordination *du pain et des soldats*, que pour mieux la mettre en pièces : la structure grammaticale de la coordination est la source de l'ironie. Ainsi apparaît, dans la dispersion de l'archive[15], une multitude de structures coordonnées affrontées autour de du pain : *du pain et l'égalité, du pain et des fers, du pain et la paix, du pain et des spectacles*, etc.

L'accélération du processus révolutionnaire met à l'ordre du jour la conquête et la conservation des droits. Une nouvelle coordination autour de *du pain* actualise en 1792-1793 le lien fondamental entre le droit à l'existence et le droit à l'insurrection : *du pain et du fer*. Le phénomène grammatical de la coordination rend possible l'adéquation des mots et des choses, ici des droits. Cette nouvelle formule n'est pas un objet d'affrontements, elle est constitutive d'un mot d'ordre qui exprime la quintessence des droits en révolution : «du pain et du fer aux sans-culottes et ça ira!», «une nation est riche quand elle a du fer ET du pain», etc. Elle est plus particulièrement répétée par des locuteurs anonymes sous la forme *il NE faut QUE du pain ET du fer*, où la modalité restrictive NE... QUE marque le recentrement sur l'essentiel, les besoins fondamentaux.

L'historien a pu se pencher sur la question des subsistances en ignorant de telles émergences discursives. L'analyse de discours ici élabore une démarche interprétative originale qui, à partir de la syntaxe et de la dispersion des énoncés attestés historiquement, contribue à la découverte de nouveaux rapports historiques, fait surgir un sens non aperçu.

«MARAT N'EST PAS MORT» OU L'ÉVÉNEMENT PREND SENS

Notre troisième exemple porte sur un événement : la mort de Marat[16]. Pour les historiens, cet événement est l'amorce du culte révolutionnaire des martyrs de la liberté. Mais il n'est pas pris en compte en tant que tel. L'analyse de discours en propose une tout autre approche : elle s'intéresse aux moments constitutifs de l'événement dans son immédiateté, avant même que le culte de Marat ne se mette en place. Le premier énoncé dans les archives disponibles sur cet événement discursif : «Marat a été assassiné par une femme!» (13 juillet 1793) constitue la simple annonce de l'événement. Un second moment intervient peu après l'assassinat, qui prend appui sur l'énoncé «Marat est mort»; il relie l'événement à l'idée du complot : «Marat est victime de l'aristocratie!» Marat apparaît alors sous la figure de la victime des ennemis du peuple : il est «l'ami du peuple», le «défenseur des droits», le «dénonciateur de tous les ennemis», etc. Le 14 juillet, les sections parisiennes demandent la mise en «sublime» de Marat, la constitution d'un tableau symbolique de la mort de Marat, qui doit exhiber aux yeux du peuple de Paris le sens de l'événement. Mais la putréfaction du corps de Marat due à une chaleur caniculaire déjoue la tentative de représenter Marat dans un tableau idéal. Qui plus est, la peau de Marat, déjà entamée par une longue maladie, pourrit sous l'effet de la chaleur en tirant sur le vert, c'est-à-dire la couleur des rubans de son assassin, Charlotte Corday, couleur désormais interdite de port par la Commune de Paris. En élaborant une image symbolique de Marat, il aurait été possible de construire l'événement hors des contraintes de la langue. La présence de l'abjection, matérialisée à la fois par la pourriture du corps et la couleur verte, est interprétée comme la terreur exercée par les ennemis sur le corps de Marat et nécessite une quête autour du sens de l'événement. C'est au cours de la pompe funèbre de l'ami du peuple (16 juillet) qu'un énoncé nouveau surgit qui constitue l'événement en lui donnant enfin un sens : «Marat n'est pas mort!» Le jeu de la négation est constitutif de ce sens. «Marat n'est pas mort!» ne nie pas l'affirmation «Marat est mort» La négation porte sur le prédicat attribué à Marat : le caractère mortel, comme le montrent des énoncés proches : «Le nom de Marat n'aura point de fin», «Marat vivra toujours parmi vous», «Marat est devenu immortel!», etc.

Nous retrouvons ici encore le double rapport de l'analyse de discours à la syntaxe et à l'archive. L'événement est restitué à travers plusieurs dispositifs d'archive hiérarchisés selon un ordre chronologique et argumentatif[17].

DU SENS À L'INTERPRÉTATION

L'analyse de discours a une histoire; elle n'a pas toujours envisagé la question du sens de la manière que nous avons exposée. Au moment où elle se constitue en France à la fin des années 1960, la question du sens est au centre de sa démarche[18]. Elle se spécifie à travers le rapport entre discours et idéologie. Par là même l'analyse de discours posait la matérialité du sens en rupture avec les approches internes des sémantiques de la langue. La critique du sens «toujours déjà-là» dans les formes et les expressions de la langue débouchait sur l'idée d'un sens qui se constitue dans des formations discursives historiquement situées. La question du sens était renvoyée à un extérieur : les conditions de production qui déterminent la matérialité discursive. Les pratiques de cette analyse de discours se réduisaient à la mise en évidence, sur les corpus en situation, d'ensembles lexicaux, de systèmes de paraphrases ou de substitution, constitutifs du sens. On aboutissait à des listes et à des tableaux sémantiques où le sens se donnait par rapport à un extérieur idéologique.

Cette approche de l'analyse de discours était marquée par son époque : elle correspondait à la période triomphante du structuralisme en France. Deux structures étaient en confrontation permanente : d'un côté le langage structuré selon deux axes déterminés; de l'autre des formations idéologiques traduisant des rapports de forces. Le sens était construit à partir d'un métadiscours. Le langagier ne prenait sens qu'à travers une théorie des idéologies.

Les critiques adressées au structuralisme et l'évolution interne de l'analyse de discours ont suscité une nouvelle approche de la question du sens. Au départ, il s'agissait de modifier le rapport de la description à l'interprétation, de focaliser l'attention sur les ressources interprétatives des textes. D'un dispositif d'archive à l'autre, des arguments, des catégorisations, des mises en rapport constituent désormais le support de l'interprétation. Le sens n'est pas donné a priori, il se construit à chaque étape de la description. Il n'est jamais achevé dans une structure; il procède de *la matérialité de la langue et de l'archive*, il est tout à la fois contraint et ouvert. En déplaçant la question du sens vers les textes, l'analyse de discours l'a en quelque sorte banalisée. Peut-être cette question a-t-elle perdu — provisoirement? — son rôle organisateur dans la démarche de l'analyse de discours.

NOTES

[1] Benveniste s'inscrit dans l'héritage saussurien de la dichotomie langue/parole. A l'écart de cette tradition, il faut mentionner la conception du discours à l'œuvre dans l'article «Discourse analysis» du linguiste américain Z.S. Harris. Pour ce dernier, le discours est un simple enchaînement de phrases, un énoncé suivi, auquel rien n'interdit d'appliquer les méthodes généralement mises en œuvre par la linguistique descriptive dans le cadre de la phrase (*Language*, vol. 28, 1952; tr. fr. *Langages*, n° 13, 1969).
[2] Ces éléments, *indices* chez Benveniste, *embrayeurs* chez Jakobson, appartiennent à des classes grammaticales diverses puisqu'on y trouve les pronoms personnels *je* et *tu*, les temps verbaux, des adverbes de lieu et de temps — *ici, demain...* —, des adjectifs — *dernier, prochain...* — des emplois particuliers de verbes dits performatifs — *je promets de, je décrète que...* Tous ont la propriété de permettre la «conversion de la langue en discours»; en d'autres termes on ne peut les décrire sans se rapporter au fait que la langue est parlée par un sujet parlant. Voir Benveniste (1966), V® partie, «L'homme dans la langue» et (1974), chapitre 5.
[3] Benveniste, *ibidem*.
[4] Cf. Jenny Simonin-Grumbach (1975).
[5] Cf. M. Arrivé, F. Gadet, M. Galmiche (1986), article «Discours».
[6] La constitution de l'analyse de discours comme discipline universitaire est historiquement assignable. On peut pointer ici l'intervention du linguiste Jean Dubois au Colloque de Lexicologie politique de Saint-Cloud (avril 1968). Les noms de l'historienne Régine

Robin et du philosophe Michel Pêcheux suggèrent immédiatement le caractère interdisciplinaire de l'entreprise. Cf. le chapitre 7.
[7] Michel Foucault (1969).
[8] On remarquera dans notre propre discours les expressions qui dénotent la production-émergence de sens. De fait, à l'écart de l'opposition signification/sens, comme nous l'avons souligné, notre étude ne cherche à saisir ni «ce que ça veut dire», ni «comment ça dit». Elle est constituée par une démarche tout entière attachée à chercher comment du sens se donne à voir.
[9] La convocation d'énoncés singuliers co-présents dans un espace historique construit par le chercheur repose toujours sur la matérialité de l'archive; quant à la matérialité de la langue, elle peut — au rebours des exemples que nous présentons ici — n'avoir aucune pertinence.
[10] Cf. Renée Balibar et Dominique Laporte (1974); Renée Balibar (1985).
[11] Cf. Sylvain Auroux (1981).
[12] Ce syntagme est plus particulièrement attesté dans des adresses, des discours, des ouvrages élémentaires (notamment des grammaires), et au sein de la presse qui publie épisodiquement des lettres et des réflexions sur l'usage des mots en révolution.
[13] Renée Balibar note : «La révolution dans la langue de l'Etat n'a pas eu besoin d'autres termes que celui de «langue française» pour l'expression du changement. Cette locution désignait déjà le rapport du pouvoir de l'écriture aux populations capables d'écriture : la personne du roi marquant de son signe les peuples de son territoire. Le renversement de cet ordre millénaire suppose que le signe linguistique tiendra désormais sa légitimité des populations capables d'écriture» (1985, p. 147). A ce titre le syntagme «langue française» suffit à caractériser, à partir de ses emplois multiples, la «révolution linguistique» à l'ordre du jour pendant la Révolution française. D'apparence anodine, ce syntagme est pourtant en position réflexive maximale. Ainsi, il n'est pas nécessaire d'avoir recours à d'autres notions, de type discursif, pour expliquer les raisons profondes de la politique linguistique des révolutionnaires. Voir le chapitre 6.
[14] Jacques Guilhaumou (1984b). Voir également les chapitres 3 et 5 du présent ouvrage.
[15] L'archive relative à la question des subsistances est d'une grande diversité dans la mesure où elle concerne aussi bien les individus dans leur vie quotidienne que les institutions révolutionnaires. Cependant les expressions du type *Du pain ET X*, qui marquent déjà un certain niveau d'élaboration idéologique, se retrouvent principalement dans des adresses, des discours, des rapports et des éditoriaux de presse.
[16] Voir J. Guilhaumou (1986b et 1987b). Cet événement prélude à la mise à l'ordre du jour de la Terreur (1987a).
[17] Les énoncés d'archive autour de «Marat est mort/Marat n'est pas mort» sont issus de la presse révolutionnaire qui associe des textes d'origines très diverses : procès-verbaux, lettres, adresses, éditoriaux etc. L'analyse du jeu de la négation s'appuie sur les travaux de O. Ducrot (1973) et J. Moeschler (1982).
[18] Dans cette histoire de l'analyse de discours que nous présentons succinctement et du point de vue de la question du sens, Michel Pêcheux a joué un rôle primordial. Au départ, dans *Analyse automatique du discours* (1969), il se démarque des tentatives de construire une sémantique à l'intérieur de la linguistique. Il propose d'établir à partir de procédures automatiques, des domaines sémantiques en rapport avec l'idéologique. Avec *Les Vérités de la Palice* (1975), il élabore une véritable théorie matérialiste du sens où le sens se constitue dans les formations discursives co-reliées à des formations idéologiques. Dans la dernière période, il en vient à caractériser l'analyse de discours comme une discipline interprétative. Par là même la question du sens devient omniprésente sans être l'objet d'une étude particulière. Cf. D. Maldidier et M. Pêcheux (1990).

Références bibliographiques

ACHARD P. (1986), «Mise en ordre de la langue de raison : l'Etat et le français», *Etats de langue*, Paris, Fayard.

ACHARD P. (1989), *La passion du développement. Une analyse de discours de l'économie politique*, Thèse d'Etat, EHESS.

ALTHUSSER L. (1966), *Lire le Capital*, Paris, Maspero.

ALTHUSSER L. (1970), «Idéologie et appareils idéologiques d'Etat», *La Pensée*, juin. Republié dans *Positions*, Paris, Editions Sociales, 1976.

ALTHUSSER L. (1974), *Eléments d'autocritique*, Paris, Hachette-Littérature.

ARIES Ph. (1977), *L'homme devant la mort*, Paris.

ARRIVE M., GADET F. et GALMICHE M. (1986), *La grammaire d'aujourd'hui, guide alphabétique de la linguistique française*, Paris, Flammarion.

ATTAL P. (1984), «Deux niveaux de négation», *Langue française*, n° 62, mai 1984.

AUROUX S. (1981), *Introduction à la Langue des calculs de Condillac*, Presses Universitaires de Lille.

AUROUX S. (1991), «La linguistique est une science normative», dans *Le langage comme défi*, Presses Universitaires de Vincennes.

AUSTIN J.L. (1970), *Quand dire, c'est faire*, Paris, Seuil.

AUTHIER J. (1978), «Les formes du discours rapporté»; *D.R.A.L.V.*, n° 17.

AUTHIER-REVUZ J. (1982), «Hétérogénéité montrée et hétérogénéité constitutive : éléments pour une approche de l'autre dans le discours», dans *D.R.L.A.V.*, n° 26, Paris VIII, CNRS.

AUTHIEZ-REVUZ J. (1992), *Les non-coïncidences du dire et leur représentation méta-énonciative. Etude linguistique et discursive de la modalisation autonymique*, Thèse de Doctorat d'Etat, Paris VIII, 900 pages.

BAKHTINE M. (1977), *Le marxisme et la philosophie du langage. Essai d'appréciation de la méthode scientifique en linguistique*, Editions de Minuit, 1977.

BALIBAR R. (1985), *L'institution du français. Essai sur le colinguisme des carolingiens à la république*, Paris, PUF.

BALIBAR R. et LAPORTE D. (1974), *Le français national. Politique et pratique de la langue nationale sous la Révolution*, Paris, Hachette.

BANFIELD A. (1793), «Le style narratif et la grammaire des discours direct et indirect», dans *Change*, 16-17.

BARTHES R. (1984), *Le bruissement de la langue. Essais critiques IV*, Paris, Seuil.

BEGUE D. (1979), *Quelques aspects de la coordination en français*, Thèse de IIIe cycle sous la direction de J.C. Milner, Paris VII.

BENVENISTE E. (1966), *Problèmes de linguistique générale*, Paris, Gallimard.

BENVENISTE E. (1974), *Problèmes de linguistique générale*, Tome II, Paris, Gallimard.

BILGER M. (1985), «ET, quoi de neuf?» in *Recherches sur le français parlé*, n° 6, GARS.

BUCI-GLUCKSMANN Ch. (1975), *Gramsci et l'Etat*, Paris, Fayard.

CASANOVA A. et HINCKER F. ed. (1974), *Aujourd'hui l'histoire*, Paris, Editions sociales.

CAUQUELIN A. et SFEZ L. (1977), «De la communication politique aux représentations sociales», *Dialectiques*, n° 20.

CHAUNU P., *La mort à Paris, XVI-XVIIIe siècles*, Paris, Fayard.

CHAUVEAU-PROVOST G. (1978), *Analyse linguistique du discours jaurésien*, Langages n° 52.

COLETTI L. (1975), «Marxisme et dialectique», dans *Politique et philosophie*, Paris, Galilée.

CONEIN B. (1981), «La position du porte-parole dans la Révolution française», *Peuple et pouvoir*, Presses Universitaires de Lille.

CONEIN B. (1985), «L'enquête sociologique et l'analyse du Langage : les formes linguistiques de la connaissance sociale», *Arguments ethnométhodologiques, Problèmes d'épistémologie en sciences sociales*, III, E.H.E.S.S., p. 5-30.

CONEIN B. et alii. (1981), *Matérialités discursives*, Presses Universitaires de Lille.

COSTE D. (1987), *Institution du français langue étrangère et implications de la linguistique appliquée*, Thèse de Doctorat d'Etat, Paris 8.

COTTERET P. et alii (1976), *Giscard-Mitterrand : 54 774 mots pour convaincre*, Paris, PUF.

COURDESSES L. (1971), «Blum et Thorez en mai 1936 : analyse d'énoncé», *Langue française*, n° 9.

COURTINE J.J. (1981), «Analyse du discours politique. Le discours communiste adressé aux chrétiens», *Langages*, n° 62.

COURTINE J.J. (1982), «L'instituteur et le militant» (Contribution à l'histoire de l'analyse de discours en France)», *Archives et Documents de la S.H.E.S.L.*, n° 2.

COURTINE J.J. (1991), «Le discours introuvable : marxisme et linguistique (1965-1985)», *HEL*, tome 13, fascicule II.

COURTINE J.J. et LECOMTE A. (1980), «Formation discursive et énonciation», *La sociollnguistique*, Paris, P.U.F.

DAMOURETTE et PICHON (1911-1950), *Des mots à la pensée*, Ed. d'Artrey.

DE CERTEAU Michel (1975), *L'Ecriture de l'histoire*, Paris, Gallimard.

DE CERTEAU M., JULIA D., REVEL J. (1975), *Une politique de la langue. La Révolution française et les patois*, Paris, Gallimard.

DEMONET M. et alii (1975), *Des tracts en mai 1968*, Paris, A. Colin.

DESIRAT C. et HORDE T. ed. (1977), Formation des discours pédagogiques, *Langages*, n° 45.

DONELLAN K. (1966), «Reference and definite descriptions», *Philosophical Review*, 75.

Dosse F. (1991/1992), *Histoire du structuralisme*, tomes 1 et 2, Paris, Editions de la Découverte.

Dougnac F. (1981), *F.U. Domergue, le "Journal de la langue française" et la néologie lexicale*, Thèse de 3ᵉ cycle, Paris III.

Dougnac F. et Busse W. (1992), *François-Urbain Domergue. Le grammairien patriote (1745-1810)*, Tübingen, Gunter Narr Verlag.

Dubois J. (1967), «Structuralisme et linguistique», *La Pensée*, n° 135.

Dubois J. (1969), Conclusions au Colloque de Lexicologie politique de Saint-Cloud (avril 1968) publiées sous le titre «Lexicologie et analyse d'énoncé», dans *Cahiers de Lexicologie*, 1969-II.

Dubois J. (1971), Avant propos à l'ouvrage de J.B. Marcellesi (1971).

Ducrot O. (1972), *Dire et ne pas dire, principes de sémantique linguistique*, Hermann.

Ducrot O. (1973), *La preuve et le dire*, Paris, Mame.

Ducrot O. et alii (1980), *Les mots du discours*, Paris, Minuit.

Ducrot O. (1985), *Le dire et le dit*, Paris, Minuit.

Ducrot O. et Todorov T. (1972), *Dictionnaire encyclopédique des sciences du langage*, Paris, Seuil.

Ebel M. et Fiala P. (1983), *Sous le consensus, la xénophobie. Paroles, arguments, contextes (1969-1981)*, Institut de science politique, *Mémoires et documents*, 16, Lausanne.

Faure E. (1961), *La Disgrâce de Turgot*, Paris, Gallimard.

Faye J.P. (1972), *Langages totalitaires*, Paris, Hermann.

Faye J.P. (1973), *La critique du langage et son économie*, Paris, Galilée.

Fiszbin H. (1980), *Les bouches s'ouvrent. Une crise dans le Parti Communiste Français*, Paris, Grasset.

Foucault M. (1969), *L'Archéologie du savoir*, Paris, Gallimard.

Foucault M. (1971), *L'ordre du discours*, Paris, Gallimard.

Furet F. (1978), *Penser la Révolution française*, Paris, Gallimard.

Gadet F. (1977a), «Théorie linguistique ou réalité langagière?», *Langages*, n° 46.

Gadet F. (1977b), «La sociolinguistique n'existe pas : je l'ai rencontrée», *Dialectiques*, n° 20.

Gadet F. (1980), «La double faille», *La sociolinguistique*, Paris, PUF.

Gadet F. (1982), «L'analyse de discours et «l'interprétation» (à propos de Therapeutic discourse)», *D.R.A.L.V.*, n° 27.

Gadet F. et Pêcheux M. (1981), *La langue introuvable*, Paris, Maspéro.

Galmiche, M. (1983), «Les ambiguïtés référentielles ou les pièges de la référence», dans *Langue Française*, n° 57.

Gardin B. (1976), «Discours patronal et discours syndical», *Langages*, n° 41.

Gardin B. et Marcellesi J.B. éd. (1980), *Sociolinguistique. Approches, théories, pratiques*, Paris, PUF.

Gayot G. et Pêcheux M. (1971), «Recherches sur le discours immuniste au XVIIIᵉ siècle : C. de Saint-Martin et les circonstances», *Annales*, E.S.C.

Genette G. (1972), *Figures III*, Paris, Seuil.

Gramsci A. (1975), *Quaderni del Carcere*, Milan, Einaudi, traduction française chez Gallimard.

Grenon M. et Robin R. (1976), «A propos de la polémique sur l'Ancien régime et la révolution : pour une problématique de la transition», *La Pensée*, n° 187.

GRENON M. et ROBIN R. (1978), «Alice dans le droit chemin ou la transition dans les superstructures», *Dialectiques*, n°⁸ 24-25.

GRÉSILLON A. ET MILNER J. (1977), «Conjoints mal assortis : la règle du jeu», dans *D.R.L.A.V.*, 15.

GRIZE J.B. (1971), *Logique de l'argumentation et discours argumentatif*, Travaux du Centre de recherches sémiologiques, Neuchâtel, n° 7.

GRUNIG B.N. (1977) : «Bilans sur le statut de la coordination», *D.R.L.A.V.*, 15.

GUESPIN L. (1971), «Problématique des travaux sur le discours politique», *Langages*, n° 23.

GUESPIN L. (1976), «Les embrayeurs en discours», *Langages*, n° 41.

GUILHAUMOU J. (1974), «L'idélogie du Père Duchesne», *in Langage et idéologies. Le discours comme objet de l'histoire*, Paris, Les Editions ouvrières.

GUILHAUMOU J. (1975a), «Moment actuel et processus discursifs : le «Père Duchesne» d'Hébert et le «Publiciste de la république française» de Jacques Roux (juillet-septembre 1793)», *Bulletin du centre d'analyse du discours de Lille III*, P.U.L.

GUILHAUMOU J. (1975b), «Discours, idéologies et conjoncture en 1793», *Dialectiques*, n°⁸ 10-11.

GUILHAUMOU J. (1978a), *Discours, idéologies et conjonctures. L'exemple des discours révolutionnaires* (1792-1794), Thèse de III⁰ cycle, Université d'Aix-Marseille I.

GUILHAUMOU J. (1978b), «Les discours politiques contemporains», *Cahiers d'histoire de l'Institut Maurice Thorez*, n° 28.

GUILHAUMOU J. (1979), «Hégémonie et jacobinisme dans les cahiers de Prison. Gramsci et l'histoire de la France contemporaine», *Cahiers d'histoire de l'Institut Maurice Thorez*, n°⁸ 32-33.

GUILHAUMOU J. (1984a) : «Itinéraire d'un historien du discours», dans *Histoire et Linguistique*, Actes de la Table ronde de "Langage et Société", Colloque de Paris (28-29-30 avril 1983), Ed. MSH, Paris.

GUILHAUMOU J. (1984b), «Subsistances et discours publics dans la France d'ancien régime (1709-1785)», *Mots*, n° 9.

GUILHAUMOU J. (1985), «Nous/vous/tous : la fête du 10 août 1793», *Mots*, n° 10, Presses de la Fondation des Sciences politiques.

GUILHAUMOU J. (1986a), «L'élite modérée et la «propriété des mots» (1791)», *in* Busse W. & Trabant J. éds., *Les Idéologues*, Amsterdam, Benjamins.

GUILHAUMOU J. (1986b) «Description d'un événement discursif : la mort de Marat à Paris», *in La mort de Marat*, ouvrage collectif, Paris, Flammarion.

GUILHAUMOU J. (1986c), «Les mille langues du Père Duchesne. La parade de la culture populaire pendant la Révolution française», *Dix-huitième siècle*, 18.

GUILHAUMOU J. (1987a), «La terreur à l'ordre du jour (juillet 1793-mars 1794)», *Dictionnaire des usages sociopolitiques du français pendant la Révolution française*, fascicule 2, Paris, Klincksieck.

GUILHAUMOU J. (1987b), «Enoncés et récits sur la mort de Marat (juillet 1793). La matérialité de la langue dans la discursivité de l'archive», *Lexique*, n° 5, Presses Universitaires de Lille.

GUILHAUMOU J. (1988), «Marseille-Paris : la formation et la propagation d'un mot d'ordre : «du pain et du fer» (1792-1793)», *Les pratiques politiques en Province à l'époque de la révolution française*, Université Paul Valéry, Montpellier.

GUILHAUMOU J. (1989), *La langue politique et la Révolution française*, Paris, Meridiens-Klincksieck.

GUILHAUMOU J. (1991), «Les porte-parole et le moment républicain (1791-1793)», *Annales E.S.C.*, n° 4.

GUILHAUMOU J. (1992), *Marseille Républicaine (1791-1793)*, Paris, Presses de la Fondation Nationale des Sciences politiques.

GUILHAUMOU J. (1993), «A propos de l'analyse de discours : les historiens et le "tournant linguistique"», *Langage et société*, n° 65.

GUILHAUMOU J. et LÜSEBRINK H.-J. (1981), «Le pragmatique textuelle et les langages de la Révolution française», Mots, n° 2.

GUILHAUMOU J. et MALDIDIER D. (1978), Article «Langage», dans l'Encyclopédie de *La Nouvelle Histoire* sous la direction de Jacques Le Goff, Paris, CEPL.

GUILHAUMOU J. et MALDIDIER D. (1981), «L'analyse de discours à la recherche de l'historicité. Du propos au mot d'ordre : «du pain» et la question des subsistances. La journée du 4 septembre 1793», *Linx*, n° 4, Université de Paris X-Nanterre.

GUILHAUMOU J. et MALDIDIER D. (1984), «Analyse discursive d'une journée révolutionnaire : le 4 septembre 1793», *Le discours social et ses usages*, sous la direction de R. ROBIN, UQAM, Montréal.

GUILHAUMOU J. et MALDIDIER D. (1986), «L'apport de l'analyse de discours à la saisie historique de l'événement : la journée révolutionnaire parisienne du 4 septembre 1793», *L'Événement*, Publications de l'Université de Provence-Lafitte, Aix-en-Provence.

GUMBRECHT H.-U. (1978), *Funktionen parlementarischer Rhetorik in der Französischen Revolution*, Munich, Wilhelm Fink.

GUYARD M.R. (1973), *Le vocabulaire politique d'Eluard*, Paris, Klincksieck.

HAROCHE C., HENRY P. et PÊCHEUX M. (1971), «la sémantique et la coupure sausurienne : langue, langage, discours», *Langages*, n° 24.

HARRIS Z.S. (1952), «Discourse analysis», *Language*, vol. 28, 1-30, traduit dans *Langages*, n° 13, 1969.

HENRY P. (1975), «Constructions relatives et articulations discursives», *Langages*, n° 37.

HIRSCH J.P. (1975), «Les milieux du commerce, l'esprit de système et le pouvoir à la veille de la Révolution», *Annales ESC*.

HOUDEBINE J.L. (1977), *Langage et marxisme*, Paris, Klincksieck.

JAUSS H.R. (1978), *Pour une esthétique de la réception*, Gallimard.

KAPLAN Steven L. (1976), *Bread, politics and political economy in the reign of Louis XV*, 2 vol., Martinus Hijhoff, The Hague.

KOSELLECK R. (1990), *Le futur passé. Contribution à la sémantique des temps historiques*, Editions de l'EHESS.

KUENTZ P. (1972), «Parole/discours», *Langue française*, n° 15.

KUENTZ P. (1977), «Le linguiste et le discours», *Langages*, n° 45.

LAFON R. et GARDES-MADRAY F. (1976), *Introduction à l'analyse textuelle*, Paris, Larousse.

LEFÈVRE G. (1977), *Analyse de textes politiques durant la campagne électorale pour les élections législatives de 1973 dans la Marne*, Thèse de 3ᵉ cycle, Université de Haute-Normandie.

LYOTARD J.-F. (1973), *Dispositifs pulsionnels*, Paris, 10/18.

MAINGUENEAU D. (1976), *Initiation aux méthodes de l'analyse du discours*, Paris, Hachette.

MAINGUENEAU D. (1991), *L'analyse du discours. Introduction aux lectures de l'archive*, Paris, Hachette.

MALDIDIER D. (1970), *Analyse linguistique du vocabulaire de la guerre d'Algérie*, thèse de troisième cycle, Paris-X-Nanterre, dactylographié [partiellement publiée dans *Langue française*, 9 (1971), *Langages*, 23 (1971) et *La Pensée*, 157 (1971)].

MALDIDIER D. (1984), «Michel Pêcheux. Une tension passionnée entre la langue et l'histoire», dans *Histoire et Linguistique*, Ed. MSH, Paris.

MALDIDIER D. ed. (1986), *Analyse de discours. Nouveaux parcours. Hommage à Michel Pêcheux*, Langages, n° 81.

MALDIDIER D., NORMAND C. et ROBIN R. (1972), «Discours et idéologie : quelques bases pour une recherche», *Langue française*, n° 15.

MALDIDIER D. et ROBIN R. (1974), «Polémique idéologique et affrontement discursif en 1776 : les grands Edits de Turgot et les remontrances du Parlement de Paris», *Langage et idéologies. Le discours comme objet de l'Histoire*, R. Robin ed., Paris, Les Editions ouvrières.

MALDIDIER D. et GUILHAUMOU J. (1994), «La mémoire et l'événement : le 14 juillet 1989», *Langages*, «Histoire, mémoire, langage» (Courtine ed.).

MALDIDIER D. et PÊCHEUX M. (1990), *L'inquiétude du discours*, introduction de Denise Maldidier aux textes de Michel Pêcheux, Paris, Editions des Cendres.

MARANDIN J.M. (1979), «Problèmes d'analyse de discours. Essai de description du discours français sur la Chine», *Langages*, n° 55.

MARCELLESI J.B. (1970), «Problèmes de socio-linguistique : le Congrès de Tours», *La Pensée*, n° 153.

MARCELLESI J.B. (1971), *Le Congrès de Tours (décembre 1920). Etudes sociolinguistiques*, Paris, Le Pavillon.

MARCELLESI J.B. et GARDIN B. (1974), *Introduction à la sociolinguistique : la linguistique sociale*, Paris, Larousse.

MARCELLESI J.B. (1976), «Analyse de discours à entrée lexicale. Application à un corpus de 1924-1925», *Langages*, n° 41.

MAZIÈRE F. ed. (1993), *Hommage à Denise Maldidier*, Paris, Editions des Cendres.

MELEUC S. (1969), «Structure de la maxime», dans *Langages*, n° 13.

METHIVIER H. (1970), *La Fin de l'Ancien Régime*, Paris, PUF.

MILNER J.C. (1978), *De la syntaxe à l'interprétation*, Paris, Seuil.

MILNER J.C. (1989), *Introduction à une science du langage*, Paris, Seuil.

MOESCHLER J. (1982), *Dire et contredire. Pragmatique de la négation et acte de réfutation dans la conversation*, Berne/Francfort, Peter Lang.

MORIN V. (1969), *L'écriture de presse*, Paris, Mouton.

MORTUREUX M.F. (1982), *La formation et le fonctionnement d'un discours de la vulgarisation scientifique au XVIIIe siècle à travers l'œuvre de Fontenelle*, Atelier central des thèses, Lille II, Didier-Erudition.

NORA P. (1974), «Le retour de l'événement», *Faire de l'Histoire*, Paris, Gallimard.

NORMAND C. (1985), «Le sujet dans la langue», *Langages*, n° 77.

PAILLET M. (1974), *Le journalisme*, Paris, Denoël.

PAVEL (1988), *Le mirage linguistique*, Paris, Minuit.

PÊCHEUX M. (1969), *Analyse automatique du discours*, Paris, Dunod.

PÊCHEUX M. (1975a), *Les vérités de la Palice*, Paris, Maspero.

PÊCHEUX M. ed. (1975b), Analyse de discours. Langue et idéologies, *Langages*, n° 37.

PÊCHEUX M. (1982), «Sur la (dé)-construction des théories linguistiques», *D.R.A.L.V.*, n° 27.

PÊCHEUX M. (1984), «Sur les contextes épistémologiques de l'analyse de discours», *Mots*, n° 9.

PÊCHEUX M. et FUCHS C. (1975), «Mises au point et perspectives à propos de l'analyse automatique du discours», *Langages*, n° 37.

PROVOST-CHAUVEAU (1971), «Problèmes théoriques et méthodologiques en analyse du discours», *Langue française*, n° 9.

RANCIÈRE J. (1974), *La leçon d'Althusser*, Paris, Idées-Gallimard.

RANCIÈRE J. (1981), *La nuit des prolétaires. Archives du rêve ouvrier*, Paris, Fayard.

RANCIÈRE J. (1992), *Les mots de l'histoire. Essai de poétique du savoir*, Paris, Seuil.

RÉCANATI F. (1979), *La transparence et l'énonciation*, Paris, Editions du Seuil.

REICHARDT R. und SCHMITT E. hrsg (1988), *Die Französische Revolution als Bruch des geselleschaftlichen Bewusstseins*, Munich, Oldenbourg.

REY A. (1976), *Théories du signe et du sens. Lectures*, t. 2, Paris, Klinscksieck.

ROBIN R. (1970), *La société française en 1789*. Semur-en-Auxois, Paris, Plon.

ROBIN R. (1971), «Fief et seigneurie dans le droit et l'idélogie juridique à la fin du XVIIIe siècle», *Annales historiques de la Révolution française*, n° 206.

ROBIN R. (1973a), *Histoire et Linguistique*, A. Colin.

ROBIN R. (1973b), «La nature de l'Etat à la fin de l'Ancien Régime. Formation sociale et transition» in *Dialectiques*, n°s 1-2.

ROBIN R. ed. (1974), *Langage et idéologies. Le discours comme objet de l'histoire*, Les Editions ouvrières, 1974.

ROBIN R. (1975), «Le champ sémantique de féodalité dans les Cahiers de doléances généraux de 1789», *Bulletin du Centre d'analyse du discours de Lille*, III, n° 2, Lille.

ROBIN R. (1980), «Autour d'un problème d'hégémonie idéologique : les manuels d'histoire de la IIIe République», Symposium de Mexico sur *El discurso politico*, Mexico, UNAM.

SALEM A. (1987), *Pratique des segments répétés*, Paris, Klincksieck.

SERIOT P. (1985), *Analyse du discours politique soviétique*, publication par l'Institut d'Etudes Slaves d'une Thèse de IIIe cycle intitulée *Préliminaires linguistiques à une analyse du discours politique soviétique : les relations prédicatives non-verbales*, Université de Grenoble (1983).

SERIOT P. (1986), «Langue russe et discours politique soviétique», *Langages*, n° 81, p. 11-41.

SIMONIN-GRUMBACH J. (1975), «Pour une typologie des discours», dans *Langue, discours et société. Pour Emile Benveniste*, Paris, Seuil.

SLAKTA D. (1971), «L'acte de demander dans les Cahiers de Doléances», dans *Langue Française*, n° 9.

SLAKTA D. (1974), «Essai pour Austin», *Langue Française*, n° 21.

SLAKTA D. (1975), «L'ordre du discours», *Etudes de Linguistique appliquée*, n° 19.

SLAKTA D. (1982), «L'enjeu d'un conflit entre l'ancien et le nouveau : la figure moderne du citoyen», *Elseneur*, Université de Caen.

SOBOUL A. (1970), *La Civilisation de la Révolution française*, Grenoble, Arthaud, tome I.

SOBOUL A. (1973), *Mouvement populaire et gouvernement révolutionnaire en l'an II (1793-1794)*, Paris, Flammarion.

TODOROV T. (1981), *M. Bakhtine, le principe dialogique*, Paris, Seuil.

TOURNIER M. (1975), *Un vocabulaire ouvrier en 1848. Essai de lexicométrie*, Thèse d'état, ENS de saint-Cloud, 785 pages.

VAN HOUT G. (1974), *Essai pédagogique sur les structures grammaticales du français moderne*, vol. III, Didier.

VAN ROSSUM-GUYON F. (1970), *Critique du roman*, Paris, Gallimard.

VEYNE Paul (1971), *Comment on écrit l'histoire*, Paris, Seuil.

VOVELLE M. (1972), *La Chute de la monarchie*, Paris, Seuil.

VOVELLE M. (1978), *Piété baroque et déchristianisation en Provence au XVIIIe siècle*, Paris, Seuil.

VOVELLE M. (1985), *La mentalité révolutionnaire*, Editions sociales.

WEINRICH H. (1973), *Le Temps*, Paris, Seuil.

Index nominum

Althusser L., 10, 44, 82, 175.
Andrieu R., 52-53, 55, 59-61.
Anthoine, 155.
Argelès J.M., 114, 119-121, 130.
Astre L., 22.
Audouin P.J., 144, 147.
Auroux S., 15.
Austin J.L., 79.
Authier J., 15, 188.

Bakhtine-Volochinov M., 82, 85, 181.
Barère B., 146, 151.
Barjonet A., 22, 48.
Barthes R., 10, 13, 19-20, 46, 54, 56.
Bègue D., 149-150.
Benveniste E., 13, 20, 179, 185, 191, 193.
Blum L., 78.
Brissot J.P., 155.
Bromberger S., 52, 57, 63.
Butor M., 22.

Carra J.L., 155.
Certeau M. de, 10.
Chartier R., 11.
Chaumette A., 109, 191.
Condorcet J.A., 155.
Conte F., 64.
Courdesses L., 78.
Courtine J.J., 10, 16-17, 180, 188.

Danton G., 107.
De Gaulle C., 50.
Déjour M., 49.
Désirat C., 86, 186.
Domergue F.U., 151-155, 169-170, 190, 196-197.
Dosse F., 10.
Dreyfus A., 19.
Dubois J., 10, 75-76, 173-180.
Ducrot O., 20.
Durkheim E, 56.

Fabre, 144, 147.
Faye J.P., 80.
Fiszbin H., 11, 113-131.
Foucault M., 10, 12-13, 83, 175, 187-188, 195.
Fouquier-Tinville A., 191.
Fourastié J., 53.

Gadet F., 87.
Gayot G., 83.
Geismar A., 22.
Genette G., 13, 20, 23, 48.
Glaymann C., 49, 52, 55, 57-59, 63, 65.
Grégoire H., 151-152.
Greimas A.J., 20-21.
Grenon M., 83-84.
Griot J., 52, 55, 57, 59, 63.

Guérin A., 53.
Guespin L., 78, 115.

Hamon P., 48.
Harris Z.S., 75-77, 135-136, 149-150, 178, 185.
Hébert J.R., 78.
Henry P., 87.
Hirsch J.P., 83.
Hordé T., 86, 186.

Iragaray L., 179.
Isoard F., 161.

Jakobson R., 179.

Kerbrouch J.-C., 49.
Kuentz P., 179, 181.
Kyria C, 49.

Labi M., 22, 45.
Lacan J., 10.
Laurent P., 124, 130.
Le Roy Ladurie E., 63.
Leclerc J., 108.
Lénine V., 64.
Levi-Strauss C., 10, 20, 56.
Lyotard J.F., 21.

Malberg H., 113, 130.
Mandrou R., 11.
Marandin J.M., 187-189.
Marat J.P., 99, 105, 143, 147, 196, 199-200.
Marcellesi J.B., 80-81, 115, 179, 187.
Marchais G., 122, 130.
Marx K., 65.
Maulnier T., 53.
Mauss M., 56.
Mazière F., 7, 15.

Mendès-France P., 22, 43, 55.
Michelet J., 66.
Milner J.C., 12, 14, 15.
Mirabeau Comte de, 138.
Mitterrand F., 55.
Morin V., 23.
Morot B., 52, 57, 63.

Paillet M., 64.
Pêcheux M., 9, 12, 14, 16, 82, 85-86, 173-180, 186-188.
Phélippeaux, 144, 147.
Propp W., 20.
Prost A., 11.

Rancière J., 16, 187.
Ricoeur P., 14.
Robespierre le jeune, 99, 105, 143, 147.
Robespierre M., 96, 99, 105, 138, 141, 143, 155, 161-162, 190, 198.
Rochet W., 55.
Roux J., 102-104, 108, 143-144, 147-148.

Sauvageot J., 22, 44, 61.
Searle J.R., 79.
Séguy G., 48, 50.
Sériot P., 188.
Sieyès E., 152.
Slakta D., 79, 94.
Spinoza B. de, 187.

Tesson P., 52-53, 55, 59-61.
Thorez M., 78.
Todorov T., 20.
Tournier M., 11.
Tournon A., 191.

Van Rossum-Guyon F., 22.
Veyne P., 10, 15.
Vovelle M., 11.

Index rerum

Abus des mots, 153, 159, 170, 190, 197.
Acte de demande, 94, 101, 135, 137, 152-153, 157, 161, 198.
Acte de discours, 41, 50, 87.
Acte de langage, 79, 87, 94, 101, 123, 160, 198.
Adjectif, 44, 103-104, 117-118, 120, 156, 163-164.
Adverbe, 103, 136.
Ambiguïté, 115, 118, 125.
Analyse.
 – (- actantielle), 20.
 – (- conceptualisante), 57-58.
 – (- de contenu), 16, 20, 70.
 – (- distributionnelle) : cf. méthode harrissienne.
 – (- métadiscursive), 54-60.
 – (- métaphorique), 59.
 – (- sémique), 12.
 – (- structurale), 175.
Anaphore, 194.
Antiphrase, 61.
Appareil idéologique d'Etat, 72, 82, 84.
Apposition, 164.
Archive, 10, 12, 16-17, 91-92.
 – (définition de l'-), 195.
 – (dispersion de l'-), 106, 189, 198, 202.
 – (dispositif d'-), 91-93, 133, 139, 150, 170, 195, 197, 200-201.
 – (énoncé d'-), 13, 202.
 – (lecture de l'-), 12, 92, 195.
 – (matérialité de l'-), 100, 196, 201.
 – (retour à l'-), 106-107.
Argumentation, 50-51, 53, 169.
Article, 137-138, 150.

Cahiers de doléances, 10, 79, 94, 152.
Champ sémantique, 12.
Classes d'équivalence, 78, 135, 149.
Co-texte 6, 95, 100, 102, 139, 150.
Co-variance, 79-81, 180.
Commentaire, 21, 52-59, 70.
Conditions de production, 76-77, 79, 84, 86, 178, 180, 186, 191, 195, 200.
Configuration discursive, 13, 98-99, 116, 139-145, 170, 193.
Configuration méthodologique, 79, 85.
Conjoncture, 49, 61, 104, 119, 186, 195.
Connecteur, 53, 118.
Connivence, 44-45, 58.
Conscience linguistique, 106, 151, 160, 188-191.
Contradiction, 86, 186-188.
Coordination, 96-111, 133-150, 190, 198-199.
Corpus.
 – (clôture du -), 13, 134 178, 181.
 – (constitution du -), 76-77, 133-134, 139, 149, 177, 178-179, 191.
 – (- contrastif), 177-178.
 – (moment de -) 6, 13, 96, 99, 106, 151, 159.

Définition, 59, 102, 120.
Déictique, 104-105.
Description, 24, 42, 44-50, 58, 63, 81, 100, 189, 195, 201.
Discours.
- (- contrastés), 178.
- (- de fonctionnement interne), 113.
- (- de l'autre), 13, 105, 114.
- (- pédagogique), 186, 194.
- (- polémique), 110, 186.
- (analyse automatique du -), 177.
- (et question du sens), 193-201.
- (matérialité du -), 17, 188, 200.
- (- rapporté), 27, 45, 188.
- (réflexivité du -), 54, 57, 106, 198.
- (théorie du -), 82-84, 86.

Effet discursif, 86.
- (- d'adhésion), 45.
- (- d'attelage), 141.
- (- d'identification), 44-45, 58-61, 63.
- (- d'objectivité), 50-51, 57, 60, 63.
- (- de consécution), 45.
- (- de direct), 47, 63.
- (- de scène), 48, 87.
- (- de totalisation/globalisation), 96-97, 101, 145-146, 190, 198.
- (- de réel), 42-43, 47-49, 52, 63.
- (- populaire), 87.

Enoncé.
- (analyse d'-), 76-78, 177.
- (- antithétique), 141.
- (- divisé), 188.
- (- généraux) 54, 56, 59.
- (- performatif), 54, 59-60, 153, 157, 191.
- (sémantisme de l'-), 158-159, 195.

Enonciation, 185-191.
- (appareil formel de l'-), 186.
- (espace énonciatif), 152-153.
- (- et énoncé), 78, 179, 185-186.
- (- et idéologie), 186.
- (présent d'-) 27, 46.
- (situation d'-), 189.
- (sujet d'-), 6, 43, 78, 94, 141, 187-190, 194.
- (théorie de l'-), 179, 186.

Evénement (discursif), 6, 19, 22, 59-64, 73, 93, 114, 123, 187-192, 195-200.
- (- linguistique), 15, 180-181.
Exemple, 54-57.

Formation discursive, 62, 82-83, 91, 187-188, 200.

Grammaire, 75, 78, 97, 99, 103, 138, 145-146, 154, 179, 190, 193-196.

- (- élémentaire), 191.
- (- Générative), 136, 175-178, 183.

Hétérogénéité, 14-15, 139, 187-192.
Homogénéité, 139, 181, 189.

Idéologie, 19, 62-65, 73 176, 186-188, 200-201.
- (- des formes), 20-21, 56, 66.
- (lutte/bataille idéologique), 114, 118-119.
- (théorie des -), 82, 86, 200.
Illusion référentielle, 43.
Illustration descriptive-symbolique, 54-60, 74.
Illustration métadiscursive, 54-57.
Indétermination, 116-120, 156, 165.
Injonction, 100-102.
Interdiscours, 62, 73.
Isomorphisme langue-discours, 79-82, 133.

Jugement, 43-45, 63, 77.
Jugement de savoir, 13, 77, 106.

Langue.
- (- des droits), 152-154, 160, 162, 196.
- (- et discours), 77, 85, 133-134, 186, 194.
- (- et histoire), 77, 181, 189, 195.
- (- française), 151-170, 196-198, 202.
- (identité de la -), 168, 196-197.
- (matérialité de la -), 12, 16-17, 97, 188, 195-196.
Lecture : cf. archive.
Lexicologie, 176-178.
Lexique, 44, 57, 61, 137, 152-155, 157, 163, 200.
Linguistique, 193-195.
- (- de la langue), 194.
- (- descriptive), 77.
- (- du discours), 194.
- (- formelle), 181, 194.
- (- française), 174.
- (- sociale), 80-81, 86.
- (- structurale), 12.
Lutte des classes, 81-82, 89, 175.

Marxisme, 65, 89, 175-176, 180-183, 186-187.
Matérialisme, 173, 177.
Maxime, 102-104.
Métadiscours, 21, 53-54, 185-186, 188, 191, 198, 200.
Métaphorisation, 137-138, 146.
Méthode harrissienne, 12, 20, 70, 76-78, 135, 178-179, 185.
(Voir classe d'équivalence, paraphrase,

règle d'équivalence grammaticale, transformation).
Mot : cf. lexique.
Mots/choses, 189-190, 197.
Mot-pivot, 76, 134.
Mot d'ordre, 102-106, 111, 136, 140, 144-145, 190, 196, 199.

Narration, 20, 23, 26, 48, 50, 80.
Négation, 100, 105-106, 119, 202.
Nominalisation, 158-159, 165, 188.

Opposition interphrastique, 139, 141, 150.

Paraphrase, 183, 186, 206.
Performatif, 53, 60, 79, 101-102, 124, 159, 191 (cf. énoncé performatif).
Philosophe du langage, 181.
Politique linguistique, 151, 197.
Porte-parole, 6, 160, 190, 196.
Pragmatique, 76, 87, 181.
Préconstruit, 104-105, 146.
Présupposition, 45, 48, 58, 60-61, 103, 118, 131, 159.
Preuves, 55-57.
Procès-spectacle, 24-27, 41-43, 71.
Psychologie, 175-176, 179, 186.

Quantificateur, 124, 131, 136.

Récit, 20-22, 24, 53, 159.
 − (- d'événements), 27-38.
 − (- de paroles), 27-30, 35, 37-38.
 − (- et histoire), 20-21.
Référenciation, 163-164.
Reformulation, 122-123, 139-140.
Règle d'équivalence grammaticale, 76-77, 115, 158, 165.
Rejet, 13, 105, 116.
Relative, 61, 164.
Répétition, 15, 100, 144.
Reportage, 21-52, 71-73.
Restriction, 97, 100-105.
Rhétorique, 55-56, 118, 154.
 − (figure de -), 44, 55, 60-61, 191.
 − (forme -), 20-21, 59, 62-64.

− (tradition -), 94.
− (manuel de -), 191.

Segment.
 − (- de description), 23-28.
 − (- de jugement), 23, 27-28.
 − (- de narration), 23-28.
 − (- de récit), 23, 28.
 − (- de scène dialoguée), 23, 27.
Sémantique, 62, 87, 200.
 − (champ -), 12.
 − (- de l'histoire), 80-81.
 − (effet -), 138, 141.
 − (ensemble -), 166-169.
 − (tableau -) 13, 200.
 − (sous-catégorisation -) 136-137.
Sens, 193-202.
 − (- inédit), 195.
Situation de communication, 77-78, 189-190.
Sociolinguistique, 80-82, 89.
Stratégie discursive, 11, 13, 59, 62, 84, 96, 105-106, 120, 186.
Structuralisme, 12, 15, 175, 177 179, 200-201.
Subsistances (thème/question des -), 92-109, 133-150, 198-199.
Sujet, 187-198, 192, 194.
 − (- d'énonciation) : cf. énonciation.
 − (- en procès), 189.
 − (- critique), 122-123.
 − (- indéterminé), 165.
 − (- parlant), 78, 179, 186, 188, 194.
 − (- plein), 125, 186.
 − (théorie non-subjective du -), 176, 179.

Thématisation, 101-104, 135-139, 143-146.
Trajet thématique 6, 94-95, 105-106, 139, 151, 159, 169.
Transformation, 158, 179.

Verbe, 23-24, 26, 46, 53, 56, 61, 104, 152, 159, 165-166, 171.

Table des matières

Avant-propos 5

Introduction
Denise Maldidier et l'analyse de discours : une place centrale
dans le trajet des historiens 9

Chapitre 1
Du spectacle au meurtre de l'événement : Charléty (mai 1968) 19

Chapitre 2
Courte critique pour une longue histoire 75

Chapitre 3
Effets de l'archive 91

Chapitre 4
«L'affaire Fiszbin» : un exemple de résistance 113

Chapitre 5
Coordination et discours :
«Du pain ET X» à l'époque de la Révolution française 133

Chapitre 6
La langue française a l'ordre du jour (1789-1794) 151

Chapitre 7
Éléments pour une histoire de l'analyse de discours en France 173

Chapitre 8
De l'énonciation à l'événement discursif en analyse de discours 185

Chapitre 9
**De nouveaux gestes de lecture ou le point de vue de l'analyse
de discours sur le sens** 193

Références bibliographiques 203

Index nominum 211

Index rerum 213

PHILOSOPHIE ET LANGAGE
Collection publiée sous la direction de Sylvain AUROUX, Claudine NORMAND, Irène ROSIER

Ouvrages déjà parus dans la même collection :

ADAM : Eléments de linguistique textuelle.
ANDLER et al. : Philosophie et cognition - Colloque de Cerisy.
ANSCOMBRE / DUCROT : L'argumentation dans la langue.
AUROUX : Histoire des idées linguistiques - Tome 1.
AUROUX : Histoire des idées linguistiques - Tome 2.
AUROUX : La révolution technologique de la grammatisation.
BESSIERE : Dire le littéraire.
BORILLO : Information pour les sciences de l'homme.
CASEBEER : Hermann Hesse.
CHIROLLET : Esthétique et technoscience.
COMETTI : Musil.
COUTURE : Ethique et rationalité.
DECROSSE : L'esprit de société.
DOMINICY : La naissance de la grammaire moderne.
DUFAYS : Stéréotype et lecture - Essai sur la réception littéraire.
EVERAERT-DESMEDT : Le Processus interprétatif - Introduction à la sémiotique de Ch. S. Peirce.
GELVEN : Etre et temps de Heidegger.
GUILHAUMOU-MALDIDIER-ROBIN : Discours et archive. Expérimentation en analyse du discours.
HAARSCHER : La raison du plus fort.
HEYNDELS : La pensée fragmentée.
HINTIKKA : Investigations sur Wittgenstein.
ISER : L'acte de lecture.
JACOB : Anthropologie du langage.
KIBEDI-VARGA : Discours, récit, image.
KREMER-MARIETTI : Les racines philosophiques de la science moderne.
LAMIZET : Les lieux de la communication.
LARUELLE : Philosophie et non-philosophie.
LATRAVERSE : La pragmatique.
LAUDAN : Dynamique de la science.
LAURIER : Introduction à la philosophie du langage.
LEMPEREUR : L'argumentation - Colloque de Cerisy.
MAINGUENEAU : Genèse du discours.
MARTIN : Langage et croyance.
MEYER : De la problématologie.
MOUREY : Borges, vérité et univers fictionnels.
NEUBERG : Théorie de l'action.
PARRET : Les passions.
PARRET : La communauté en paroles.
SHERIDAN : Discours, sexualité et pouvoir (Michel Foucault).
STUART MILL : Système de logique.
TRABANT : Humboldt ou le sens du langage.
VANDERVEKEN : Les actes de discours.
VECK : Francis Ponge ou le refus de l'absolu littéraire.
VERNANT : Introduction à la philosophie de la logique.

A paraître :

AUROUX : Histoire des idées linguistiques - Tome 3.
FAIVRE : Antoine Court de Gébelin.
FORMIGARI : Les théories du langage à l'époque de Kant.
McCLOSKEY : La rhétorique de l'économie.
SCHLIEBEN-LANGE : Idéologie, révolution & uniformité de la langue.